本书为国家社会科学基金青年项目"城乡异质性视角下我国家庭结构变迁与家庭财富积累研究（项目编号：20CRK001）"的阶段性成果。

面向中国家庭财富配置需求的
商业银行财富管理
业务发展研究

何金财　谭杨庆娜／著

西南财经大学出版社

中国·成都

图书在版编目(CIP)数据

面向中国家庭财富配置需求的商业银行财富管理业务发展
研究 /何金财,谭杨庆娜著.—成都:西南财经大学
出版社,2023.9
ISBN 978-7-5504-5925-0

Ⅰ.①面… Ⅱ.①何…②谭… Ⅲ.①商业银行—私人投资—
银行业务—研究—中国 Ⅳ.①F832.33

中国国家版本馆 CIP 数据核字(2023)第 168020 号

面向中国家庭财富配置需求的商业银行财富管理业务发展研究
MIANXIANG ZHONGGUO JIATING CAIFU PEIZHI XUQIU DE SHANGYE YINHANG
CAIFU GUANLI YEWU FAZHAN YANJIU

何金财 谭杨庆娜 著

责任编辑:孙 婧
助理编辑:陈婷婷
责任校对:李 琼
封面设计:墨创文化
责任印制:朱曼丽

出版发行	西南财经大学出版社(四川省成都市光华村街 55 号)
网 址	http://cbs.swufe.edu.cn
电子邮件	bookcj@ swufe.edu.cn
邮政编码	610074
电 话	028-87353785
照 排	四川胜翔数码印务设计有限公司
印 刷	成都市火炬印务有限公司
成品尺寸	170mm×240mm
印 张	14
字 数	296 千字
版 次	2023 年 9 月第 1 版
印 次	2023 年 9 月第 1 次印刷
书 号	ISBN 978-7-5504-5925-0
定 价	78.00 元

前　言

近年来，随着金融行业竞争加剧和《关于规范金融机构资产管理业务的指导意见》实施后监管力度不断加大，传统的存贷款业务利润空间逐渐收窄，商业银行亟须寻找新的利润增长点，而具有轻资本消耗和低资产占用特点的财富管理业务，无疑将成为商业银行利润增长的重要来源之一。在宏观经济稳中向好的发展环境下，我国城乡居民人均可支配收入持续增长，居民财富不断积累，越来越多的家庭开始重视财富的多元化配置，这为商业银行发展财富管理业务提供了良好的外部条件。同时，居民理财意识和综合理财规划需求的提升，也为商业银行发展财富管理业务提供了内生动力。

总体而言，当前我国商业银行在开展财富管理业务时，对不同类型家庭的财富配置动因及需求特征考察不够，财富管理产品同质化现象较为严重，所提供的财富管理业务尚不能很好地满足不同家庭对财富配置的异质化需求。因此，深入分析我国家庭财富配置的需求特征、影响因素，以及商业银行财富管理业务发展现状与存在的问题，对于优化家庭财富配置和指导商业银行创新财富管理业务具有重要意义。有鉴于此，本书基于财富管理供求视角，通过系统分析我国家庭财富配置需求特征与商业银行财富管理业务供给现状，试图为商业银行更好地开展财富管理业务提供有益的借鉴与参考。同时，为了更好地说明商业银行财富管理业务的发展情况，本书选取重庆农村商业银行作为具体的分析案例，并做出了针对性的说明。重庆农村商业银行作为西南地区综合实力最强的银行之一，始终坚定实施"零售立行"战略，未来更需要在财富管理这片蓝海中抢占先机，为未来发展更多业务奠定坚实基础。

本书共分为10章，第1章为绪论，重点介绍了本书的研究背景、研究意义、研究内容、研究思路与方法等；第2章介绍了商业银行财富管理的相关理论基础与国内外研究现状；第 3 章分析了家庭财富配置需求与商业银行财富管理业务发展的必要性；第 4 章阐述了我国家庭财富配置的特征、影响因素及演进趋势；第 5 章通过中国家庭金融调查数据，具体分析了家庭对商业银行财富管理业务的需求特征；第 6 章阐述了面向家庭财富配置需求的国内外典型商业银行财富管理业务发展模式与相关经验；第 7 章分析了我国商业银行财富管理业务的发展现状、面临的机遇与挑战；第 8 章讨论了面向家庭财富配置需求的商业银行财富管理业务发展存在的问题；第 9 章提出了面向家庭财富配置需求的商业银行财富管理业务发展策略；第 10 章为本书的研究结论。本书内容层层递进、环环相扣，对于商业银行在新时代发展适应家庭财富配置需求特征的财富管理业务具有启示作用。

　　总体上，商业银行财富管理业务发展需要特别注重从以下几个方面予以优化和提升：一是财富管理产品创新需要由单一产品设计向产品组合优化转变，商业银行应发挥专业优势，优化产品组合，满足客户多元化的财富管理需求；二是财富管理理念需要从纯粹产品销售向全面财富管理转变，商业银行应为客户提供涵盖财富创造、财富增值、财富保障、财富利用和财富继承等多个环节的"一揽子"综合服务；三是财富管理服务需要从阶段性向全周期性升级，商业银行应瞄准客户全生命周期财富目标，注重财富管理服务的延续性和持续性；四是财富管理方案需要从同质化向差异化递进，商业银行应组建专业的财富管理人才队伍，具体分析不同客群的财富配置需求，为客户提供差异化、个性化、综合化的财富配置方案；五是财富管理要充分运用好金融科技手段，商业银行应通过大数据智能化切实做好客群细分，通过科技与数字赋能，提升财富管理业务数字化经营能力，促进财富管理业务提质升级。

何金财

2023 年 4 月

目　录

1 绪论

1.1 研究背景

党的二十大报告提出要"扩大中等收入群体""规范财富积累机制"，这是在历届会议重点关注财富分配的基础上，首次对财富积累提出新要求。规范财富积累机制对商业银行发展财富管理业务提供了重要政策背景，也为商业银行创新财富管理业务提出了最新要求。

改革开放以来，随着我国经济持续增长，居民财富总量逐年攀升。我国经历了"几乎没有财富到家庭财富总量快速积累"的过程，根据国家资产负债表研究中心和 Wind 数据库发布的数据，1978 年我国人均财富不足 400 元，1995 年人均财富首次超过 1 万元，2009 年首次超过 10 万元，2010 年后伴随经济进入新常态，居民人均财富增速略有放缓，但财富总量仍不断增加。在宏观经济稳中向好的发展态势下，城乡家庭可支配收入持续增加。根据国家统计局数据，2021 年全国人均可支配收入同比增加 8.1%，达到 35 128 元，其中城镇居民人均可支配收入为 47 412 元，农村居民人均可支配收入为 18 931 元。随着可支配收入持续增加，家庭财富实现快速积累，高净值人群规模不断扩大，家庭可投资资产持续上升。根据各类机构最新发布的财富报告，近年来我国居民财富规模增速快、基数大，已形成非常巨大的财富管理市场。《中国财富报告 2022》显示，截至 2021 年年底，我国居民财富总量已超过 680 万亿元，2005—2021 年财富规模复合增速达到 14.7%，家庭平均资产达到 134 万元。伴随着家庭财富不断积累，居民理财意识日渐增强，财富配置需求多元化逐步显现，家庭对财富管理业务的需求也日渐提升。

财富管理业务作为提升居民财产性收入的一个重要途径，在促进家庭财富规范积累进程中发挥着重要作用，对于优化家庭财富结构，引导居民稳健投资具有重要意义。同时，财富管理业务是连接资金供给端和资金需求端的重要桥梁，是保障国民经济平稳运行的重要一环，对于保障资本市场良性运行发挥着重要作用。作为财富管理业务的最主要提供者，商业银行需要充分把握发展机遇，积极适应经济结构转型升级的需求，加快推进财富管理业务发展。一方面，商业银行发展好财富管理业务能更好地服务金融供给侧结构性改革，推进直接融资体系发展；另一方面，商业银行通过创新财富管理业务，能更好地满足客户的多样化需求，增加客户对银行的黏性，最终提高商业银行的盈利能力。

1.2　研究意义

　　家庭财富积累与资本市场发展关系密切，考察居民财富配置状况及其需求特征，能够为商业银行发展财富管理业务提供重要基础。因此，深入分析我国家庭财富的配置需求、影响因素，以及商业银行财富管理业务的发展现状及存在的问题，对于优化家庭财富配置和指导商业银行创新财富管理业务具有重要的现实意义。从商业银行财富管理的发展环境来看，当前，高净值人群的大规模增长与财富集中度的提高为财富管理业务的发展提供了良好的条件，投资者理财观念的成熟和综合理财规划的需求为商业银行财富管理业务的发展提供了内生动力。随着人们理财观念的日趋成熟，财富管理目标多元化趋势更加明显。财富安全、财富传承、子女教育、养老保障、投资移民、离岸金融及社会公益等财富管理目标越来越受到广大中高净值人士的青睐与关注。与此相适应的是金融产品的日新月异和投资渠道的与日俱增，传统亲力亲为的财富配置方式将面临越来越高的时间成本和资金成本，客户将更加依赖银行在人才、信息、渠道、投资工具等方面的专业支持。投资理财模式逐渐由"自主理财"向"专家理财"转变，银行与客户的关系也随之发生深刻变革，财富管理专业化将成为中国金融理财的主流。

　　近年来，随着金融行业竞争加剧和监管不断收紧，传统的存贷业务利润空间不断收窄，商业银行亟须寻找新的利润增长点，财富管理业务将是商业银行利润增长的重要来源之一。对商业银行而言，财富管理业务具有四大优势：第一，财富管理业务的整体收益率较高且稳定性较强；第二，财富管理业务的盈利模式与费率显著高于单一资产管理业务；第三，财富管理业务行业壁垒显著，规模效应明显；第四，财富管理业务可拓宽银行业务价值链，为银行其他业务带来新的发展机遇。然而，由于不同家庭的年龄结构、收入结构、教育结构、风险偏好及财富配置目标均有所不同，家庭财富配置需求分化明显，但从目前财富管理市场来看，能够提供差异化财富管理产品与服务的机构很少，包括商业银行在内的财富管理机构对客群的细分度不够，缺乏针对不同类别客户的定制化产品和服务。因此，未来如何识别不同家庭的财富配置偏好，做好客群细分，将是商业银行财富管理业务发展的关键所在。基于此，深入探究新时代我国家庭财富配置的需求特征，具体分析不同类型家庭对金融资产配置的需求偏好，对于商业银行分类、分型设计财富管理产品和服务，进而为家庭提供全生命周期的专业化财富配置方案具有重要的基础保障意义。从需求层面来看，当前大部分家庭的财富配置处在不平衡的不健康或亚健康状态，他们的财富配置意识尚处于起步阶段，大额的家庭财富需要专业化的机构提供配置指导。从供给层面来看，家庭财富配置可以成为商业银行新的利润增长点，商业银行可以根据风险收益比和不同家庭的财富状况，从资产领域对家庭财富进行有针对性的配置指导。

1.3　研究重点

近年来，随着家庭财富不断积累，居民的财富配置需求呈现多元化的特征，而商业银行在开展财富管理业务时，对不同类型家庭的财富配置动因及需求特征考察不够，财富管理产品同质化现象严重，导致商业银行所提供的财富管理业务并不能满足家庭对财富配置的真实需求。本书旨在解决我国家庭财富配置需求与商业银行财富管理产品与服务供给之间匹配不畅的问题。为此，本书将通过深入分析家庭财富配置的影响因素和需求特征，构筑家庭财富配置需求与商业银行财富管理供给之间的桥梁，从而为商业银行创新财富管理业务提供指导。进一步研究，通过梳理重庆农村商业银行财富管理业务的发展现状与存在的问题，为重庆农村商业银行更好地开展财富管理业务提供借鉴和参考。

1.4 研究内容

本书基于财富管理供求视角，通过系统分析我国家庭财富配置的需求特征与商业银行财富管理业务的供给现状，主要回答以下几个方面的问题：我国家庭财富配置的总体演变趋势是什么？家庭财富配置的动因及影响因素有哪些？不同类型家庭的财富配置需求是什么？目前我国商业银行财富管理业务发展存在哪些问题？商业银行可以从哪些方面开展财富管理业务创新？为此，本书内容主要包含以下几个方面：

（1）对面向我国家庭财富配置需求的商业银行财富管理业务发展的必要性进行分析。本书基于新时代国家对商业银行的监管政策和宏观经济运行背景，通过对家庭在正规财富管理业务、抗通胀理财、养老理财、分散理财等维度的需求进行分析，揭示商业银行在《关于规范金融机构资产管理业务的指导意见》（以下简称"资管新规"）和传统存贷款利差持续缩小的背景下，发展财富管理业务的必要性。

（2）对我国家庭财富配置的总体特征、影响因素及演进趋势进行分析。本书借助已有文献、资料与微观数据，具体分析我国家庭财富配置的现状、总体特征、城乡家庭财富配置异质性等，洞悉家庭财富配置的演变动因。进一步，利用中国家庭金融调查数据及其他相关调研数据，对我国家庭财富配置的影响因素进行系统统计分析，并在此基础上，对未来我国家庭财富配置的演进趋势做出说明。

（3）对我国家庭对商业银行财富管理业务的需求特征进行分析。本书使用中国家庭金融调查等相关数据，对新时代我国家庭对商业银行相关理财产品和服务的需求特征进行统计分析，并对商业银行发展面向家庭财富配置需求特征的财富管理业务提供针对性参考。

（4）对面向家庭财富配置需求的典型商业银行财富管理业务的发展模式与经验进行分析。本书通过梳理与分析欧美发达国家商业银行在财富管理业务方面的发展进程与具体模式，为我国商业银行开展财富管理业务提供参考借鉴；通过对不同规模、不同类型的典型商业银行（如招商银行、中信银行等）进行针对性分析，全面掌握商业银行财富管理产品与服务的类型、渠道与模式等。

（5）对我国商业银行财富管理业务发展的现状、机遇与挑战进行分析。本书全面梳理与总结了我国商业银行财富管理业务的发展现状，并结合政策与市场趋势，对商业银行在财富管理业务发展中所面临的机遇与挑战进行客观分析，为商业银行充分把握机遇、直面挑战，更好地开展财富管理业务提供参考。

（6）对面向家庭财富配置需求的商业银行财富管理业务的发展问题进行分析。本书基于商业银行财富管理业务的发展现状，从产品、服务、组织架构、营销渠道、科技赋能及人才团队建设等方面，对当前商业银行财富管理业务中存在的问题进行了系统梳理与总结。

（7）对面向家庭财富配置需求的商业银行财富管理业务的发展策略进行研究。本书在充分掌握不同类型家庭财富配置具体动因及需求特征的基础上，结合发达国家和国内典型商业银行在财富管理方面的经验做法，为商业银行更好地开展具有竞争力的财富管理业务提出针对性的策略建议。

1.5　研究思路与方法

1.5.1　研究思路

本书将沿着"统计分析—调研分析—对策分析"的基本脉络展开。首先，本书基于已有的微观调查数据，对近年来我国家庭财富配置的演变特征及不同类型家庭财富配置差异进行统计描述与比较分析，全面梳理了影响家庭财富配置的相关因素，并对家庭财富配置的演进趋势做出说明；其次，本书考察了不同类型家庭和处于不同生命周期阶段的家庭对商业银行财富管理业务的需求特征；再次，本书系统总结了商业银行财富管理业务的发展现状及存在的问题，通过针对多家典型商业银行的分析，梳理总结了国内外典型商业银行财富管理业务的发展模式及经验；最后，本书在充分吸收借鉴发达国家与国内典型商业银行财富管理先进理念与经验的基础上，立足我国金融市场运行与监管环境，结合我国家庭财富配置具体需求特征，对商业银行创新财富管理产品与服务提供对策建议，同时对家庭财富配置提出优化建议。

具体地，本书的研究路线如图 1.1 所示。

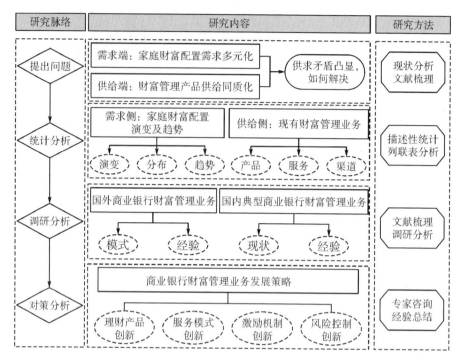

图 1.1 本书的研究路线

1.5.2 研究方法

本书以家庭资产组合理论和商业银行经营与管理理论为基础，综合运用经济学、管理学和统计学的知识，力求将统计分析与现实调研相结合，定性分析与定量研究相补充，多维度、多层次探讨我国家庭财富配置的需求特征与商业银行财富管理产品与服务的供给现状，使用的主要方法包括以下几种：

（1）描述统计方法：①使用多维微观调查数据，通过分类描述统计方法，对我国家庭财富配置的演变特征、家庭财富的分布及其异质性做出系统比较与总结。②基于商业银行财富管理业务运行数据，对财富管理产品与服务的不同类别、平台与销售渠道等做出统计与归纳说明。

（2）回归分析方法：基于中国家庭金融调查数据，通过构建计量分析模型，使用 OLS 方法，具体考察家庭特征（人口结构、年龄结构、学历结构、户主风险偏好程度等）对家庭财富配置的影响，使其成为统计分析的有益补充。

（3）调研访谈方法：通过对典型商业银行开展调研，深入了解商业银行财富管理产品与服务的现状及存在的问题，并通过专家访谈，为商业银行创新财富管理业务提供建议。

1.6 研究特色与创新

1.6.1 研究特色

（1）选题特色。近年来，随着居民财富不断积累，家庭财富配置需求日益增长，然而相较于欧美成熟的财富管理市场，我国财富管理尚处于初级阶段，商业银行的财富管理业务同质化现象严重，亟待创新。本书立足于家庭财富配置需求多元化与财富管理产品和服务供给同质化现状，兼具财富管理供需两侧，通过分析家庭财富配置需求特征，为商业银行创新财富管理业务提供方向；同时，也为家庭优化资产配置提供指导性建议。总体而言，本书紧扣时代需求，聚焦热点和群众关切话题，遵循"提出问题—分析问题—解决问题"的基本思路，具有选题的科学性、问题的可研性和结构设计的合理性。

（2）论证特色。为切实掌握我国家庭财富配置的演变特征，挖掘家庭财富配置的影响因素及其作用机制，洞悉商业银行财富管理业务的发展现状与存在的问题，本书将综合使用代表性微观调查数据，通过系统的描述统计分析、计量实证分析、调研分析、案例分析，并辅以翔实的文献与资料分析，试图为本书的研究提供有力的论证。相较于现有文献中相对单一的分析模式，本书试图在论证方面做得更加深入、系统与细致，力求能突出论证特色。

1.6.2 研究创新点

（1）研究视角创新。现有文献虽然对家庭财富配置现状及存在的问题做出了一些讨论，但关注点仍聚焦在如何从家庭自身出发，增强财富配置意识和提升资产配置的多样化方面；对于家庭财富配置的影响因素及其作用机制的分析尚不充分，针对家庭究竟需要什么样的财富管理产品与服务的挖掘不够深入，导致商业银行财富管理产品与服务的供给与家庭对财富管理产品与服务的需求之间存在明显脱节。基于此，本书从需求与供给两侧，分别考察了家庭财富配置的需求特征和商业银行财富管理业务的供给现状及存在的问题，构筑了财富管理研究在需求侧与供给侧之间的桥梁，拓展了现有文献在该主题上的分析视角。

（2）研究方法创新。现有研究对家庭财富配置和商业银行财富管理业务的讨论多属于陈述性分析，缺乏充分的数据与调研佐证，未能从实证的角度对影响家庭财富配置的具体因素及其作用机制做出系统的说明，论证方法略显单一。有鉴于此，本书将综合运用统计分析、计量分析、案例分析等多种方式展开研究，力求实现文献研究与事实分析相结合，定性分析与定量研究相补充。

2 理论基础与国内外研究现状

2.1 相关理论基础

财富管理以客户为中心，通过为客户设计全面的财务规划，向客户提供存款、保险、信用、理财产品等一系列金融服务，进而对客户的资产、负债等做出管理，以满足客户不同阶段的财富配置需求，达到降低财务风险、提升财富增值的目的（李君平，2014）。财富管理不同于资产管理，除了要为客户提供高收益的投资业务，还需要为客户提供满足其财富配置需求的定制化服务。纵观现有研究，围绕财富管理主题的相关理论主要有两个，即生命周期理论和资产配置理论，前者主要从时间维度来分析人们应如何在人生不同阶段做出消费—储蓄决策，从而实现终身效用最大化；后者则主要是从空间维度来探讨人们应如何在不同投资品类间做出最优资产配置决策，从而降低风险，实现财富增值。下面对上述两个理论进行系统概述。

（1）生命周期理论。

生命周期理论最早由 Modigliani 在 20 世纪 50 年代提出，他认为个人为追求终身效用的最大化，应在人生不同阶段统筹规划其消费和储蓄行为，从而在其整个生命周期内实现消费—储蓄的最优配置。他首次使用跨期分配理论对个人在生命周期不同年龄段内的消费和储蓄变动做出了阐释（Modigliani et al.，1954）。在此基础上，Bodie（1992）将生命周期理论运用到金融投资领域，通过构造跨期消费—投资组合模型，求解了在特定市场条件下，个人为实现终生预期效用最大化，所需要持有的最优风险资产比例和消费数量，并发现个人投资于股票的最优比例会随着年龄的增加而呈现递减特征。

根据生命周期理论，个人财富管理的目标是实现终身效用的最大化，这主要涉及生命周期投资的两个重要阶段，即退休前的财富积累阶段和退休后的财富分配阶段。为了使退休前后的消费具有平衡性，生命周期理论认为应该在退休前进行合理的储蓄，从而实现退休后稳定消费的目标。为确定适当的储蓄率，Leibowitz 等（2002）在财富管理中引入养老基金率的概念，认为个人应先确定退休后收入与退休前收入的比率，由此得出收入现金流的目标值，进而将该目标现金流折为现值，再将其与个人所持有的现有财富进行比较，根据二者的差距计算出合适的储蓄率。为了使个人相对容易地知道自己的最优储蓄率，Ibbotson 等（2007）针对不同年龄、不同收入及不同财富水平的个人提出了储蓄率指导原则，研究认为相较于较低收入者，具有较高收入水平的个人需要具有相对较高的储蓄率，对于处于不同年龄阶段和拥有不同收入的个人而言，各自的储蓄率应达到其年收入的80%左右，随着储蓄量的逐年增加，储蓄率会逐年向下调整。此外，该研究还强调了个人在 35 岁之前进行储蓄的重要性。虽然多数研究中将最优储蓄率和收入替代率作为实现生命周期内效用最大化的目标数值，但也有部分学者认为将收入替代率作为分析目标有所不妥。如 Kotlikoff（2007）认为考虑到诸如高等教育等消费支出往往比较集中，因此，更合适的分析目标不应是平滑消费支出，而应该注重平滑生活方式。在此基础上，一些学者提出了生命周期内新的储蓄策略，即平均成本法（一种定期购买固定金额投资的方法，如基金定投等）。学者们针对平均成本法的效用开展了诸多研究，有代表性的如 Dubil（2004，2005）基于期权理论，使用数值模拟方法探究了平均成本法对投资风险的影响，研究发现采用平均成本法能有效降低金融投资风险，并且投资期限越长、投资风险越高，平均成本法发挥的风险缓释作用越明显。针对生命周期理论在财富管理中的运用，国内也有很多学者开展了相关研究。如王增武和黄国平（2014）以生命周期理论和均值—方差理论为基础，通过构建消费函数，为以追求财富增值、财富保障和财富传承为目标的财富管理提供了投资组合理论基础。

　　作为生命周期理论的重要衍生，学者们提出了家庭生命周期理论，代表性学者有希尔和汉森、杜瓦尔、罗杰斯、艾尔德等。根据家庭生命周期理论的观点，家庭由形成期、成长期、成熟期和衰老期等几个阶段构成。家庭生命周期理论有助于人们更好地了解家庭财富的发展脉络，同时也能对家庭财富配置提供重要的指导。在不同的家庭生命周期内，因其风险承受能力有所不同，因此家庭的财富配置需求和目标也会有所不同。家庭生命周期理论是家庭财富管理的重要框架，对于家庭财富实现稳定增值具有重要参考价值。

（2）资产配置理论。

1952 年，Markowitz 首次提出了现代投资组合理论，该理论是有关家庭或企业面对不确定条件下的金融资产配置理论，又被称为证券选择理论。Markowitz 将针对单一资产的分析推广到资产组合分析上，以投资者风险态度为基础，对经济主体的资产选择做出了说明。他提出的均值-方差理论有助于经济主体在面对多种证券组合时，帮助其衡量某一种证券组合的收益和风险。Markowitz 认为，有效率的证券组合需要满足如下两个条件：一是在确定的风险水平下，该组合具有最高的平均收益；二是在确定的平均收益水平下，该组合具有最低的风险。Markowitz 强调了在资产配置中进行分散化投资的重要性，在此基础上，后续研究对比做出了更深入的探索。Brinson 等（1986）的研究表明，投资决策（投资种类的选择及各自的权重）是影响投资回报的最主要因素，投资时机的选择对投资回报的影响不具有显著性。该研究对投资组合管理来说具有重要意义，确立了资产管理中资产配置和投资决策的重要地位。基于现代投资组合理论，学者们进一步发展出了资产配置理论，基于资产配置分析方法，投资者可选择最优的证券组合，从而使其获得更高的收益或者承担更低的风险。资产配置理论在很大程度上促进了金融理财学的发展，在指导家庭财富配置中具有非常重要的意义。Brunel（2006）对个人财富管理中的资产配置问题进行了综述，包括资产配置中的多元化选择问题、资产定位问题及财富管理中的税收管理问题等。

基于资产配置理论，学者们对家庭财富配置行为进行了诸多研究，并提出了股票市场"有限参与"现象、资产"有形性偏好"现象、非分散化现象、过度交易现象和不作为现象等。诸多实证研究表明，大多数国家家庭参与股票市场的比率均低于50%，我国家庭的股票市场参与率甚至低于10%（吴卫星 等，2019）。一些针对发达国家中家庭资产投资的研究表明，很多国家的家庭持有，如银行存款等安全资产的比例超过了90%，只有不到10% 的家庭持有债券类产品（Badarinza，2016）。从我国家庭资产的结构来看，住房是构成家庭资产的主要部分（李凤 等，2016）。Campbell（2006）研究发现相较于低收入和低教育水平的家庭，受教育程度较高的家庭和收入水平较高的家庭，持有资产配置的种类更多，参与金融市场的活跃程度也更高。

2.2 国内外研究现状

稳健的家庭财富积累是依托于合理的家庭资产配置而积累起来的，它反映了家庭资产与个人生命周期、经济发展水平之间的关系。随着经济的不断发展和个人理财观念的日渐成熟，越来越多的家庭开始重视财富配置活动。家庭财富在不同时期、不同国家与地区之间表现出不同的特性，当前全球财富不平等问题逐渐蔓延并持续演变，如何优化家庭财富配置结构、拓宽财富积累渠道成为社会各界关注的焦点。针对家庭财富分布、家庭财富积累及家庭财富配置等问题，国内外学者进行了较为丰富的探讨。

2.2.1 国内研究现状

（1）关于家庭财富配置及其影响因素的研究。

目前，我国尚没有对家庭财富的衡量做出明确的规定，关于家庭财富的类别及测算也是众说纷纭。目前学术界普遍的做法是将家庭财产分为非金融资产和金融资产，用家庭所持有总资产或净资产的自然对数来表示家庭财富情况。如李涛和陈斌开（2014）按照资产存在的价值形态，将家庭资产划分为金融资产和非金融资产。吴雨和彭嫦燕（2015）将总资产和净资产作为家庭财富的衡量指标，以此探究金融知识和财富积累对家庭资产结构的影响。郭雅琴（2018）认为家庭财富必须是在市场上可交易的、有交易价格的资产，能够用货币计量是判定家庭财富的前提条件。根据现有文献，能够在金融市场中进行交易，并可能为投资者带来未来收益的资产就是金融资产，既包括现金、银行存款等无风险资产，也包括债券、基金、股票等风险类金融资产；非金融资产则主要指实物资产，包括住房、土地、车辆以及用于生产或经营的固定资产等。

关于家庭财富的分布特征，赵人伟（2007）指出 20 世纪 90 年代以来，我国社会财富越来越多地集中在少数人手中，且城乡与区域差距在逐步扩大。甘犁等（2013）研究认为，当前我国家庭财产分布呈现严重不均的态势，大多数家庭所持有的资产主要是以住房为代表的非金融资产。吴卫星等（2013）也指出，相较于欧美等金融市场较为发达的国家，我国家庭资产配置中股票类、基金类金融资产偏少，住房资产则偏高。从城乡比较来看，陈彦斌（2008）利用奥尔多投资研究中心的家庭资产调查数据系统，分析了贫富差距的特征和家庭资产结构，发现我国城乡家庭表现出较为严重的贫富差距，且城乡家庭在资产构成方面也存在差异，高财富家庭资产组合的多元化特征比较明显，而中低财富家庭则较为单一，规避风险的能力也相对较弱。林芳（2016）基于2012年宝鸡、成都和邯郸三地的居民财富持有情况，对家庭财富分地区、分城乡进行了探讨，研究发现各地区及城乡家庭间存在财富不平等现象，且持有水平存在一定差异；造成城镇地区财富不平等的重要因素是房产和金融资产，造成农村地区财富不平等的关键因素是房产、土地和生产性经营资产。何金财（2016）也指出城乡之间的家庭财产水平存在一定差异，城市中有较大比例的家庭持有股票或基金等金融资产，而农村家庭的金融资产则主要是银行储蓄存款。谢绵陡（2017）利用CHFS2015的调查数据，研究发现中国家庭平均持有净资产为77.75万元，房产是家庭最主要的资产。在财富分布上，农村的财富集中度高于城市，经营性资产、商铺、股票和其他金融资产等经营投资性资产的集中度最高；在家庭财富的年龄分布上，中国年轻家庭的财富值最高，随着年龄增长，家庭财富呈现下降趋势。杨灿明（2019）利用2017年和2018年的中国居民收入与财富调查数据，研究发现我国居民财富的差距主要与家庭房产有关，其对财富差距的贡献超过了70%，且财富差距主要来源于城乡内部、地区内部和行业内部。程洁（2021）对CHFS2017的调查数据进行了统计分析，指出我国家庭财富分布呈现如下特征：家庭财富以非金融资产为主，居民在配置家庭资产时倾向于选择住房等非金融资产，且城乡家庭在住房资产上存在显著差异。

针对家庭财富积累的影响因素，已有研究从宏观和微观两个维度做出了探讨。从宏观层面来看，何晓斌和夏凡（2012）指出产权制度改革和市场化是影响我国家庭财富积累的重要原因。徐向东（2012）讨论了家庭财富积累过程中通货膨胀所产生的重要影响。靳永爱和谢宇（2015）讨论了政治因素和市场因素对我国家庭财产积累的影响，结果发现两类因素均是显著影响我国家庭财产积累的重要原因；比较来看，政治因素对家庭住房资产的影响更为明显，市场因素对家庭金融资产、生产性固定资产和耐用品积累的影响更大。毛丰付（2017）从住房所有权、住房面积两个角度考察了住房公积金制度对家庭财富积累的影响，研究发现住房公积金对家庭拥有住房产权起到了重要促进作用，对家庭财富积累也发挥着正向作用。随着大数据时代的到来，数字普惠金融的概念逐渐兴起，数字普惠金融旨在利用数字技术推动普惠金融发展，进而让更多的居民享受金融发展的成果。董丽霞（2022）探究了数字普惠金融对中国农村财富差距的影响，研究发现数字普惠金融能有效提高农村财富积累，并在缩小农村家庭财富差距中发挥着重要作用。

从微观层面来看，李实（2000）重点研究了户主年龄和人力资本对家庭财富积累的影响。梁运文（2010）、靳永爱（2018）侧重讨论了职业、婚姻、教育、健康等对家庭财富积累的影响。巫锡炜（2011）指出家庭人口构成也是影响家庭财富的关键因素，且基于人口分组的研究表明，相较于户主性别、年龄和家庭户型，户主受教育程度和户主身份是影响家庭财富积累更重要的因素。肖争艳（2012）利用奥尔多投资中城市投资者行为调查问卷，考察了户主的主观行为特征对家庭财富积累的影响，研究发现户主投资参与度与风险偏好的提高有利于提高家庭财富水平。吴卫星等（2016）通过对比国内家庭的资产负债情况发现，拥有较高初始资本的家庭相对于拥有较低初始资本的家庭而言，其能够从资产的组合化配置中获取更大的收益且享有更低的负债成本，这就使得财富水平越高的家庭越能够加速财富的积累，从而加剧了家庭财富水平的不平等问题。何金财（2016）研究发现城乡家庭在关系资源、教育水平、健康意识及风险偏好等方面的差异是造成城乡家庭财富差距的重要原因。吴雨（2016）、尹志超（2017）、胡振（2018）均探究了金融知识对家庭财富水平的影响。吴雨利用 CHFS2013 年的调查数据，研究发现具有较高金融知识的家庭会增加其在金融资产尤其是风险类金融资产上的配置，从而优化了家庭资产组合，显著提升了家庭财富积累。尹志超（2018）也指出金融知识对家庭财富积累具有显著的正向影响，在财富越多的家庭中，金融知识的创富效应越小，金融知识对低财富家庭的财富促进作用更大。胡振（2018）利用中国城市居民消费金融调查数据，研究发现户主的金融素养会显著增加家庭房产、金融资产、总资产和净资产规模，且对家庭总资产和净资产的影响大于房产和金融资产。徐浩洋（2019）认为对于财富水平较高的人群而言，他们可用于投资房产和其他金融理财产品的资金相对较多，并且由于初始资本较大，因此能够获得的资产价值和投资收益也会较高。家庭财富积累过程中存在明显的"马太效应",即富者更富。何金财（2020）指出城乡家庭在教育结构、年龄结构、规模结构、户主性别结构和社会网络资源等方面的差异是造成城乡家庭收入结构存在差异的重要原因。周慧珺（2020）研究发现，对于财富水平相对较高的家庭而言，其愿意承担的风险更高，能够获得的潜在收益也更大，从而更有利于后期家庭财富水平的提升。倪云松（2020）通过整理分析 2015 年中国家庭金融调查和 2017 年中国家庭金融调查数据，研究发现财富水平对投资者的资产配置行为具有显著影响，即当家庭的财富水平上升时，家庭主要决策者会更加注重资产组合的多元化，同时由于财富水平会提升家庭的投资能力和抗风险能力，从而会提高家庭在风险金融市场中的参与度。

近年来，得益于微观调查数据的日益增多，国内学术界对家庭财富配置的关注度逐步提升。从现有研究来看，学者们主要聚焦于对家庭财富配置的现状及其原因进行探讨，代表性学者如李实、赵人伟、巴曙松、甘犁、吴卫星、陈彦斌、尹志超、巫锡炜、肖争艳、梁运文等。针对家庭财富配置的现状，甘犁等学者总结后指出，尽管近年来我国家庭金融资产配置从一元化发展到多元化，但结构依然较不合理，总体而言，我国家庭财富配置处于亚健康状态。针对家庭财富配置的动因，目前学者们总结的家庭财富配置动机主要包括抗通胀需求、养老理财需求、风险分散需求、投资保值需求等。针对家庭财富配置的影响因素，现有文献分别从家庭规模结构、抚养比结构、性别结构和年龄结构等出发，对家庭财富配置行为做出了讨论。何宁（2019）发现家庭规模越大，其配置风险性资产的程度越低。吴卫星（2016）等发现子女数量增加会减少家庭财富配置总量。基于户主性别结构，李涛（2009）等发现户主为男性的家庭参与风险性资产配置的积极性更高。基于人口年龄结构，袁志刚（2000）、李蕾（2014）和厉懿慧（2019）等发现，家庭中老龄人口占比提高会显著增加家庭对低风险资产的持有量。目前国内学者对家庭财富配置的研究着重聚焦于金融市场参与度和金融资产配置比例两个角度，具体研究了政策环境、家庭特征及个人特征对家庭金融资产配置的影响。

首先，经济政策、制度环境等均会显著影响家庭的财富配置行为。余晋毅（2022）利用中国家庭金融调查数据，以家庭金融资产配置情况为对象，研究了经济政策不确定性及金融素养与家庭金融资产配置的关系，结果表明面对宏观经济运行的不确定性，金融素养越高的家庭越会倾向于降低无风险资产的比重。周雨晴（2019）通过研究住房对家庭金融资产配置的影响，指出住房市场过度繁荣的外部环境对家庭金融资产配置存在挤出效应，且挤出效应会随着家庭财富水平的变化和所在区域的不同而存在明显的异质性。肖忠意（2018）以创新创业环境为研究对象，实证分析了创新创业环境对农村家庭资产配置的影响，研究发现良好的创新创业环境能显著提升农村家庭投资金融资产的概率，但却有可能降低家庭对金融资产的持有比例，由此从外生的创新创业环境解释了农民家庭金融资产配置的"有限参与之谜"。此外，他还利用 CFPS 数据，研究了创新创业制度以及创业行为对家庭资产选择的影响，结果发现创新创业制度的完善，对于提高家庭金融资产投资概率及持有比重发挥着重要作用，创业行为与家庭低风险资产投资概率及持有比重呈正相关关系，与家庭高风险资产投资概率及持有比重呈负相关关系。廖婧琳（2017）基于 20 个主要国家的数据，分析了制度环境对金融资产配置的影响，结果表明完善国家货币制度、改善商业及投资环境会提高居民的金融市场参与度，对于金融系统开放性和透明度较高的国家，金融开放更能刺激居民分散投资。

其次，家庭特征如家庭住房、家庭收入、家庭结构等也是影响家庭财富配置的重要因素。周雨晴（2019）通过构建含有住房资产因素的投资模型，实证分析后发现家庭住房资产对家庭金融资产配置有很大影响，存在明显的挤出效应，即随着家庭增加住房投资，其可支配收入会减少，从而可用于投资金融资产的收入会减少，由此便出现了住房对金融资产的挤出效应。此外，一些学者研究发现家庭住房对金融资产的配置还存在财富效应。陈永伟（2013）实证研究发现，家庭购买住房后，随着房价的不断上涨，家庭财富会变多，随之便会有更多的资产用于风险投资。吴卫星（2014）发现家庭的第一套房产对金融资产存在挤出效应，随着家庭所持有房产数量的增加，家庭将增加以股票为代表的风险性金融资产的投资比例，从而表现出房产对金融资产的财富效应。赵格（2020）研究认为刚需住房对风险性金融资产存在挤出效应，而投资住房则对其存在财富效应。李慧珍（2017）利用 CHFS2013 年的数据，实证研究发现房产总值越高的家庭，参与风险性金融资产的概率越大。张聪（2021）利用 CHFS2017 年的数据，研究发现家庭收入水平的高低对于人们是否购买股票、基金、理财产品和债券具有显著影响。李超伟（2018）利用 CFPS 数据，实证研究了家庭收入结构对金融资产配置的影响，发现工资性收入、财产性收入、经营性收入占比的提升对于股票、国债和基金持有率产生了显著的正向影响，转移性收入比重上升对该类风险性金融资产的持有率没有显著影响。关于家庭结构对家庭资产选择的影响，吴卫星（2015）利用中国居民家庭微观调查数据探索了不同家庭结构对金融资产配置的影响，研究发现相比多代同住家庭，独代居住家庭有更多储蓄，从而可投资于更多风险性金融资产；在多代同住家庭中，三代同堂的家庭比与子女同住的家庭有更少的储蓄和对风险性金融资产的投资；在对与子女同住家庭的研究中，未婚子女的家庭投资于风险性金融资产的比例更高。此外，吴卫星（2017）还重点研究了"夹心层"家庭，即上有老、下有小的家庭结构对其股票市场参与及风险资产选择的影响，研究发现相较于其他家庭，中国"夹心层"家庭的股票及风险市场参与度更高，且该类家庭的资产组合中，股票及风险性金融资产的比重相对更大。

最后，也有较多文献探讨了个人特征对家庭财富配置的影响，主要涉及年龄、性别、婚姻状况、健康水平和受教育程度等。郭琳（2013）利用中国家庭收入调查数据，实证研究发现家庭户主年龄与家庭储蓄存在显著的倒"U"形关系，其中老龄家庭对风险性金融资产配置的需求显著下降。王聪（2017）利用中国家庭金融调查数据，实证探究了生命周期、年龄结构对家庭资产配置的影响，研究发现老龄家庭会倾向于投资存款等流动性较高、风险性较低的资产，而对股票、基金等风险性资产的持有比重更小。易祯（2017）研究发现随着我国人口老龄化进程加快，居民平均年龄的增加显著提升了家庭的风险厌恶程度，从而对低风险以及无风险性金融资产的需求增加，而对股票、基金等风险性较高资产的需求减少。王琎（2014）运用中国居民家庭投资状况调查数据，实证研究了婚姻对家庭风险性资产选择的影响，研究结果表明相比单身女性，已婚女性投资股票及其他风险性金融资产的意愿更大，她们会更倾向于增加风险性金融资产和股票在总资产中的比重；而相较于单身男性，已婚男性的投资决策并没有表现出明显的区别；进一步地，该研究还发现相较于男性，女性持有风险性金融资产的比例更高。针对健康因素如何影响家庭金融资产的配置，雷晓燕（2011）认为健康是影响家庭金融资产配置的重要因素，健康水平低的家庭会相应减少风险性金融资产的配置比例，而更多地持有流动性更高的无风险或低风险性资产。周弘（2015）和李凤（2016）分析得出居民的受教育程度会影响其所在家庭的投资行为，户主受教育程度和家庭财富水平呈正相关关系，户主受教育程度越高，家庭会更加理性和合理地做出投资决策。萧端（2018）的研究也发现，家庭成员的受教育程度及其专业背景对家庭参与股市的概率及参与深度发挥着重要作用。韩淑妍（2020）实证研究发现户主受教育年限每增加一年，家庭参与风险性金融投资的概率会显著上升 1.1%，其中，参与股票、基金投资的概率会显著增加 1.2%。

（2）关于商业银行财富管理的相关研究。

学者们指出尽管近年来财富配置渠道不断拓宽，但商业银行仍是家庭理财的首选。连平、戴国强、殷剑峰等专家指出，随着存贷款利差持续收紧和资管新规的实施，财富管理已成为商业银行业务转型发展的有力抓手，是商业银行未来重要的发展方向。然而，现有文献在对商业银行财富管理业务发展做出分析后指出，目前商业银行财富管理存在很多问题，主要包括理财产品同质化、客户细分不明确、专业人才较短缺，以及为客户量身定制的差异化产品不足等（颜红，2013；王英娜 等，2019）。与国外财富管理发展相比，国内财富管理业务的发展进程相对缓慢，目前多数学者的研究重心围绕私人银行以及个人理财业务展开，主要讨论了财富管理的基本概念和商业银行财富管理业务的发展现状及趋势、问题和相应的对策等。

现代财富管理起源于 19 世纪的欧洲，经过 100 多年的发展，现已成为全球银行业重要的业务板块。关于财富管理的概念，现有文献中不同的学者给出了不同的解释。朱瑞柯（2009）认为财富管理是指以客户需求为核心，通过对客户风险偏好、投资倾向、财务需求进行评估，发掘其财富管理需求，进而为其量身定制财富管理综合金融方案，具体包括投资咨询、税务规划、遗产法律合同、风险管理、子女教育规划等，以此实现财富的保值、增值和传承。黄祝华（2010）从消费者角度指出，财富管理是在充分掌握自身风险偏好的基础上，制定理财目标，并在专家指导下开展财富配置，进而实现收益最大化及个人资产配置最优化的相关活动。实际上，消费者需要的不仅是简单购买理财产品，而是需要一个完整的"财务规划体系"，通过科学规划将个人资产进行合理化配置。总体而言，可以将财富管理归结为如下三个方面：提供理财规划建议、提供财富管理产品、提供与财富管理产品一体化的相关服务。从供给方角度来看，潘新民（2007）立足商业银行视角，认为商业银行财富管理是整合了银行大众理财、私人银行、投资、保险等资产管理服务在内的全面财富管理活动。李国峰（2011）认为，商业银行财富管理是商业银行以个人客户理财需求为中心，充分运用银行资源与优势，为个人客户确定理财目标、实施理财计划和提高理财效率所提供的一系列多功能、专业化、综合化服务。唐怡（2014）从商业银行财富管理具体业务开展角度出发，认为商业银行财富管理业务主要以高净值客户及潜在客户群体为对象，为其提供现金、信用、保险、投资组合等产品和服务。王洪栋和张光楹等在《财富管理与资产配置》一书中，从财富产品需求方和供给方两个维度出发，指出财富管理是资产配置和销售管理两个环节密不可分的构成体，同时也是帮助客户进行投资风险管理的过程。

针对财富管理业务的特征及其涵盖的范围，张立军（2007）认为财富管理是银行通过一系列财务规划，对个人或企业法人所拥有的不同形式的财富进行科学化管理的过程，并总结了财富管理的五大特征：管理过程的阶段性、财富品种的多样性、资金管理的科学性、财富管理的长期性及目标客户的高端性。曹彤（2009）认为财富管理实际上就是通过一系列财务规划程序，对个人财富进行科学化管理的过程，其涵盖的领域包括零售银行、保险、基金、个人信用服务、信托按揭、客户医疗及子女教育等，并指出财富管理主要包括如下七大业务：资产管理服务、保险服务、信托服务、税务咨询和规划服务、遗产咨询和规划服务、房地产咨询服务及其他服务。赵笑泳（2008）认为，财富管理整合了资产管理、私人银行和证券经纪等业务，具体服务内容包括消费支持、保险保障、收入与财产分析、投资目标、子女教育、退休计划、税务筹划及遗产管理等，并基于财富管理的定义，认为财富管理业务具有三大特点：长期性、客户的特定性和服务的个性化。

近年来，伴随经济持续高速稳定增长，居民财富不断增多，由此产生的财富保值和增值需求日益旺盛，居民理财意识的不断增强和理财需求的不断多元化为财富管理市场的发展提供了良好机遇。在此背景下，国内财富管理业务逐渐起步，不断发展，并逐步走向成熟。学者们对商业银行财富管理业务的发展现状及趋势做出了较多探索，王英娜（2019）总结了我国商业银行财富管理业务的发展历程，指出我国商业银行财富管理业务的发展呈现如下几个趋势：财富管理产品种类多样化、中产阶层客户群体逐步受到重视、理财专业人才逐渐增多。彭光收（2018）认为主要有三大因素驱动我国财富管理市场蓬勃发展：一是宏观经济持续快速发展，资产价格呈上升趋势；二是富裕人群财富配置理念转变；三是金融机构业务转型面临压力。彭光收的研究分析了财富管理行业参与者的特征和发展潜力，并针对如何有效提升商业银行在财富管理市场中的竞争力提出了建议。赵诗嘉（2021）分析了商业银行发展财富管理业务的主要方向：把握居民理财的历史性机遇，发挥客群规模的海量化优势，实现金融业务的差异化竞争；并在此基础上提升商业银行的盈利能力，提振商业银行的业务转型信心；她认为商业银行必将在家庭财富管理业务的发展中扮演不可或缺的重要角色。俞亚莲（2020）从财富规模结构、财富投资结构、主要的财富管理提供方和财富分类等方面阐述了我国财富管理行业的发展现状，总结了近年来家庭财富管理行为的主要变化特征：投资种类及比例向理财、基金等产品倾斜；投资者更加看重安全保值和财富传承；居民借助金融科技手段的理财意识大幅增强；居民对于财富管理的需求更多集中在有效信息、投资标的及投资知识等方面。林烈（2021）认为目前我国商业银行财富管理业务处于快速发展阶段，国内重点城市商业银行理财业务的发展及运营呈现如下特征：区域性、专业性、行业性和需求性。梁燕（2021）立足资管新规背景，阐述了我国商业银行财富管理业务的发展现状，指出资管新规对商业银行财富管理业务的两大影响：一是促使商业银行理财产品逐渐向净值化模式转型；二是提升了投资者的财富配置意识，提高了高净值人群对采取有效措施以保证财富安全的风险意识。李佩珈（2022）总结出我国财富管理市场呈现如下特征：金融资产占比增加、住房资产占比降低；居民投资观念日益成熟，权益类资产配置增加；高净值人群资产规模扩大，境外资产配比增加；财富传承与养老需求提升。

关于我国商业银行财富管理业务的发展方向，舒皓（2011）认为我国商业银行理财业务发展态势良好，未来发展前景广阔，具体有六大发展趋势：市场监管日益加强，能确保业务健康持续发展；从产品推介到财富管理，逐渐回归理财业务本质；以客户为中心，重点塑造理财服务品牌；培养专业团队，提供个性化服务；研发差异化产品，避免无序竞争；整合各类金融机构理财产品，组建综合理财业务平台。丛禹月（2017）总结的我国商业银行财富管理业务的发展特点为客户投资规模增长较快、理财产品期限结构日趋稳定、产品风险等级趋低、股份制银行理财规模逐渐扩大等；同时阐明了我国商业银行理财业务的三大发展趋势，一是净值型产品将成为竞争焦点，二是资产证券化将有更多投资机会，三是委外投资模式将逐渐获得更大发展空间。沐华（2017）总结了我国商业银行财富管理业务的两大发展趋势：一是财富管理业务具备可持续发展能力，我国商业银行应将财富管理业务作为自身战略核心业务进行培育；二是财富管理人才、平台及产品越来越专业化。郭柄邑（2022）基于资管新规及居民财富管理多元化需求的背景，认为我国商业银行财富管理业务转型的方向可以概括为四点：财富管理业务模式向买方投顾模式转型、财富管理产品体系向多元化转型、财富管理运营思路向数字化转型、财富管理业务人才培养向专业化转型。近年来，随着金融科技快速发展，财富管理转型风起云涌，商业银行作为财富管理领域的重要参与者，面临着新的机遇和挑战。胡利明（2021）认为数字化时代，商业银行开展财富管理业务呈现四大趋势：业务竞争更加激烈化、客户群体日渐年轻化、客户经理要求专业化、客户需求更加碎片化。

近年来，除从整体上探究国内商业银行财富管理业务的发展情况外，一些学者还针对某些具体类型的商业银行进行了探讨。曹彤（2009）从中小股份制商业银行角度，阐述了财富管理业务对于中小商业银行发展的重要性，特别是在利率市场化背景下，财富管理业务将越来越成为商业银行重要且稳定的收入来源，提供"低资本消耗型"的理财产品将有助于增加银行利润。同时，综合化经营是未来我国银行业发展的重要方向，财富管理业务要从银行、证券、保险、基金等多方面开展综合产品开发，并努力向客户提供更加全面的私人金融服务。周兵（2016）以大中型商业银行财富管理业务为研究对象，指出差异化经营战略不明显是商业银行财富管理业务发展过程中较为明显的短板，构建综合金融服务平台有助于解决该问题。万天舒（2017）认为相较于中小型商业银行，大型国有银行实力更雄厚、经营范围更广且已基本实现全牌照经营，通过其广泛的全球网点布局有助于开展跨境业务及离岸业务，从而满足高端客户多元化的金融配置需求；但在此过程中，也存在组织和服务体系不强、产品设计改进空间大、难以满足高净值客户差异化需求等问题，为此该研究也提供了一些针对性的优化建议。张坤（2016）阐述了城市商业银行财富管理业务中存在的定位不清晰、个人客户基础薄弱等问题，因此，加速理财业务转型、健全高净值客户财富管理产品及服务体系是城市商业银行重要的发展任务。庆晓铮（2022）认为中小银行长期深耕地方发展，是本土机构中下沉力度最大、服务半径最长的机构，中小银行具有客户、账户、渠道三大优势，应充分把握自身优势，加强与同行业机构的密切合作，建立健全的内部管理风控流程，大力推进数字化转型，广泛搭建财富生态开放平台，以逐步提升自身财富管理能力。林滕（2020）以农村商业银行为研究对象，分析了其具有的三大优势——地方优势、客户优势及市场定位优势，并结合互联网大数据背景，指出农村商业银行财富管理业务转型面临的新机遇：客户理财需求逐渐明晰、与政府及其他金融机构合作的可能性增大、财富管理产品可塑性增强。因此，农村商业银行需要积极打造多平台财富管理服务系统，加强团队人才培养等，以进一步提升财富管理业务水平。

为了进一步推动国内商业银行财富管理业务稳健发展，学者们针对国外商业银行在财富管理业务中的相关经验也做出了较多分析。李晓红（2011）结合美国财富管理业务的发展历程，认为美国商业银行在发展财富管理业务中所形成的科学的客户分层和服务产品的市场定位、全方位的服务能力和服务措施、完善的客户信息和客户关系管理机制、服务内容多样化和从业人员专业化等经验均可为国内商业银行发展财富管理业务提供有益的借鉴。美国商业银行在开展财富管理业务时所秉承的明确市场定位、综合运用信息技术、完善客户关系管理系统、加快理财产品创新及实施人才培养战略等理念，均对我国商业银行发展财富管理业务具有良好启示。杨林枫（2010）在《银行理财理论与实务》一书中，对我国国情及国外银行财富管理的先进经验做出了具体分析，系统梳理了商业银行财富管理业务的发展现状和趋势，这对于商业银行开展财富管理业务起到了有益的指导作用。刘维泉（2013）以摩根大通、瑞银集团及汇丰控股三大国际领先银行的财富管理业务为对象，深入剖析了其财富管理组织架构、业务范畴、产品体系和盈利能力，并在此基础上，凝练出有助于我国商业银行财富管理业务发展的三大启示：一是发展财富管理业务有助于商业银行转变盈利模式，拓展利润来源；二是开展财富管理业务需要构建合理的财富管理组织架构、多样化的产品体系和完善的风险管理体系；三是商业银行要想在财富管理业务发展中抢占更多先机，就需要树立鲜明的财富管理品牌。陈刚锁（2012）研究了澳大利亚商业银行财富管理业务的发展模式，分析了其战略定位、经营理念、组织形式、理财团队、技术支持、财富管理产品与营销策略等几个方面，并提供了有益于我国商业银行发展的启示。夏飞（2016）通过对英国、美国、日本等具有代表性的国外商业银行财富管理业务的发展特点进行分析，归纳了成功的经验，提出我国商业银行开展财富管理业务需要在业务精简、人才队伍、品牌建设、科学筹划、客群细分及业务创新等方面予以更多重视。

针对财富管理业务，近年来有大量学者将研究主题确定在发展现状及相关对策上。谷任（2017）通过对北上广深四个一线城市的商业银行财富管理业务进行分析，指出当前商业银行财富管理业务的发展面临几大问题，包括组织架构不合理、客户关系管理及营销方式不完善、人才储备不足、产品设计权限上收、财富管理业务的微观基础不坚实等；并在此基础上，针对性地提出了促进我国商业银行财富管理业务发展的对策建议，具体包括提高财富管理部门的独立性、运用大数据完善客户关系管理及营销方式、完善人才储备制度、适当下放理财产品设计权限、加强与其他专业服务机构的协同合作等。彭光收（2018）通过将商业银行与其他财富管理机构进行比较，指出商业银行拥有庞大的客户基础、突出的渠道优势，相较于其他财富管理结构，商业银行客群覆盖范围更广，但其在经营理念、管理模式和投资渠道等方面仍面临诸多制约。基于此，彭光收分别针对大型商业银行、区域性商业银行给出了提升财富管理竞争力的建议；具体而言，大型商业银行要将综合化的财富管理服务作为核心竞争力，发挥好其能为客户提供融资、结算及跨境服务的天然优势，同时也需加大对金融科技的研究与应用；区域性商业银行要进一步提升专业化财富管理能力，打造特色增值服务体系，并积极利用智能投顾为客户的资产配置提供便利。王英娜（2020）通过梳理我国商业银行财富管理的发展历程及发展现状，指出当前财富管理业务发展中存在理财产品同质化、客户细分不明确、理财专业人才短缺等问题，进而提出商业银行要创新财富管理产品、加强财富管理品牌建设、培养财富管理人才队伍、搭建完善的客户信息系统、完善客户细分体系等相关对策建议。刘哲（2022）指出我国财富管理行业正处于战略转型期，商业银行财富管理业务在产品、渠道、资产配置、风险管理等方面均存在较多问题。具体地，在产品方面，商业银行的存款、理财、基金、保险、信托等业务各自为战，未凝聚合力，形成协同联动效应；在渠道方面，商业银行的线上渠道建设和生态化布局明显不足；在资产配置方面，商业银行过分依赖收益率来吸引客户，全面的资产配置服务能力明显不足；在风险管理方面，商业银行针对代销业务的风险管理还不够完善。刘哲（2022）认为面对市场新变化、居民新需求和业务发展新趋势，商业银行财富管理业务需要打破传统的单一销售思维，构建更新的全面财富管理体系，从产品创新、打造线上渠道、严格风控措施、找准特色定位、完善考核机制、创新人才机制等方面拓展商业银行财富管理业务。张伟煜（2022）认为立足新时代的新要求，商业银行财富管理业务还存在几个问题：一是财富管理并未基于客户需求视角来开展财富配置业务，而是局限于卖方销售模式下的产品销售；二是同券商、基金等机构相比，商业银行在投研投顾能力及人员队伍建设方面与其存在差距；三是相应的组织架构、协同和考核机制等顶层设计，在适应市场具体需求过程中存在一些不足；四是部分商业银行在除债权以外的优质底层资产获取及以此为基础的产品创设能力方面，显著落后于 PE/VC 等其他财富管理机构。同时，张伟煜（2022）从普惠性、共享性、专业性、智慧性四个方面阐述了财富管理业务的展业理念，认为商业银行应优化组织架构、提升投研投顾能力、强化技术支撑，着力优化财富管理业务的服务质量。史善胤（2022）通过对国内财富管理第一梯队机构的发展路径进行分析，在实操层面对发展财富管理业务提出了建议，具体实施路径包括丰富优质高收益资产端、运用投行交易型工具丰富资产供给、打造差别化产品满足客户需求偏好、拓展优质高净值客户群、发挥资产市场业务优势以培育潜在客群。王旭婷等（2022）认为现阶段我国商业银行财富管理业务发展存在理财产品同质化、对长尾客户经营重视不够、财富管理专业人才短缺、信息管理系统不健全等问题，并从组织架构、客群布局、产品体系、专业团队和数字化转型五个方面梳理了国际全能型银行财富管理业务转型发展的经验，在此基础上针对我国商业银行财富管理业务转型发展提出了对策建议。赵笑泳（2008）、王苏民（2010）和冯硕（2019）均运用战略管理学的SWOT工具，分析了我国商业银行发展财富管理业务的外部机遇与挑战、内部优势与劣势，并提供了相应的发展建议。赵笑泳从多个角度提出了我国商业银行在发展财富管理业务的建议，在战略角度，银行要有一个科学的、整体的规划；在市场角度，银行要先培育，再发展；在经营角度，银行要注重市场营销，推动金融财富管理与银行的共同发展。王苏民认为我国商业银行在发展财富管理业务的战略选择上，应该以细分市场为基础，以品牌战略为先导，以物理网点为阵地，以提高效率为目标，以服务客户为中心，以金融创新为引领。冯硕提出了优化组织管理、树立品牌意识、实现精细化管理等发展策略。

随着客户财富管理需求的日趋旺盛以及商业银行数字化转型升级条件

的不断成熟，大力发展财富管理业务、对业务流程进行数字化重构成为商业银行数字化转型的必经之路。许多学者基于这一时代背景，提出了我国商业银行财富管理数字化转型的发展策略。俞亚莲（2021）梳理了财富管理数字化转型实践，展望了财富管理数字化转型趋势，并在此基础上提出了商业银行做好财富管理数字化转型工作的对策建议：最大化发挥自身的禀赋优势，以提供更专业的财富管理业务，构建数字化财富管理合作机制，多渠道提升客户服务品质。胡利明（2021）认为商业银行财富管理业务处于转型和升级的关键节点，面对数字化时代的机遇和挑战，商业银行需要主动求变，积极引进数字化技术，采用新渠道整合业务、产品和服务，优化客户与投顾体验，努力成为数字化财富管理的领航者。汪泳奇（2021）认为要深化商业银行财富管理业务数字化转型，需要从六个方面力求突破，具体包括：在形成稳定的数字化获客模式上取得突破、在数字化产品经营上取得突破、在生态化平台建设方面取得突破、在全渠道交互融合方面取得突破、在配套体制机制上取得突破以及在客户体验提升上取得突破。戴叙贤（2022）认为商业银行财富管理业务数字化转型需要紧跟金融科技发展趋势，围绕"一个核心、三大着力点"进行布局。一个核心即满足客户个性化需求，三大着力点即从前、中、后台三个方向升级现有业务流程；具体包括在客户端进行应用门户改造升级，在资产配置端提高智能化水平，在后台端提升客群管理效率，从而保障商业银行财富管理数字化转型的可持续性。

近年来，也有部分学者利用实证分析方法对我国商业银行财富管理业务的发展做出了探究。林蓉辉（2007）针对基础资产收益率、可提前终止权、可质押性和资产管理费等内容与人民币理财产品之间的相关性进行了实证分析，在产品创新、风险管理和收益等方面提出了针对性的优化建议。陆敏（2012）基于商业银行理财产品的收益和风险角度，对商业银行理财产品做出了综合绩效评价，指出商业银行理财产品的核心指标是产品的收益和风险。颜红（2013）利用江苏银行2007—2013年的客户数据，从微观层面和宏观层面对影响商业银行财富管理的因素进行了实证探究，结论表明在微观层面，商业银行自身的服务与产品体系、人员配备及良好的理财规划等对财富管理业务的发展具有重要促进作用；在宏观层面，高通货膨胀环境对于商业银行财富管理业务的发展具有一定的抑制作用，并提出了未来我国商业银行财富管理业务发展的路径和措施，具体包括：制定科学的考核制度、加强客户信息系统建设、完善财富客户服务体系、创新客户营销拓展模式、加快客户服务渠道建设、加快人员队伍建设、加快其他配套体系建设等。

2.2.2 国外研究现状

（1）关于家庭财富配置及其影响因素的研究。

2006 年，Campbell 在美国金融年会中首次明确提出家庭金融的概念，并对其概念和范围做出了明确的界定，Campbell 指出家庭金融将成为金融学中继资产定价和公司金融后第三个独立的重点研究方向。美国是最早开展家庭金融调查的国家，为先行开展家庭金融相关主题的研究提供了重要的数据支撑。进入 21 世纪，越来越多的国家开始注重对家庭金融的研究，很多国家相继开展了家庭金融调查，家庭财富的微观数据逐渐增多，相关研究也渐渐丰富起来。Kessler（1991）通过对美国与法国的财富分布进行比较后发现，美国在 1983 年的财富基尼系数为 0.77，这比法国 1986 年的财富基尼系数高出 8.45 个百分点。Diaz Gimenez（1997）使用 1995 年的消费者财务状况调查（SCF）数据研究发现，财富分布位于前 1% 的家庭所拥有的财富占社会总财富的比重为 29.55%，其富有程度是财富分布位于后 40% 的家庭的 875 倍。Wolff（2002）研究了家族继承和财富转移对全社会财富分布的影响，发现继承和财富转移能够有效降低财富分布的集中度。Headey（2005）运用澳大利亚家庭收入和劳动力动态（HILDA）调查数据，分析了澳大利亚家庭的财富结构，发现澳大利亚的家庭财富分布极不均衡，财富分布处于中位数以下的家庭所拥有的财富占全部家庭总资产净值的比重不到 10%，而财富分布位于前 10% 的家庭所拥有的财富是全部家庭总资产净值的 45%。

针对家庭财富配置的影响因素，国外学者做出了诸多探究。基于宏观维度，Harrison（2004）研究发现，资本市场参与度是影响家庭金融资产配置的重要因素，在资本市场参与度较高的地区，家庭对于风险性投资的本土偏好更强，且更善于开展与周围投资者的社会互动，该地区的家庭会将其财富较多地投资于本地区金融市场的风险性资产中，同时对于周边国家的上市公司也有更强的偏好。Lubos Pastor（2000）为了探究风险性金融市场中是否存在本土偏好，采用贝叶斯研究框架，对投资者的资产组合选择进行分析，结果表明美国投资者更倾向于持有在美国资本市场上市的公司股票。相较而言，目前基于宏观层面的研究并不是很多，更多的研究集中于微观层面，具体考察了个体特征、家庭特征等对家庭金融资产配置的影响。从个人特征出发，Ameriks（2004）基于生命周期理论，探究了年龄对家庭投资组合的影响，发现随着户主年龄的增加，家庭参与风险性金融市场的概率减小，投资于风险性金融资产的比例也随之下降。Agnew（2003）分析了婚姻对家庭投资行为的影响，研究认为相较于已婚群体，未婚群体在投资决策上显得更加保守。进一步地，Annika（2019）探究了性别与婚姻对家庭资产选择的影响，结果发现性别与婚姻状况均是影响家庭资产选择方式的重要因素，已婚群体可以通过共同协调决策和共同承担风险来提高其资产配置效率。Rosen（2004）使用针对居民健康的调查数据，分析了身体健康状况与家庭金融资产配置之间的关系，结果表明健康程度会通过影响投资者的心理状况而影响其面对风险的态度，进而影响家庭对金融资产的配置；此外随着家庭成员健康状况变差，出于预防性动机，家庭的现金持有量会增加，从而导致家庭可用于金融投资的财富减少。从家庭特征出发，Jappelli（2001）分析了家庭财富规模对风险性金融资产配置的影响，结果表明随着家庭的财富规模扩大，其对风险性金融资产的投资比例会降低，二者存在显著的负相关关系。Jappelli 进一步分析了家庭财富规模与金融资产配置种类之间的关系，发现随着财富规模扩大，家庭所持有的金融资产种类会增加，二者存在显著的正相关关系。Campbell（2006）研究认为，高收入家庭的风险承受能力往往更强，从而倾向于更多地持有风险性金融资产；低收入家庭因其风险承受能力较差，在金融资产投资时的态度更趋于保守。Cardak（2008）通过研究澳大利亚家庭的金融资产配置行为，发现随着家庭面临的风险增加，其投资于风险性金融资产的概率会随之减小。基于家庭年龄结构，Modigliani（1954）提出生命周期假说，认为家庭中儿童和老年人占比越大，家庭的储蓄意愿越高。基于家庭规模结构，Calvet（2014）等认为家庭规模扩大会抑制家庭对风险性资产的配置。基于家庭教育结构，Cooper（2013）等认为家庭的整体学历水平越高，其对风险性资产的配置越多。基于户主性别结构，Chamess（2012）发现男性户主比女性户主具有更强的风险偏好，因此配置风险性资产的可能性更大。

此外，随着近年来越来越多的国家开始重视对家庭资产配置的研究，一些学者开始尝试对不同国家或地区的家庭资产配置情况开展比较研究。

Guisoetal（2000）通过比较美国、英国、荷兰、德国和意大利五个国家的家庭金融资产配置结构，发现不同财富水平、不同年龄阶段的家庭中风险性金融资产的分布情况大致相同。Antzoulatos（2010）基于宏观经济金融发展视角，对比了美国、英国和西班牙三个国家的金融发展程度与其家庭金融资产配置之间的关系，研究发现长期内家庭金融资产配置与金融发展程度密切相关；而在短期中，家庭金融资产配置与金融发展程度之间的关联性较弱。Breuer（2012）基于社会文化与信任视角，使用 73 个国家的数据，实证探究了国家文化对家庭金融资产配置的影响，研究表明平等主义与等级制度对家庭存款行为具有显著影响。Hemeri（2018）梳理了美国、日本、韩国的家庭财富配置情况，指出相较于房产，美国家庭更倾向于持有存款、基金、股票等金融资产；日本居民更偏好于配置低收益稳健性资产；韩国居民财富配置中的非金融资产显著高于金融资产。Luetal（2020）研究发现，除美国外的大多数国家的家庭资产配置结构呈现"重房产，轻金融"的特征，这主要是由于近年来多数国家的房产价格呈上升趋势，而金融资产的价格波动却比较频繁。进一步分析发现，大多数国家的家庭房产占比与收入之间呈倒"U"形关系，拐点出现在收入前 20%分位数处；中国、美国、澳大利亚等国家的家庭金融资产占比与收入之间呈"U"形关系，拐点同样出现在收入前 20%分位数处。此外，随着户主年龄的增加，家庭房产占比呈现先上升后持平的特征，而家庭金融资产占比呈现先下降后持平的特征。

财富管理作为发达国家商业银行零售业务利润的主要来源，历来是学术界讨论的热点话题，相关的研究在国外文献中也较多。如 Ranaweera（2015）梳理了多家国外商业银行财富管理的经验，指出以客户为中心，以满足客户财富配置需求为目标的经营原则是国外商业银行财富管理业务持续发展的核心。其他学者也得出了类似结论。针对商业银行财富管理业务发展的其他研究，所得结论与前述国内文献中的观点基本一致，此处不再赘述。

2.2.3　相关研究述评

综上所述，学术界在家庭财富配置与商业银行财富管理的研究方面积累了颇为丰富的成果，这些成果为本书的研究提供了坚实的理论支撑和方法借鉴。但综合梳理后发现，现有研究仍存在亟待补充和拓展的空间：

①现有研究对我国家庭财富配置的演进特征没有做出系统的梳理与总结，对新形势下家庭财富配置的需求特征未开展充分的调研；②现有研究对家庭财富配置的微观成因挖掘尚浅，未区分家庭类型以分类讨论财富配置的差异，且对各类因素影响家庭财富配置决策的机制和异质性说明不够；③针对商业银行财富管理的研究只聚焦于供给端，缺乏对家庭财富配置需求特征的凝练，财富管理产品的设计未能结合我国家庭财富配置的具体需求做出针对性创新。

3 家庭财富配置需求与商业银行财富管理业务发展必要性分析

近年来，我国家庭财富总量不断扩大，居民理财意识不断提升，家庭对财富管理的需求不断增加。进一步地，在房地产回归居住属性，住房价格日趋稳定的经济运行背景下，家庭对金融资产配置的需求进一步增加，这为商业银行发展财富管理业务提供了广阔的市场。在经济结构转型和互联网快速发展的背景下，商业银行从传统存贷款业务中获取的利润空间越来越窄，面对的市场竞争也越来越激烈，因此亟须寻找新的利润增长点。对于商业银行而言，轻资本消耗型的财富管理业务非常符合商业银行良性转型的方向，财富管理业务是商业银行满足客户多样化需求、增强客户黏性、拓展利润来源、提升综合盈利能力的重要方式，越来越多的商业银行也已经将发展财富管理业务纳入其未来发展的重要战略。事实上，发展财富管理业务对于更好地服务金融供给侧结构性改革，促进直接融资发展也具有非常重要的意义。

3.1 家庭财富配置的多元化需求

3.1.1 正规财富管理业务需求

近年来，随着居民投资需求不断增加和金融市场中投资产品日益多样化，我国商业银行理财业务得到快速发展，但同时也出现了私售飞单、误导销售、违规担保等风险事件。此外，网络平台等非正规金融机构也暴露出问题，金融乱象显现，这不仅对居民财产安全造成了威胁，也危害了金融行业的健康发展。在这种形势下，居民对稳健理财的诉求不断增长，对正规财富管理业务的需求也越来越迫切。

2010 年以来，随着多层次金融体系建设持续推进和金融脱媒的不断深化，互联网金融迅速兴起，商业银行的主要金融媒介地位相对降低，居民财富逐渐流入民间借贷市场或非正规金融市场，而不再单纯停留在商业银行的存款理财上。在缺乏有效监管的情况下，非正规金融市场虚假宣传现象多发，各类金融产品网络营销"新招式"层出不穷，一些第三方机构借营销之机违规向公众推荐证券基金及理财产品，片面夸大宣传甚至虚假宣传；部分互联网平台以线上场景和流量作为优势，开展不规范金融业务，造成竞争失衡，影响数据安全，诸如此类违法违规乱象丛生，不仅侵害了投资者的合法权益，还在一定程度上扰乱了金融秩序。对于网络理财而言，其在提供高收益的同时也伴随诸多风险：一是市场风险，网络理财平台极易受到宏观经济周期和金融市场环境的影响；二是相关的信用风险，如平台借款人的违约风险以及平台自身的违约风险；三是相关操作带来的技术风险；四是一些平台打着互联网金融旗号从事非法理财，游走于法律合规边缘而带来的法律风险，这些风险都在不同程度上加大了平台倒闭跑路的概率。近年来以 P2P 为代表的网络平台破产跑路事件给人民群众的财富造成了巨大的损失，人民群众在金融活动中的安全感缺失，这从侧面反映出在居民财富管理需求不断增长的新形势下，正规有效的金融产品和服务仍相对欠缺。

除了非正规理财市场，商业银行理财业务也一直是风险高发领域。截至 2017 年年底，据银行业理财登记托管中心统计，银行的理财存续余额近 30 万亿元，相比理财市场刚启动时的 2.8 万亿元，年复合增长率超过 40%。银行理财业务因涉及的客户范围广，其在满足金融市场需求的同时，如果出现业务开展不规范、监管不到位，就容易引起市场波动，从而造成系统性金融风险。目前我国银行理财业务风险主要有三种形式①：违规篡改理财协议内容、伪造理财协议对接信贷项目以及冒用理财名义实施诈骗。近年来，银行理财业务乱象问题逐渐引起了社会的广泛关注，监管机构相继出台相关政策，不断加强打击和整治力度。2013 年 3 月 25 日，原银监会下发的《中国银监会关于规范商业银行理财业务投资运作有关问题的通知》进一步规范了银行理财资金投向，对风险拨备提出了明确要求。

---

① 刘明勇. 银行理财业务乱象和治理［J］. 金融市场研究，2018（3）：131-135.

2017 年 8 月，原银监会发布《银行业金融机构销售专区录音录像管理暂行规定》，要求银行业金融机构实施专区"双录"，即设立销售专区，并在销售专区内装配电子系统，对自有理财产品及代销产品的销售过程进行同步录音录像，目的在于规范销售市场秩序，加大对银行业金融机构自有理财产品及代销产品销售行为的监管，以有效治理误导销售及私售等问题①。2021 年 12 月，中国人民银行正式发布《金融从业规范 财富管理》，从服务流程、职业能力、职业道德与行为准则、职业能力水平评价等方面对金融行业从事财富管理的人员界定了新的标准，这既是对从业者的规范，也进一步促进了相关金融机构的规范发展。

习近平总书记多次强调：金融是国家重要的核心竞争力，金融安全是国家安全的重要组成部分，金融制度是经济社会发展中重要的基础性制度。金融安全关乎我国经济社会发展全局，也关乎千家万户的财产安全，整治市场乱象是金融回归服务实体经济本源、打赢防范化解金融风险攻坚战的迫切需要，同时也是促进银行高质量发展、强化金融监管的迫切需要。因此，银行要通过强化理财产品统一销售管理、强化银行账户使用管理、强化理财业务用印管理等措施规避有关风险，同时要结合居民的理财需求，持续丰富产品体系和服务内容、完善客户关系管理、推进人才队伍建设，为广大人民群众提供正规合理、稳健有效的财富保值增值途径。

3.1.2 抗通胀理财需求

利率是重要的宏观经济变量，利率市场化是经济金融领域最核心的改革之一。我国银行理财业是在利率市场化背景下逐渐发展壮大起来的，在银行存款利率受到严格监管与控制的时期，尤其是在通货膨胀率上升、居民存款实际利率为负的时期，银行理财收益率能够随市场变化而同步调整，从而对存款起到了很好的替代作用，发挥了市场价格发现功能，丰富了实体经济的投资渠道，也为居民的财富保值增值做出了巨大贡献。银行理财是利率市场化的产物，反过来，理财产品的发展也推动了利率市场化。理财产品中有可用于投向债券、同业借款等实现利率市场化的资产，从而保证了理财产品的价格能够随市场利率的变化而波动，从这个角度来看，理财产品对于利率市场化进程发挥了推动作用。此外，随着 2012 年以

---

① 张原，和绿茵.商业银行理财产品关联交易的规范对策［J］.商业会计，2015（24）：84-85.

来利率市场化进程加快,银行作为金融市场的重要媒介,通过理财产品连接了投资者与融资者,减小了利率市场化所造成的"脱媒效应",在"反脱媒"方面发挥了重要作用。

改革开放以来,我国一直在稳步推进利率市场化,并建立健全的由市场供求决定的利率形成机制,中国人民银行也致力于通过运用货币政策工具来引导市场利率。经过30多年的持续推进,我国利率市场化改革取得了巨大成就,已形成比较完整的市场化利率体系,其主要通过货币政策工具调节银行体系的流动性,传递政策利率调控信号,引导市场基准利率瞄准政策利率,并通过银行体系传导至贷款利率,形成市场化利率传导机制,以有效调节资金供求和资源配置,实现货币政策目标。目前利率市场化的深化改革中也存在一个重要矛盾,即市场化利率在"形得成"和"传得好"方面仍存在障碍,包括监管套利、金融市场不成熟等造成的市场分割,以及融资平台预算软约束、存款无序竞争等财政金融体制问题。有鉴于此,有关部门要继续加强监管、优化营商环境、硬化预算约束、化解金融风险,为进一步深化利率市场化改革提供更有利的条件。

针对通货膨胀,一般的经济学解释是,一国货币贬值所导致的国内主要商品的价格出现的普遍且不可逆上涨的现象。通常而言,通货膨胀的直接原因是一国流通中的货币量超过了本国货币需求总量。近几年,新一轮全球通胀来势汹汹,2021年1月,美国CPI同比增长1.4%;进一步地,随后的新冠病毒感染疫情(以下简称"疫情")影响、俄乌战争等地缘冲突推动通胀一路上行。事实上,疫情发生以来,通胀"高烧不退"的不只美国,世界银行2022年发布的《全球经济展望》报告显示,2022年4月,全球通胀率达到7.8%,新兴市场与发展中经济体通胀率达到9.4%,均处于2008年以来的最高水平,可见全球的整体通胀率已经处于较高水平。在全球物价持续上升的形势下,居民的抗通胀需求升温,2021年以来,面对美欧央行货币政策调整和高通胀的双重风险,全球投资者纷纷提前布局,建立防御性仓位,资金大幅流向通胀挂钩债券、大宗商品基金、黄金等抗通胀类资产。与美欧等发达经济体相比,我国物价上行动能虽暂时尚不明显,但在全球通胀加速上行的大环境中,预期传导也不可避免地会被强化。近年来国内越来越多的投资者拥有海外资产或进行了全球资产配置,对这类群体而言,抗通胀财富管理的需求更为迫切。

借鉴国际经验,并结合我国金融市场的发展历史来看,在政策目标过多、通胀形势不明、就业指标对货币政策决策有较大影响的情况下,监管当局通常难以有效统筹通胀和其他货币政策目标的关系,难以有效稳定利率预期。在这样的情形下,根据客户对理财产品高收益与低风险的双重需求,一方面,银行的理财产品收益率需超过同期限定期存款利率;另一方面,银行理财产品的收益率需高于通胀率,只有这样才能保证居民既能获得理财收益,实现财富保值增值,又能承担较小的理财风险。

3.1.3 养老理财需求

当前,人口老龄化已成为全球普遍趋势,我国作为世界上老年人口最多的国家,在人口老龄化程度不断加深的背景下,财富管理的重要性进一步凸显。在社会养老保障体系尚不十分完善的背景下,随着劳动人口不断减少和人口预期寿命不断延长,无论在欧美等发达国家还是在我国,养老压力都不断加剧,由此带来的养老理财需求也不断增加,越来越多的家庭迫切需要获得专业化的财富管理产品与服务。

与其他国家相比,中国老龄化现象有几个鲜明特征:一是老龄化尚处于爬坡阶段,即老龄化社会向深度老龄化社会的过渡还未到达顶峰。二是中国老龄人口规模明显较大。根据国家卫生健康委、全国老龄工作委员会办公室发布的《2021 年度国家老龄事业发展公报》,截至 2021 年年底,中国 60 岁及以上的人口达到 2.7 亿人,65 岁及以上的人口约 2 亿人。当然,这与中国庞大的人口基数有很大关系。三是中国老龄化发展速度远快于其他国家。联合国世界人口数据库调查显示,1990 年中国 65 岁及以上人口比例不足 5.3%;2000 年前后,65 岁及以上人口比例达到 7%,标志着中国正式步入老龄化社会[1];2021 年,老龄化比例进一步升至 14.2%。与全球平均每十年提升 1 个百分点的速度相比,中国平均每十年提升 2.1 个百分点,增长速度较其他国家快了一倍多。经济高速发展、医疗水平持续改善、人均预期寿命大幅延长以及我国出生率持续低迷是我国老龄化速度快于世界平均水平的主要原因。

老龄化社会对财富管理有庞大的需求,一是老年人手中积累了规模可观的财富,根据中国人民银行调查统计司城镇居民家庭资产负债调查课题组调查的数据,我国 65 岁及以上人群拥有较强的金融投资意愿和能力,户

---

① 任冲. 老龄化对我国社会经济发展的影响及对策分析 [J]. 内蒙古社会科学(汉文版),2014(5):160-166.

主年龄为 56~64 岁的家庭户均总资产最高，达到 355.4 万元；户主年龄为 65 岁及以上的家庭户均总资产为 288 万元，虽资产总值有所下降，但其投资于银行理财、资管、信托产品的规模却相当可观，均值为 23.9 万元，是全部家庭平均水平的 1.4 倍，占家庭金融资产的比重为 34.8%，远高于其他年龄段家庭的投资水平。二是老年人收入急剧减少甚至趋近于零，美国经济学家莫迪利安尼等人提出的生命周期假说，将人的一生划分为青年、中年和老年三个阶段，在老年阶段，人们的劳动收入直线下降甚至趋近于零，但因其消费支出依然较大，所以此前积攒的储蓄将被逐步消耗殆尽。就财富管理视角而言，即使老年阶段人们的劳动收入会减少甚至消失，但只要善于理财，就可以将中年阶段积累的储蓄盘活，并持续获得稳定的投资收入，以有效保障其消费支出，避免"坐吃山空"的结局。三是老年人群对财富管理的需求十分迫切，主要有三方面因素：首先，"三支柱"养老保障体系发展并不均衡，作为第一支柱的基本养老保险"一支独大"，我国基本养老保险由城镇职工基本养老保险、城乡居民基本养老保险两部分构成，国家统计局数据显示，截至 2019 年年底，我国基本养老保险参保人数达到 9.68 亿人，覆盖我国总人口的近 70%。作为第二支柱的企业年金、职业年金覆盖范围有限，企业年金的参与主体大多为金融、电力、铁路等国有企业；职业年金的参与主体主要是机关事业单位；总体来看，第二支柱覆盖面较窄，且存在机构经济负担压力较大、缺乏持续投入意愿等问题。作为第三支柱的商业养老刚刚起步，难以形成有效的养老财富供给。其次，个人财富可能被提前透支，从而引发各种焦虑，虽然与年轻人相比，老年人看似拥有不菲的财富积累，但面对寿命不断延长、财富"只进不出"的现状，依然会使其产生各种焦虑。最后，老年人面临各种现实隐忧，如财务危机等财富忧虑以及患有慢性疾病的健康忧虑等。综上而言，随着老龄化社会不断深入，财富管理的重要性将进一步凸显。

尊老敬老是中华民族的传统美德，爱老助老是全社会的共同责任，如何实现"无忧养老"关乎每一个人。为更好地应对人口老龄化，切实保障未来居民的养老生活，满足老年人群的财富管理需求，近年来，政府积极发挥市场机制与社会力量，出台相关政策文件，健全以财税、金融产业政策为主体的政策支持体系，调动和利用更多的社会资源，鼓励财富管理机构积极参与我国养老金融建设，使养老事业的物质基础与支持实现多元化和多层次化。2019 年 11 月，中共中央、国务院全面部署了 2020—2050 年我国应对人口老龄化的工作任务，首先就是要"夯实应对人口老龄化的社会财富储备"。2020年10月，党的十九届五中全会进一步提出，"十四五"期间，我国将实施"积极应对人口老龄化国家战略""发展银发经济""发展多层次、多支柱养老保险体系"等措施。在具体的政策实施层面，2021年9月，原银保监会决定开展"四地四机构"养老理财产品试点工作；2022年4月，国务院办公厅发布《关于推动个人养老金发展的意见》，旨在促进和规范发展第三支柱养老保险，推动个人养老金发展。2022年5月，为进一步丰富第三支柱养老金融产品供给，原银保监会、中国人民银行研究推出特定养老储蓄业务试点，初步拟定由中国工商银行、中国农业银行、中国银行、中国建设银行四家大型银行在部分城市开展试点工作。这些政策措施落地后，将更好地促进养老金融供需适配。

面对爱老助老这一社会责任以及市场上广泛的养老理财需求，从商业银行财富管理的角度来看，为应对老龄化社会的严峻挑战，增强财富管理供需的适配性已成当务之急。商业银行须以老年客户需求为中心，加快金融产品创新，以获取长期稳定回报的养老投资为产品设计理念，开发适合老年人的理财、保险产品，从而满足老年人的金融服务需求。

3.1.4 分散理财需求

2016年，中央经济工作会议首次提出"房子是用来住的、不是用来炒的"，此后"房住不炒"理念逐渐深入人心，成为社会共识。2020年8月，中国人民银行、原银保监会等对房企提出"三道红线"监管指标。2021年10月，全国人大常委会授权国务院开展房地产税改革试点工作。在"房住不炒"导向下，房地产调控政策效果显著，房地产开始向"居住属性"回归，而"金融属性"则逐步弱化，全国房价逐步进入稳定状态，居民房地产投资也逐渐趋于理性。在"房住不炒"定位下，居民的分散理财需求不断上涨，对房地产投资热情的下降使得居民转而将更多的家庭资产配置到基金、理财为代表的金融资产上，从而为商业银行开展财富管理业务提供了良好的契机。

过去20多年，得益于房地产行业繁荣发展以及房价持续快速上涨，房地产在居民家庭资产配置中一直占据重要地位，而近年来政府为抑制地产市场的过度投机，出台了一系列相关政策，从而对居民财富配置产生了深远影响。首先，从投资角度来看，随着房价涨幅收窄及加杠杆趋难，家庭对房地产投资的预期收益下降，住房投资需求得到有效遏制，房地产投资"稳赚不赔"的时代已一去不复返，房地产作为家庭财产性收入主要来源的地位也将逐渐下降。其次，从房地产持有成本角度来看，房地产税重在向持有环节征税，并以动态评估价值作为缴税基准，这表明当持有的房产价值或数量超过一定限度时，人们不但无法进一步增加财产性收入，还可能增加持有成本，这将进一步遏制房地产市场的投资需求。最后，从投资替代角度来看，投资房地产需要承担房价波动风险并降低财富流动性，在家庭总资产稀缺的情况下，住房投资将对金融资产配置形成"挤出效应"；将来随着房地产资产配置的减少以及家庭理财需求的逐步多元化，房地产投资对金融资产配置的"挤出效应"将逐渐减弱。

从发达国家居民的财富配置结构来看，由于其金融市场更加成熟，因此其金融资产通常占较大比重，发达国家已经完成居民财富从房地产向金融资产转移的过程。从 20 世纪 80 年代开始，美国居民在资产配置的选择上逐渐从房地产偏向股票、基金等金融资产，主要原因是美国股票市场的持续繁荣带来了金融投资的高回报。截至 2020 年年底，美国居民财富结构中金融资产配置占比超过 70%，房地产占比仅为 24.8%，其中金融资产又以高风险、高收益的股票和投资基金为主，占比达 35.3%①。从日本居民财富配置结构来看，金融资产仍然占据主要地位，自 20 世纪 90 年代房地产市场泡沫破裂后，日本居民的资产配置偏好也从房地产逐渐转向金融资产，当前日本居民的金融资产配置比例超过了 60%，且更加青睐低风险性金融资产，这同日本股票市场几十年来表现欠佳相一致。与美国、日本相比，我国家庭财富配置呈现出"重房产、轻金融资产"的特征，尤其是股票、基金及保险的配置比例较低。统计数据表明，1993 年我国家庭财富配置中金融资产占比 19%，而同期房地产占比 32%；20 世纪 90 年代中期以来，随着金融市场的发展和居民资产配置意识的提升，两者差距呈收窄趋势，家庭总资产中的金融资产占比整体趋升，2014 年金融资产占比提升至 32%，房地产占比为 68%②。2015 年之后，由于地产刺激政策和房价上涨预期较强，加之同期股指高位回落，我国家庭资产配置中房地产的比重有所回升③。但近几年，受"房住不炒"政策及疫情冲击的影响，居民投资

---

① 数据来源：Wind 数据库，海通证券研究所。
② 数据来源：Wind 数据库，海通证券研究所。
③ 黄海涛. 房住不炒再加码 [J]. 证券市场周刊，2019（31）：26-33.

房地产的动机减弱。根据西南财经大学、天弘基金和 21 世纪资本研究院联合发布的《中国居民稳健理财发展报告》，截至 2020 年年底，房地产投资在我国居民家庭资产配置结构中的比例已逐步下降至 55.2%，而以基金、理财等为代表的金融资产投资占比在逐年提升。从中长期来看，房地产市场未来更多着力解决的是"刚需"和"改善型"居住需求，整体上并不具备很大的投资空间，未来全国房地产市场将会有更多资金流向金融市场。

总体而言，以房产为家庭主要财富的资产配置方式存在较大风险。首先，当家庭出现大额资金需求时，受不动产流动性差的影响，房产很难在短时间内快速变现以满足资金需求；其次，房产一旦贬值，会使家庭财富大幅缩水。由此，为规避相关风险，居民应注重多元化投资，且在后疫情时代，随着全球资本市场大幅波动成为常态，不同市场及不同资产之间的相关性进一步增强，多元化资产配置的重要性也将进一步凸显。经济新形势下，由于无法满足居民家庭对财富保值增值和资产流动性的诉求，房地产投资的吸引力将逐渐下降。同时，随着金融供给侧结构性改革深入推进，直接融资市场将不断发展，对于居民资产选择而言，降低房地产投资比重，提高金融资产占比是必然趋势。商业银行应该大力承接家庭资产配置需求，积极提供渠道以满足居民多样化的资产配置需求。

3.1.5　理性理财需求

除房产外，股票也是较多家庭资产配置的主要标的，但由于我国股票市场发展时间较短，运行机制尚不健全，股票市场呈现出"换手率高、炒作性强、暴涨暴跌"等特征；加之相对机构投资者而言，个人投资者在操作时更容易冲动，非理性的成分相对较高，对未来市场走势缺乏足够的研判，稍有获利就想落袋为安，于是短线操作就自然成为个人投资者的选择。然而个人投资者的资金量较小，无法对股价走势产生明显影响，最终只能随波逐流。在这些因素的叠加下，个人投资者往往采取快进快出的做法，非常容易走进"追涨杀跌"的怪圈。一些机构借散户特点虚假报价，通过在个股上涨初期大量买入造成股价上涨，诱使市场上的散户买入，使得股价在短时间内快速拉升，这种哄抬股价的行为破坏了买卖双方的正常博弈，损害了证券市场的定价功能，最终导致股民亏损。

与个人投资者相比，机构投资者通常呈现出投资管理专业化、投资结构组合化、投资行为规范化、投资理念科学化和内部治理严密化等特点。

在投资管理专业化方面，机构投资者一般具有较为雄厚的资金实力，在投资决策制定、上市公司调研、数据资料分析、投资理念引导等方面均配备了专业部门，由专业人员实行专业化管理和科学化决策。因此，机构投资者的投资行为相对理性，投资规模相对较大，投资周期相对较长，这有利于金融市场中的理性投资。在投资结构组合方面，机构投资者资金体量大，可承受的风险敞口也相对更大，为尽可能降低风险，机构投资者在投资过程中会通过投资组合多元化配置的方式来分散风险。在投资行为规范化方面，机构投资者作为具有独立法人地位的市场主体，其投资行为受到多方监管，故而相对较为规范。监管部门也制定了一系列法律法规，规范监督机构投资者的投资行为。同时，投资机构也会通过自律合规与内控控制，规范投资操作，保护客户利益，维护商业信誉。在投资理念科学化方面，包括保险资金、社保基金、证券投资基金在内的机构投资者，均根据自身特点、属性、风险偏好、监管规定、自律要求等，设置了科学的投资理念和逻辑，运用了科学的投资技术和方法，采取了严格的风险控制和管理。在内部治理严密化方面，规范的机构投资者从投资目标设定，到投资计划执行、投资产品选定，再到风险评估和绩效管理都有着一套非常成熟的规章制度和理论方法，规范的内部治理机制对整个投资业绩和风险管理起到了非常重要的保障作用。

同时，作为专业的财富管理机构，商业银行能够为居民进行更优资产配置提供专业化服务，那些对股票基金等权益类资产缺乏认知的家庭，将会更多地依赖商业银行这个大家更为熟悉的机构，以获取财富保值增值的机会。

3.2　商业银行财富管理业务发展的必要性

3.2.1　契合商业银行长期发展趋势

随着中国经济持续增长，家庭财富快速积累，同时居民理财意识增强和财富观念提升，家庭对财富配置的需求越来越大。同时，随着传统存贷款利差空间缩小，商业银行亟须寻找新的利润增长点。财富管理业务因其具有相对稳定的收益、较低的资本消耗和较强抗风险能力等优势，自然成为商业银行提升综合竞争力的战略转型重点。因此，面向家庭财富配置需求，创新商业银行财富管理业务完全符合现代商业银行的发展趋势，并能有力支撑商业银行长期健康、可持续发展。首先，创新财富管理业务有利于促进商业银行转变盈利模式。目前我国大多数商业银行的主要利润仍依赖于存贷利差，盈利模式相对单一，而财富管理业务能够为商业银行带来多样化的手续费和佣金收入，同时也能为其他业务渗透提供切入点。相比于其他自营业务，财富管理业务更加稳定，且在我国进一步推进利率市场化的背景下，发展财富管理业务将会有效促进银行转变盈利模式，实现稳健发展①。其次，创新财富管理业务有利于商业银行改善经营收入结构，提高资本充足率，合理分散信用风险，提高综合竞争力。此外，积极探索面向家庭的财富管理业务有利于商业银行提升服务品质，建立持久客户关系。在金融领域，高品质服务是商业银行开展差异化竞争的底座和基础，面向家庭财富配置需求，开展好财富管理业务是商业银行发挥其服务优势的重要场域，针对不同家庭的异质化需求提供最合适的产品与服务，不仅能吸引更多高净值客户，也利于商业银行与高净值客群建立持久稳定的关系。

经济社会发展和国民财富积累为财富管理提供了坚实的物质基础、居民理财需求多元化为财富管理提供了市场发展基础、转型期经济政策波动和未来不确定性增多为财富管理提供了现实基础、金融业繁荣发展为财富管理提供了可能性、金融科技迅猛发展为财富管理提供了驱动力，在这五大因素的共同驱动下，我国财富管理业务呈现出加速发展的态势。对于商业银行而言，新形势下依靠传统存贷款业务已难以在市场竞争中获胜，近年来，财富管理业务已成为各大商业银行的必争之地。

（1）发展财富管理业务有利于商业银行推进战略转型。

相比于传统存贷款业务，财富管理业务的资金成本较低、中间业务收入较高，是商业银行实现零售业务转型的利器，且财富管理业务本身具有轻资本、弱周期等优势，能够为商业银行沉淀大量低成本存款，在提高客户忠诚度方面发挥重要作用。因此在新形势下，财富管理业务将成为驱动商业银行零售业务发展最强有力的引擎，也将成为各商业银行竞争的重要场域，特别是在金融让利实体经济、利率下行背景下，银行息差不断收窄，财富管理被越来越多的商业银行视为发展的新动能，发展财富管理业

---

① 刘维泉. 欧美商业银行财富管理典型模式研究及其启示 [J]. 海南金融，2013（9）：62-67.

务已成为商业银行推进综合化经营的重要载体和资本约束日益强化下的优先选择。

（2）发展财富管理业务有利于商业银行树立品牌形象。

品牌是财富管理的旗帜，是商业银行的无形资产，也是商业银行能否吸引和留住更多高净值客户的关键因素。对于商业银行开展财富管理业务来说，塑造一个具有强大竞争力的财富管理品牌不仅是商业银行扩大市场影响力的关键，而且对其业务发展具有事半功倍的效果。近年来，各大商业银行纷纷打造和着力建设财富管理品牌，以提高产品辨识度，比如交通银行的"沃德财富"、招商银行的"金葵花理财"、中国工商银行的"工银财富"、中国光大银行的"阳光财富"等品牌均具有较高的知名度和辨识度。商业银行通过加强财富管理品牌建设，不断提升财富管理品牌的市场美誉度和影响力，可以进一步吸引和留住更多客户，扩大其影响力，这也是商业银行在竞争激烈的财富管理业务中脱颖而出，实现可持续发展的重要基础。

（3）发展财富管理业务有利于商业银行提升盈利能力。

随着银行业竞争日益加剧，财富管理业务已成为商业银行的主要盈利手段之一。长期以来，我国商业银行主要依靠存贷利差来实现较高的盈利水平，但由于居民理财意识的不断增强以及利率市场化的持续推进，商业银行吸纳存款的压力不断增加，且存贷利差空间日趋收窄，这无疑对商业银行传统的盈利模式造成了较大冲击，并制约了商业银行盈利能力的提升。此外，由于存贷业务存在经营风险和坏账风险，进一步阻碍了商业银行盈利能力的提升。通过发展财富管理业务，借助其低资本占有率、较高收益和高业务成长性等优势，可以全面提升商业银行的盈利能力，实现商业银行健康与高效发展。

3.2.2 契合家庭长期财富管理需求

消费是人民对美好生活需要的直接体现，也是国民经济生产的最终目的和动力。社会消费需求的持续快速增长，离不开家庭财富的合理有效配置，而家庭财富的合理有效配置，则离不开商业银行财富管理业务的高度科学化与专业化。随着我国金融市场不断完善、监管体系不断健全、高净值客户不断增长以及居民理财观念不断提高，财富管理行业处于高速发展时期，这些将推动家庭由自主理财模式逐步转向专业机构帮助理财，家庭财富管理也将逐步从趋利投资转向长期投资和价值投资，从有形资产扩大到无形资产，从单一资产配置扩大到多元化综合资产配置。

（1）家庭财富管理需求增长迅速。

截至 2021 年年底，我国居民财富总额达到 687 万亿元，过去十年的年均复合增速达 14.7%，远超欧美等发达国家，2021 年我国家庭人均资产约为 134.4 万元，财富总量仅次于美国[①]。随着我国财富逐年增加，越来越多的家庭认识到不能只关注如何获取财富，如何打理好财富同样至关重要，"取财"与"理财"犹如鸟之两翼、车之双轮，只有协调并进，才能达到财富永固、基业长青的目的。相比商业银行传统的储蓄服务，我国家庭对财富的保值增值需求显著增加，也对商业银行开展财富管理业务提出了更高的要求。

（2）财富管理风险导致银行理财需求上升。

《2018 中国城市家庭财富健康报告》显示，我国家庭财富管理存在几大不合理现象：一是较高的房产比例吸收了家庭过多的流动性资产，挤压了家庭的金融资产配置；二是在投资理财产品时，占比超过一半的家庭不接受本金有任何损失，同时期望较高的理财收益，刚性兑付要求较强；三是家庭可接受的理财产品回报周期普遍较短，缺少长期理财规划；四是家庭金融资产组合风险呈现两极分化特征，投资存在极端化问题。对比来看，美国家庭的金融资产组合风险分布较为分散，两极分化特征并不存在，有很大比例的家庭承担的金融资产组合风险处于较为适中的区域。总体而言，我国家庭在财富管理方面仍存在较高风险，在市场环境发生剧烈变化或家庭发生突发状况时，家庭很可能面临较严重的资金困境。

（3）家庭财富管理处于"亚健康"状态，亟须开展科学的财富管理业务。

生命周期理论是家庭进行资产配置和财富管理的重要基础理论之一，家庭应立足整个生命周期来进行财富规划，并根据家庭结构变化及时调整资产配置。《2018 中国城市家庭财富健康报告》构建了财富健康指数评价体系，该体系由家庭客观风险承受能力、主观风险偏好程度、资产配置健康评价等几个部分构成。家庭客观风险承受能力从年龄、收入状况、家庭负担、置产状况、投资经验和金融知识六个维度展开衡量；主观风险偏好

---

① 数据来源：《中国财富报告 2022》。

程度根据家庭的主观态度予以识别。根据评价体系计算每个家庭的财富管理健康得分，6.7%的家庭财务抗风险能力得分在 85 分以上；26.8%的家庭财务抗风险能力得分在 70~85 分；28.4%的家庭财富保值增值水平得分在 60~70 分，处于"亚健康"状态；38.1%的家庭财富保值增值水平得分在 60 分以下，其中 5.3%的家庭财富保值增值水平得分在 50 分以下，长期以来分别处于"不健康"和"非常不健康"状态。有鉴于此，商业银行应积极推出科学合理的财富管理产品及服务，指导家庭开展合理的财富配置，这对于优化家庭财富管理状况刻不容缓。

（4）家庭投资组合单一，亟须提供多元化的财富管理产品。

《2018 中国城市家庭财富健康报告》显示，67.7%的家庭仅拥有一种投资品，22.7%的家庭拥有两种投资品，拥有三种或者三种以上投资品的家庭仅占到 10.6%。相较而言，美国家庭中拥有三种或者三种以上投资品的占比达 61%。单一化的投资不仅使得家庭财富保值增值能力较低，而且会增加家庭的系统性风险，银行理财产品能极大地丰富我国家庭的投资组合，不仅能对家庭财产进行保值，而且有效地丰富了家庭可投资财产的种类，为家庭财富的增值提供了有效补充。

3.2.3　契合商业银行业务转型方向

在经济结构转型、利率市场化改革以及我国金融体系向直接融资转化的长期趋势下，商业银行需要积极适应经济结构的转型升级，不能再局限于传统存贷业务，要积极构建"财富管理—资产管理—投资银行"的"大资管"链条。

我国金融体系目前仍以间接融资为主，但是新兴产业与传统的制造业差异较大，难以适应以银行贷款为代表的间接融资模式。一方面，新兴产业普遍存在轻资产、高投入、高风险的特点，多为技术密集型产业，缺乏足够的抵押物，在传统信贷模式下融资较为困难，更适用于直接融资服务。另一方面，由于新兴产业具备较高的专业门槛，普通居民直接参与其直接融资活动并不现实，因此需要将财富管理和资产管理作为桥梁，依托其专业的投资研究和管理能力，将各类新兴产业的投资标的输出为投资决策，从而降低居民参与投资活动的门槛。

在直接融资的链条上，从资金流来看，上游是财富管理业务，负责为客户制定财富管理方案，以满足他们的理财需求，并实现资金的募集；中游是资产管理业务，负责发行资管产品并出售给财富管理客户，然后将募集的资金投资于相应标的；下游是投资银行业务，负责为融资企业制定融资方案，创设投资标的，并将其对外发售。在这一背景下，财富管理的重要性将大幅提升。同时，由于商业银行在我国金融体系中的特殊地位以及所拥有的庞大客户群和资金量，发展其财富管理业务能更好地服务于直接融资的发展以及经济结构的转型。

发展财富管理业务可以帮助商业银行实现金融业务的差异化竞争，继而提升商业银行的盈利能力，这是我国商业银行财富管理业务发展的首要价值。众所周知，长期以来我国商业银行的盈利模式主要是依靠存贷利差而实现较高的盈利水平。但随着我国利率市场化程度不断加深以及居民投资理财意识持续觉醒，商业银行吸纳存款的压力日益增加，且存贷利差空间日趋收窄，这无疑对商业银行的盈利模式产生了较大冲击，制约了商业银行盈利能力的提升。与此同时，由于存贷业务存在一定的经营风险，商业银行也存在一定的坏账风险，这是制约商业银行盈利能力提升的重要因素，故而也使得商业银行需要接受日趋严格的监管约束，其业务成长性相对较差。通过发展财富管理业务，可以借助其高业务成长性、低资本占有率、较高收益性等优势，全面提升商业银行的盈利能力，继而实现商业银行健康、高效、可持续发展。

发展财富管理业务可以充分发挥商业银行客群规模的海量化优势，显著地提高商业银行的经营质量，这是商业银行发展财富管理业务的核心价值。不可否认，银行账户仍是我国居民的"国民账户"，居民主要的金融业务都离不开商业银行，例如三方存管、保险业务、各类消费业务等。但不可忽视的是，目前商业银行开展的居民业务主要聚焦在存贷款领域，虽然经过多年发展，商业银行的理财业务具有了一定的规模，但就本质而言仍是产品销售层面的理财业务，而非对居民的财富进行资产配置的财富管理业务，因而难以真正地为商业银行的高质量、跨越式发展提供有力的业绩支撑。通过发展财富管理业务，可以将商业银行的主要资源聚焦在居民的资产配置层面，使得商业银行的客户资产配置更科学、更稳健、更全面，真正为商业银行庞大的客群寻找优质的资产标的，从而帮助客户实现财富的保值增值，为客户创造收益，为自身扩大营收，实现客户和商业银行的共赢，最终有效地提升商业银行的经营质量。

在宏观经济稳中向好的基本前提下，我国城乡居民人均可支配收入持续增长，居民财富实现快速积累，其对财富管理的需求日趋旺盛。2021年，全国居民人均可支配收入达 35 128 元，同比增长 8.1%。其中，农村居民和城镇居民人均可支配收入分别为 18 931 元和 47 412 元，2013—2021年的年均复合增速分别为 9.9%和 7.56%。随着人均可支配收入持续增长，我国居民财富实现快速积累，我国已经成为全球第二大财富管理市场。从财富管理需求上看，随着居民收入水平提高、人口结构变化，居民的财富管理需求会更加旺盛且多元化，除传统的保值增值外，其对子女教育、养老、财富传承等个性化需求会逐渐增加。同时，随着居民的风险意识不断加深，价值投资理念逐渐养成，其不再满足于存款储蓄，且寻求专业财富管理服务的意愿越来越强烈。

发展财富管理业务可以把握居民理财的历史性机遇，从而有效提振商业银行的转型信心，这是我国商业银行财富管理业务发展的重要价值之一。招商银行和贝恩公司联合发布的《2021 中国私人财富报告》显示，2020 年中国个人可投资资产总规模达 241 万亿元，可投资资产在 1 000 万元以上的高净值人群高达 262 万人，并且随着我国经济进一步高质量发展，我国居民可投资资产和高净值人群数量仍将快速增加，这些数据充分说明我国财富管理领域面临重大历史性机遇。因此，商业银行在转型发展的过程中，必须要瞄准具有巨大发展空间的业务方向，并且在立足自身资源禀赋的基础上，充分把握市场趋势，全面提高自身的经营质量，提振业务转型发展的信心。

4 我国家庭财富配置特征、影响因素及演进趋势

随着我国经济快速发展，居民的财富也日益增加，越来越多的家庭开始重视财富配置，尤其是近年来，随着中美贸易摩擦、疫情等多重因素对宏观经济的冲击，如何缓解财富焦虑，如何在纷繁复杂的投资环境中做出科学的财富配置以实现家庭财富的保值增值，已成为当前所有家庭的共同诉求。总体来看，当前我国经济仍呈现良好的发展态势，随着居民收入的逐年增加以及"房住不炒"等政策的贯彻落实，家庭财富配置已逐渐由现金到资产、由房产到金融资产、由单一配置向多元化配置方向转变。与此同时，不同类型、不同区域家庭的财富配置也呈现出不同的特征，全面梳理与总结我国家庭财富配置的特征，进而对家庭财富配置趋势做出分析，对于制定家庭财富配置优化措施和创新商业银行财富管理业务具有基础保障意义。

4.1 我国家庭财富配置现状与总体特征

改革开放以来，我国经济呈现出高速增长态势，与此同时，家庭收入与财富也不断积累，财富配置已越来越成为家庭关注的重点。现有的多份调查报告显示，我国家庭财富配置尚处于"亚健康"状态，亟须开展科学的财富管理业务。

中国家庭金融调查（China Household Finance Survey，CHFS）是目前用以分析中国家庭收入与财富等特征的权威数据库，该调查由西南财经大学中国家庭金融调查与研究中心发起，旨在收集我国家庭金融微观层面的相关信息，调查内容涵盖家庭人口统计学特征、收入与消费、资产与负

债、保险与保障、代际转移支付、教育与就业等，对从微观角度分析我国家庭财富配置现状提供了有效的数据支撑。该调查覆盖了 29 个省（自治区、直辖市）、367 个县（市、区）、1 481 个社区，自 2011 年开始每两年组织一次大规模全国性调查，目前已统计了 2011 年、2013 年、2015 年、2017 年、2019 年和 2021 年的家庭数据，调查样本具有良好的全国代表性（甘犁，2020）。由于该调查的 2021 年数据尚无法获取，因此本书在具体分析时主要基于前几次调查数据，同时也将引用其他机构的调查数据对近几年的家庭财富配置做出比较分析。

根据中国家庭金融调查数据统计分析来看，当前我国家庭财富配置主要呈现以下几方面特征：

第一，住房是构成家庭资产的主要部分。总体来看，"重房产、轻金融资产"的特征在我国家庭财富配置中表现得较为明显。近年来，随着房价不断上涨，住房在家庭总资产中的比重越来越高。根据中国社科院的统计数据，2012—2020 年我国家庭平均财产增速为 7.5%，其中住房资产净增速超过 10.3%，家庭人均财产增长中的 90% 源自房产净值。2013 年之前，住房资产占家庭总资产的比重超过 70%，在北上广深等一线城市该比重明显较高。2020 年，我国 89.87% 的家庭拥有自有房产，房产在家庭总资产中的比重达到 72.15%，户均住房价值达到 82.56 万元。根据历年中国家庭金融调查数据，2011—2019 年我国家庭的住房资产占其总资产的比重均高于 62%，尤其 2017 年该比重达到 73.6%；相较于住房资产，家庭所拥有的金融资产及其他实物资产的比重均较低。表 4.1 展示了 5 个调查年份中我国家庭资产的配置结构。

表 4.1　中国家庭资产配置结构　　　　单位:%

年份	房产 /总资产	金融资产 /总资产	工商业资产 /总资产	其他资产 /总资产
2011	68.6	10.9	8.7	11.8
2013	62.3	12.9	12.4	12.4
2015	65.3	12.4	13.7	8.6
2017	73.6	11.3	6.6	8.5
2019	68.8	13.6	8.3	9.3

数据来源：根据中国家庭金融调查 2011 年、2013 年、2015 年、2017 年和 2019 年的数据统计所得。

由表4.1可知，我国家庭财富配置集中程度较高，过多依赖房地产，投资多元化程度较低，权益类资产配置比例不高。根据2019年的《中国新富人群财富健康指数》，我国中产家庭中住房资产占总资产的比重超过60%，且仍呈现上升趋势。然而，2020年疫情暴发后，我国楼市成交量大幅受挫，家庭投资房产的热情也逐渐下降，低迷的市场交易在一定程度上削弱了家庭对住房的投资动机。类似情况也出现在美国甲型H1N1流感病毒蔓延时期，当时受影响最大的行业就是住房市场，投资回撤率超过12.5%。在当前的市场环境下，房地产投资的收益预期下降，短期内住房市场难以出现明显的上涨行情，一方面是因为经历疫情冲击后，开发商普遍面临资金压力，一手楼价格预期会多轮下跌，整个住房市场可能会出现连锁反应；另一方面是疫情期间居民的就业与收入遭受了较大冲击，导致刚需家庭购买住房及非刚需家庭投资房产的动力不足；此外，政策层面针对购买住房的刺激性政策并未出台，家庭加杠杆购买住房受到政策制约。在住房市场投资热情衰退后，越来越多的家庭会转向投资金融资产，尤其是对于商业银行的零售类理财产品会出现较高的配置需求。

　　使用中国家庭金融调查2019年的数据分析发现，我国家庭住房拥有率超过90%，拥有一套住房的家庭占比达到73.66%，拥有二套住房的家庭占比为15.12%，拥有三套住房的家庭占比为1.85%，拥有四套住房的家庭占比为0.54%，尚没有住房的家庭占比为8.83%（见图4.1）。

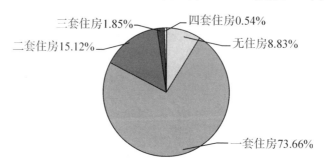

图4.1　我国家庭住房拥有率情况

数据来源：中国家庭金融调查。下同。

　　第二，家庭金融资产构成中无风险和低风险资产占比较高，基金、股票等权益类风险资产占比较低。根据中国家庭金融调查2019年的数据，在除去住房和汽车等主要实物类资产后，家庭所拥有的金融资产结构比较单一，低收益和低风险的固定收益类产品是其主要构成部分，其中，存款和低风险类理财产品占比超过60%，而风险相对较高的权益类资产占比不到8%。70%以上的家庭持有现金和银行存款，其中家庭平均持有现金为6 800元，户均持有各类存款超过5万元。从家庭金融资产的配置结构来看，我国居民总体呈现风险厌恶的特征，46.5%的家庭不愿意承担任何风险，28%的家庭愿意承受的风险比小于6%。此外，我国家庭所持有的金融资产组合风险呈现较为明显的"U"形特征（不愿意承受风险的人群和愿意承受高风险的人群占比均较高，处在中间风险区域的人群占比相对偏低），这和欧美等国家的家庭在金融资产组合风险方面所呈现的倒"U"形特征存在显著差异，这种"U"形特征在一定程度上给稳定的金融市场带来了风险。

基于中国家庭金融调查数据，2019年我国户均金融资产为90 173元，其中，风险类金融资产均值为38 538元，无风险类金融资产均值为51 635元。分城乡来看，城镇地区户均金融资产为121 375元，显著高于农村户均金融资产（农村地区该数值为21 536元）。从户均风险类金融资产来看，城镇地区为54 865元，农村地区仅为2 625元，城镇地区是农村地区的20余倍。从户均无风险类金融资产来看，城镇家庭均值为66 512元，农村家庭均值为18 912元，城镇地区是农村地区的3.52倍。在中国家庭金融调查中，金融资产被分为两大类共12小类：一类是无风险类金融资产，包括现金、活期存款、定期存款等；另一类是风险类金融资产，包括各种借出款、金融理财产品、股票、基金、债券、期权期货等各种金融衍生品。图4.2为使用中国家庭金融调查2019年数据计算得到的各类金融资产的配置情况，从中可以看出，活期存款仍是构成家庭金融资产最重要的部分，其次为股票、定期存款及各类金融理财产品等。CHFS数据表明我国家庭所持有的定期存款均值为18 885元，所持有的金融理财产品和基金的均值分别约为98 005元和3 565元。

近年来，随着经济快速发展，居民收入水平逐年提升，可用于投资的资金也相对增加，加之金融市场的不断完善和金融理财知识的不断普及，家庭对财富配置需求的多元化特征逐步显现，金融市场所提供的财富管理产品种类也不断拓宽，越来越多的家庭开始关注财富的保值增值，家庭总资产中的金融资产比重也开始逐年提高。未来随着金融科技水平和金融便利化程度的提高，将会有越来越多的家庭参与金融市场投资，除传统的存款类资产配置外，风险类金融资产也将会迎来新的市场需求春天。

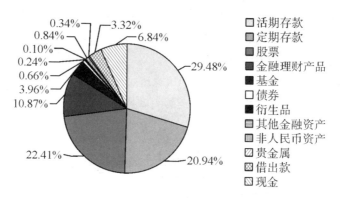

图 4.2　我国家庭金融资产配置结构

4.2　城乡家庭财富配置比较分析

我国城乡二元经济结构特征决定了城乡家庭在诸多方面存在显著差异，城乡之间由于在资源禀赋、工作机会、收入水平、思想观念等方面均有不同，因此城乡家庭在资产配置方面呈现典型的异质性特征。现有研究中关于城乡的划分主要有两种标准：一种是按照户籍进行划分，城市家庭是指家庭户主或核心成员的户籍在城镇，农村家庭则是指户主或核心成员的户籍在农村；另一种是按照家庭所在地进行划分，城市家庭是指家庭所在地区在城镇，农村家庭是指家庭所在地区在农村。基于本书的研究目的，考虑到现实中有大量拥有农村户籍的人口暂居在城镇，同时随着户籍制度改革不断推进，家庭成员的就业、收入、生活方式、教育水平、思想观念等受户籍的影响逐步减弱，而家庭居住地的差异对成员在上述方面的影响更为明显，进而对家庭财富配置所产生的影响也主要受居住地的影响。有鉴于此，本书在研究城乡家庭财富配置异质性时主要根据家庭所在地对家庭做出划分。

从城乡家庭财富总量来看，我国家庭存在明显的城乡异质性。根据《中国家庭财富调查报告 2019》，2018 年我国家庭人均财产拥有量为 20.89 万元，较 2017 年的 19.43 万元增长了 7.5%，家庭财产增长速度显著高于当年人均 GDP 增速。2018 年城镇家庭户均财产为 29.29 万元，农村家庭户均财产为 8.77 万元，城镇家庭是农村家庭户均财产的 3.34 倍；城镇家庭所拥有的户均实物资产是农村家庭的 5 倍多，户均金融资产是农村家庭的 4 倍多，户均住房资产是农村家庭的 5 倍。除土地资产和生产经营资产外，其他实物资产（如车辆、耐用品等）及金融资产均为城镇家庭显著更高。从金融投资参与情况来看，城镇家庭由于理财观念更成熟、金融信息获取渠道更宽泛等，在理财产品购买、股票基金等权益类资产购买等方面均显著高于农村家庭。

从家庭财富结构来看，城乡之间也存在明显不同。农村家庭中的实物资产占其总资产的比重接近 85%，高于城镇家庭中该比重的 78.8%；城镇家庭中金融资产占总资产的比重达到 22%，在农村家庭中，该比重仅为 15.8%。从家庭实物资产构成来看，无论是城市家庭还是农村家庭，住房都是构成其实物资产的最重要部分，城镇家庭中住房资产占其总实物资产的比重为 76.5%，农村家庭中住房资产在其总实物资产中的比重也达到 63.2%。从城乡家庭住房拥有率来看，农村家庭住房拥有率高于城镇家庭，农村家庭无房率为 4%，城镇家庭的无房率为 12%。这主要因为农村家庭以自建住房为主，其自建住房比例达 53%，购买新建商品房的比例为 22%，购买二手房的比例为 6.8%；而在城市地区，家庭主要以购买新建或二手商品房为主，近年来高房价推高了购房成本，导致一部分家庭缺乏住房购买能力，另一部分家庭将大部分收入花在住房上，缺乏闲置资金进行金融投资。对于一些收入较高的家庭，他们也更倾向于购买二套房、三套房等，在房价高涨背景下，城市家庭的财富配置主要集中在住房上面。从城乡家庭住房拥有情况来看（见图 4.3），城市家庭中拥有一套自有住房的比例为 69.05%，拥有两套住房的比例为 15.44%，拥有三套及以上住房的比例为 3.63%；相较而言，农村家庭中拥有一套自有住房的比例为 80.42%，拥有两套住房的比例为 12.2%，拥有三套及以上住房的比例为 2.1%。当然，城市家庭的住房大多属于商品房，农村家庭的住房大多属于自建房，住房市场价值相差较大。

除房产外，车辆和其他耐用品也是家庭财富的重要组成部分。近年来，城乡家庭的汽车购买率显著提高，在一定程度上也挤占了家庭可用于投资金融资产的财富。

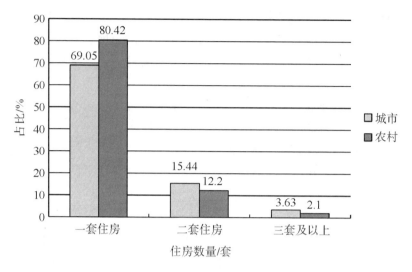

图 4.3　我国城乡家庭住房拥有量情况

从金融资产结构来看，城乡家庭所拥有的金融资产类别相对单一，主要集中于家庭所持有的现金和储蓄存款，其中，城镇家庭现金和储蓄存款占其金融资产的比重为54%，农村家庭中该比重超过85%。无论是城镇家庭还是农村家庭，其所持有的股票、债券、基金等风险类金融资产占比均很低，城镇家庭中该比重为8%，农村家庭则低于2%，城乡家庭金融资产分散性严重不足。这一定程度上反映了我国家庭在金融资产选择中存在明显的风险厌恶倾向，农村家庭的风险厌恶程度更高。此外，家庭更倾向于持有无风险类金融资产的原因还在于其拥有较高的预防性储蓄动机。根据经济日报发布的《中国家庭财富调查报告2019》，我国家庭储蓄的主要动因为："应付突发事件及医疗支出"占48.19%，"为养老做准备"占36.78%，"为子女教育做准备"占23.97%，"其他原因"占20.57%，"不愿承担投资风险"占13.82%。从中可以看出，就医、养老和子女教育是引致家庭高储蓄的三个主要原因，也从侧面反映了我国社会保障制度尚需进一步完善，以有效缓解家庭面临的不确定性，同时也能有效释放国内有效消费需求。在财富总量确定的情况下，只有预防性动机的储蓄降低，才能使家庭金融投资多元化。此外，相较于农村家庭，城镇家庭在股票市场上的参与率明显更高，是农村家庭股市投资参与率的12倍，当然城镇家庭在股票投资中的收益也远超农村家庭，这种现象产生的原因除城镇家庭拥有更多的可投资性收入外，也与城镇家庭获得投资信息的渠道相对更广、金融素养相对更好、受教育程度相对更高、对股市的判断相对更有优势等有关。总体而言，城镇家庭在财富积累方面所处的外部环境更有利。

从借出款情况比较来看，城乡家庭金融资产构成中均有一定的借出款比例，这一方面与中国传统社会文化有关，亲友间借贷历来是家庭在面临资金约束时重要的融资途径；另一方面也反映了我国正规金融市场发展尚不完善，民间借贷因其门槛低、利息低、借贷期限更自由等成为很多家庭的首选。与城镇相比，农村地区的民间借贷现象更为普遍，借出款在农村家庭财产构成中的比重明显较高，出现这种现象的原因：一是农村地区金融机构偏少，很大程度上限制了家庭了解正规信贷的途径；二是农村家庭缺乏必要的抵押担保品；三是农村家庭金融素养不高，对正规信贷的了解不够，认知不足。

从互联网金融的使用情况来看，无论是城市家庭还是农村家庭，互联网支付功能的使用已很普及，随着家庭财富的逐渐增加，居民对互联网金融平台尤其是消费支付功能的使用频率也随之增加。从家庭通过互联网金融平台进行投融资的情况来看，目前很多家庭对其安全性还存在顾虑，近年来网络诈骗等现象层出不穷，也让很多家庭对通过互联网开展投融资活动望而却步。同时，互联网投融资板块还缺乏像微信支付、支付宝等标志性产品，各种具有投融资功能的互联网产品知名度还不够。事实上，相较于传统的线下投融资，互联网投融资平台在缓解信息不对称方面更有优势，同时还贷款更便捷，还款期限更自由，在诸多优势的叠加下，互联网投融资平台具有良好的发展基础。未来随着互联网、大数据、云计算、区块链等更多新技术的融合运用，互联网投融资功能将会更加完善和安全，居民对互联网金融的使用范围将更加广泛。

4.3 我国家庭财富配置的影响因素

作为构成经济社会的基本单位，家庭掌握着大量的财富资源，根据《中国财富报告2022》，2021年中国居民财富总量达到687万亿元，家庭户均资产超过134万元。中国人民银行调查统计司城镇居民家庭资产负债调查课题组发布的数据也表明，2019年我国城镇居民家庭户均总资产为317.9万元，户均净资产为289万元。各类调查数据均显示，近年来我国家庭财富总量和财富增速均保持了较高水平，我国已成为仅次于美国的全球第二大财富国家。随着家庭财富不断积累，有关家庭财富配置的话题也成为学术界关注的重点，家庭财富配置不仅关乎自身财富的保值增值，也与整个国家的经济金融发展密切相关。一方面，家庭财富配置的合理与否，会影响家庭的长期收入与资产的稳定与否。随着经济步入新常态阶段，劳动力等工资性收入的增速将逐步放缓，而投资等财产性收入将稳步提升，有效的财富配置对于家庭不断积累财富具有至关重要的作用。另一方面，家庭财富配置对于金融市场的健康发展也发挥着基础性作用。诸多实证研究表明，家庭资产配置结构与地区金融发展水平之间存在相互影响的联系，随着金融市场不断完善、金融可得性提高和金融产品多样化，家庭财富配置也越来越多元化。与此同时，家庭资产配置的结构也显著影响了金融市场发展的方向，如果家庭将所有财富都集中于存款等无风险类资产上，那么银行理财产品市场、股票基金等权益类市场将失去发展基础，最终制约金融市场的稳健发展。有鉴于此，系统考察家庭财富配置的影响因素，除能够指导家庭更好地进行财富配置外，对于金融市场的发展也非常重要，尤其是对于商业银行针对不同类型家庭的财富配置需求有针对性地创新财富管理产品，从而更好地发展财富管理业务起着基础保障作用。

总体而言，影响家庭财富配置的因素众多，尤其是家庭自身结构特征在财富配置决策中发挥着重要的作用，具体包括家庭收入、家庭资产、户主年龄、户主性别、户主受教育程度、户主金融知识等。

（1）家庭收入水平对财富配置的影响。

根据中国家庭金融调查数据，家庭收入水平与家庭财富健康得分呈现显著的正相关关系，收入水平越高的家庭，其财富健康得分越高。具体地，收入处于最低 20% 分位数水平的家庭，其财富健康得分仅为 65 分；而收入处于最高 20% 分位数水平的家庭，其财富健康得分达到 73.5 分，比收入处于最低 20% 分位数水平的家庭显著高出 13.08%。具体如图 4.4 所示。

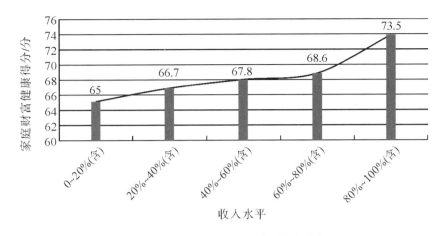

图4.4　不同收入水平下的家庭财富健康得分

从家庭财富配置与家庭收入的关系来看，随着家庭收入水平的提高，其房产配置呈下降趋势，而金融资产配置呈上升趋势。具体比较来看，收入处于最低 20% 分位数水平的家庭，房产配置占其总资产的比重为 82.9%，金融资产占其总资产的比重仅为 8.5%；而收入处于最高 20% 分位数水平的家庭，房产配置占其总资产的比重降至 71.2%，金融资产占其总资产的比重增加至 13.5%。具体如图 4.5 所示。

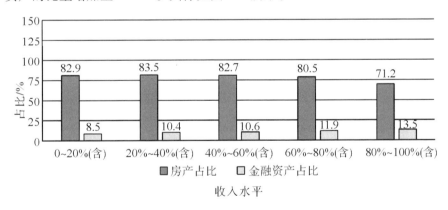

图4.5　不同收入水平下的家庭财富配置结构

从金融资产配置结构来看，随着家庭收入水平的提高，其所持有的货币类资产和保险类资产占比呈下降趋势，而持有的债权类和股票类资产呈上升趋势，这说明随着收入水平的提高，家庭持有低风险类资产的意愿降低，而更多地转向投资具有更高收益的风险类资产。具体比较来看，收入处于最低

20%分位数水平的家庭，货币类资产占其金融总资产的比重为43.8%，保险类资产占比为27.2%，股票类资产占比24.7%，债权类资产占比为4.3%；而在收入处于最高20%分位数水平的家庭中，货币类资产占其金融总资产的比重降至25.1%，保险类资产占比降至16.5%，同时股票类资产占比增加至49.3%，债权类资产占比增至9.1%。具体如图4.6所示。

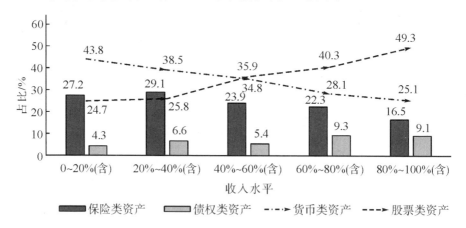

图4.6　不同收入水平下的家庭金融资产配置结构

（2）家庭资产水平对财富配置的影响。

从家庭资产与财富健康得分的关系来看，二者呈现显著的正相关关系，随着家庭资产水平的提高，其财富健康得分也显著提升。资产处于最低20%分位数水平的家庭，其财富健康得分为64分；中等资产家庭的财富健康得分为67.8分；资产处于最高20%分位数水平的家庭，其财富健康得分达到72分，较资产处于最低20%分位数水平的家庭增加了12.5%。具体如图4.7所示。

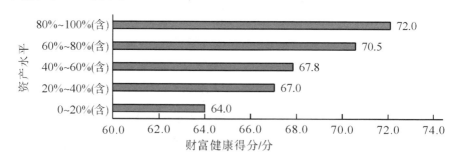

图4.7　不同资产水平下的家庭财富健康得分

从家庭金融资产配置结构来看，随着家庭资产水平的提升，其所拥有的货币类资产和保险类资产占比下降，而股票类资产和债权类资产占比增加，与上述家庭收入水平与金融资产配置的关系一致。随着家庭资产水平的提高，家庭对风险类资产的配置意愿提升，而对于低风险低收益类的货币型资产的配置意愿降低。具体比较来看，在家庭总资产处于最低 20% 分位数水平的家庭中，其货币类资产占比为 40.4%，保险类资产占比为 37.7%，股票类资产占比为 17.2%，债权类资产占比为 4.7%；而在家庭总资产处于最高 20% 分位数水平的家庭中，其货币类资产占比降至 23.5%，保险类资产占比降至 10.6%，股票类资产占比增加至 57.7%，债权类资产占比增加至 8.2%。具体如图 4.8 所示。

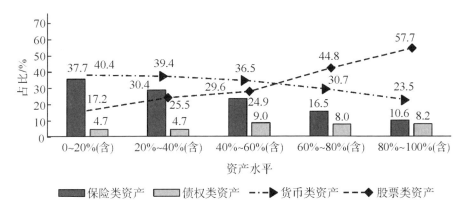

图 4.8　不同资产水平下的家庭金融资产配置

（3）户主年龄对家庭财富配置的影响。

根据莫迪利安尼提出的生命周期理论，处于不同生命周期的家庭所拥有的收入和所需花费的支出具有不同的特征，因此，其资产配置的侧重点也会有所不同。传统观点认为，随着居民年龄的增长，其对风险类资产的配置比例会下降，然而现有实证研究表明，居民对风险类资产的配置与其年龄呈现倒"U"形关系，即在某个特定年龄以下，随着年龄增加，居民对风险类资产的配置比例会增加；而当年龄超过某特定区间后，伴随着居民年龄的增长，其对风险类资产的配置比例会逐渐下降。诸多实证研究表明该特定年龄的区间为 48～58 岁，也就是说从整个生命周期来看，居民对风险类资产的配置比例在 48～58 岁达到最高点。不过也有研究认为，居民对风险类资产的配置与年龄的关系呈现出双峰特点，也就是在整个生命周期中,居民对风险类资产的配置会经历两个高峰阶段,且第二个阶段的峰值会高于第一个阶段。尽管现有研究对峰值的认识略有不同,但一致的结论都认为随着家庭步入老龄化阶段,为了保证稳定的支出来源和资产的流动性,家庭对风险类资产的配置比例是下降的。

根据中国家庭金融调查数据,家庭财富健康得分与户主年龄的关系呈现较为明显的倒"U"形分布特征。当户主年龄在50岁以下时,随着年龄增长,家庭财富健康得分逐渐增加;当户主年龄在50岁以上时,家庭财富健康得分逐渐减少;户主年龄为41~50岁时,家庭的财富健康得分最高。具体如图4.9所示。

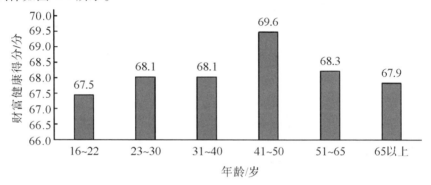

图4.9 不同户主年龄下的家庭财富健康得分

从家庭总资产和可投资资产的变化趋势来看,随着户主年龄的增长,家庭总资产和可投资资产呈现较为明显的倒"U"形分布特征。户主年龄为41~50岁时,家庭的总资产和可投资资产最高,分别为325.5万元和138.9万元;户主年龄为31~40岁时,家庭的总资产和可投资资产分别为303.4万元和118万元;户主年龄为51~65岁时,家庭总资产和可投资资产分别为285.4万元和111.5万元。具体如图4.10所示。

分析户主年龄与家庭住房资产配置的关系,可以看出随着户主年龄的增长,家庭对房产的配置尽管存在倒"U"形特征,但总体仍呈现上升趋势(见图4.11)。理论上来说,当户主年龄在50岁以上时,应该降低对住房资产的配置比例,但现实的情况与此不同,这也是在图4.9中,户主年龄为50岁以上时,家庭财富健康得分会下降的原因。

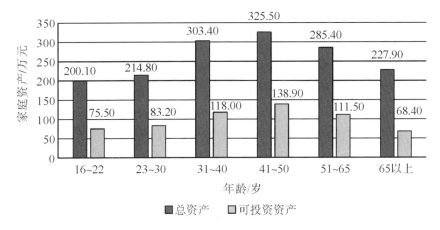

图 4.10　不同户主年龄下的家庭总资产和可投资资产

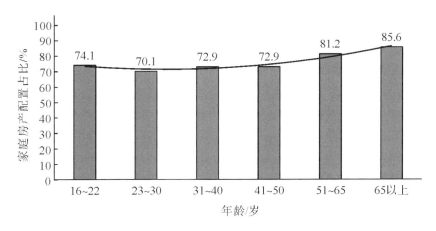

图 4.11　不同户主年龄下的家庭房产配置

　　从家庭金融资产配置结构来看，随着户主年龄的增长，货币类资产配置呈现"U"形分布特征，即在户主年轻和年老的阶段，家庭对货币类资产的配置意愿更高；户主年龄为 41~50 岁时，家庭对货币类资产的配置占比最低，为 27.9%。而股票类资产、债权类资产和保险类资产呈现倒"U"形分布特征，即随着户主年龄的增长，家庭对风险类资产的配置比例在逐渐下降。具体如图 4.12 所示。

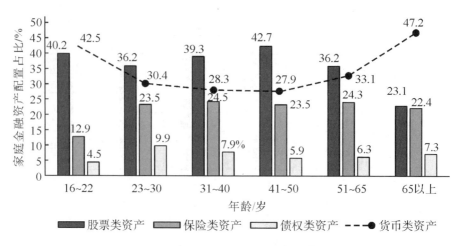

图 4.12　不同户主年龄下的家庭金融资产配置结构

（4）户主受教育程度对家庭财富配置的影响。

根据中国家庭金融调查数据，户主受教育程度越高，家庭的财富健康得分也越高。具体而言，当户主学历为初中及以下时，家庭财富健康得分仅为 58.6；当户主学历为高中时，家庭财富健康得分提升至 67.9；当户主学历为本科及以上时，家庭财富健康得分超过 70 分（见图 4.13）。这一定程度上反映出教育对家庭财富配置的合理性发挥着基础保障作用。

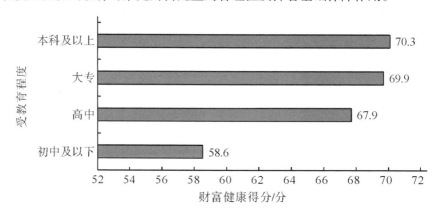

图 4.13　不同受教育程度下的家庭财富健康得分

从家庭财富配置与户主受教育程度的关系来看，随着户主受教育程度的提高，家庭配置于住房资产的比例在下降，而持有金融资产的比例在逐渐上升。具体而言，户主受教育程度为初中及以下时，家庭房产占比为 80.9%，金融资产占比为 10.8%；户主受教育程度为高中时，家庭房产占比为

77.5%，金融资产占比为 15.6%；户主受教育程度为本科及以上时，家庭房产占比降至 76.5%，金融资产占比提升至 17.5%。具体如图 4.14 所示。

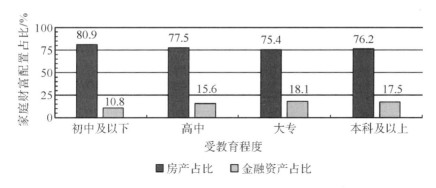

图 4.14 不同受教育程度下的家庭财富配置

从户主受教育程度与家庭金融资产配置结构的统计比较来看，户主受教育程度较低的家庭，其货币类资产配置比例较高，债权类和股票类资产配置比例较低；随着户主受教育程度的提高，家庭对股票类、债权类等风险类资产的配置比例逐渐增加，而对风险较低的货币类资产的配置比例逐渐减少。具体如图 4.15 所示。

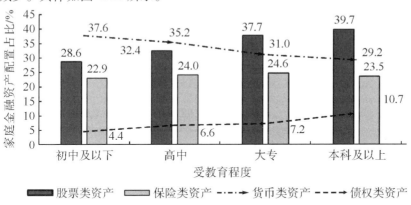

图 4.15 不同受教育程度下的家庭金融资产配置结构

（5）户主金融知识对家庭财富配置的影响。

根据中国家庭金融调查数据，可构造户主金融知识的测度指标，借鉴尹志超（2014）及秦芳等（2016）人的做法，选取 CHFS 问卷中代表利率、通货膨胀、投资风险的三个虚拟变量，针对性设置三个不同问题，按照户主回答正确的题数来衡量户主的金融知识水平。统计分析可知：户主回答正确 0

道题的家庭财富健康得分为66.8分，回答正确1道题的家庭财富健康得分为68.4分，回答正确2道题的家庭财富健康得分为69.5分，3道题目均回答正确的家庭，其财富健康得分为71.2分（见图4.16）。

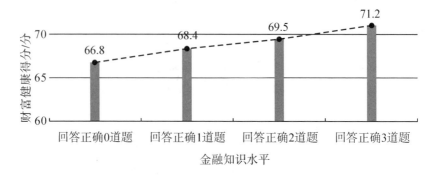

图4.16 不同金融知识水平下的家庭财富健康得分

考察户主年龄与其金融知识水平的关系可知，随着户主年龄的增长，其金融知识得分呈现倒"U"形分布特征。年龄为23~40岁的户主，其金融知识水平更高（见图4.17），由此可解释前述户主年龄与家庭财富健康得分的对应关系。

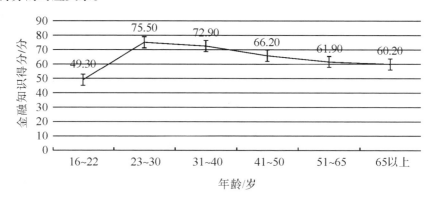

图4.17 不同户主年龄下的家庭金融知识得分

从户主受教育程度与其金融知识水平及户均年收入水平的统计情况来看，随着户主受教育程度的提高，其金融知识水平逐步上升，家庭收入水平也随之上升。具体而言，户主受教育程度在初中及以下的家庭，其金融知识得分仅为55.5分，家庭年均收入仅为16万元；而户主学历在本科及以上的家庭，其金融知识得分达到76.9分，家庭年均收入也超过28.6万元。具体如图4.18所示。

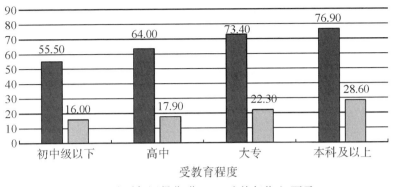

图 4.18　不同受教育程度下的家庭金融知识得分和年收入水平

　　为了说明户主金融知识对家庭财富配置的影响，可将家庭按户主金融知识水平高低分为四类：低金融知识水平家庭、较低金融知识水平家庭、较高金融知识水平家庭和高金融知识水平家庭。从数据统计结果来看，户主金融知识水平越高的家庭，其配置保险类和货币类资产的比重相对较低，配置股票类和债权类资产的比重相对较高；户主金融知识水平较高的家庭则与此相反，其配置保险类和货币类资产的比重相对较高，而配置股票类和债权类资产的比重相对较低。具体如图 4.19 所示。

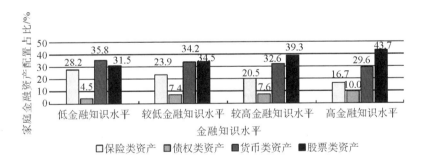

图 4.19　不同金融知识水平下的家庭金融资产配置结构

　　此外，户主性别、户主风险偏好及家庭人口数量等也会对家庭财富配置产生不同程度的影响。从现有研究的结论来看，相较于男性，女性对风险的厌恶程度更高，因此在进行财富配置决策时也更加趋于稳健和保守，而男性则更倾向于持有具有高风险、高收益特征的金融资产。此外，一些研究表明风险偏好不仅与性别有关，也与年龄、健康水平、受教育程度、收入水平、所在区域等密切相关。不同群体在上述诸多方面具有差异性，因此对风险的评价也有所不同，这就导致不同群体在进行财富配置时所做出的决策也不尽相同。实证研究表明，家庭财富配置的分散程度与户主的风险厌恶程度呈现显著的正相关关系，户主更加偏好风险的家庭，其资产配置往往比较单一；而户主更加厌恶风险的家庭在进行资产配置时，往往会"将鸡蛋放在不同的篮子里"，从而分散风险，确保基本的收益。从家庭人口数量与资产配置的关系来看，现有实证研究所得结论并不一致。有些研究认为随着家庭成员数量的增多，家庭所面临的未来各种支付的不确定性会增加，从而会倾向于持有更多高流动性的、低风险低收益的安全资产，而对风险类金融资产的配置比例偏低；有些研究则认为家庭人口数量的增加，会带来收入的增加，收入水平提高后家庭对风险类资产的配置力度也会增强。区分城乡来看，我国长期的二元经济结构导致城乡之间存在较为明显的收入和财产差距，致使城乡家庭在财富配置方面也存在明显不同，该结论在诸多文献中已得到了证实。城乡家庭不仅在收入与财富总量方面存在明显的差距，在金融发展水平、投资机会、社会资源等方面也具有明显的异质性，这就导致农村家庭普遍金融知识不足、投资渠道单一且在金融市场中处于信息劣势，最终他们选择的金融资产主要集中于定期存款等低收益产品；而城市家庭则可以通过利用更多的信息和资源，在资产配置时选择更优的时机和产品，从而获得更多的回报。从互联网应用方面来看，近年来随着互联网覆盖率越来越广，家庭在资产配置时可利用的信息也逐渐增多，这在很大程度上缓解了资产配置过程中的信息不对称问题。此外，互联网的普及也显著降低了交易成本，使得家庭能够更加便捷地进行资产配置。当然，互联网对家庭财富配置所发挥的作用也存在明显的异质性，不同年龄、不同受教育程度、不同收入水平的家庭通过使用互联网所提升的财富配置收益也有所不同。

为了进一步说明上述因素对家庭财富配置的影响，下面基于中国家庭金融调查数据，通过实证分析方法对其做出说明。

在中国家庭金融调查数据中，金融资产主要包括现金、活期存款、定期存款、金融理财产品、股票、债券、基金、期权期货等金融衍生品、非人民币资产、贵金属等，具体的家庭金融资产配置情况如表4.2所示。

表 4.2 我国家庭金融资产配置情况

资产类别	持有家庭比例/%	规模/元	资产类别	持有家庭比例/%	规模/元
现金	98.68	7 236.52	股票	11.25	18 962.46
活期存款	76.25	36 328.25	债券	1.23	1 265.36
定期存款	32.56	28 695.62	基金	6.52	8 625.31
银行理财产品	16.25	13 268.26	金融衍生品	0.12	558.23
互联网理财产品	9.68	2 678.52	非人民币资产	0.69	1 203.65
其他理财产品	1.25	986.28	其他金融资产	0.75	236.39

根据表 4.2 可知，现金、活期存款和定期存款是我国家庭金融资产配置的主要类别，此外，购买银行理财产品、互联网理财产品、股票、基金等也是家庭相对较偏好的投资方式。总体来看，家庭在配置金融资产时主要选择的还是商业银行，因此，商业银行需要进一步创新财富管理产品与服务，以助力家庭更好地实现资产的保值增值和财富的健康积累。

为了说明家庭资产配置的影响因素，借鉴现有相关文献，本节构建了如下两个计量分析模型：

$$\text{Asset\_ rate}_{i, j} = \beta_0 + \beta_1 X_{i, j} + u_{i, j} \tag{4-1}$$

$$\text{Asset\_ type}_{i, j} = \gamma_0 + \gamma_1 X_{i, j} + \varepsilon_{i, j} \tag{4-2}$$

模型（4-1）中，Asset_ rate 表示家庭各类金融资产占其总资产的比重，X 为其他控制变量，包括户主个人特征、家庭特征及地区特征等。模型（4-2）中，Asset_ type 为家庭所持有的风险资产种类数，X 为影响家庭资产配置的其他解释变量。考虑到总体样本中有超过 80% 的家庭对风险类资产的持有类别数为 0，本书采用了零膨胀泊松回归模型。

家庭财富配置的相关影响因素及变量界定如表 4.3 所示。

表 4.3 家庭财富配置的相关影响因素及变量界定

	变量名称	变量定义
被解释变量	定期存款占比	家庭定期存款占其总资产的比例
	股票资产占比	家庭持有的股票占其总资产的比例
	风险资产占比	家庭持有的风险资产总额占其总资产的比例
	风险资产种类	家庭持有的各类风险资产类别数

表4.3(续)

	变量名称	变量定义
解释变量	家庭总收入	家庭所有成员全年税后收入的总和
	家庭净资产	家庭总资产值与总负债值的差值
	家庭收入分组	将家庭按其收入高低进行分组,高于收入中位数的为高收入家庭,赋值为1;低于收入中位数的为低收入家庭,赋值为0
	户主年龄	调查年份−户主出生年份
	户主年龄平方	户主年龄的平方值
	户主性别	户主为男性,定义为1;户主为女性,定义为0
	户主婚姻状况	户主已婚定义为1,其他情况定义为0
	户主受教育年限	未上过学、小学、初中、高中、中专、大专、本科、硕士研究生和博士研究生分别对应受教育年限为0、6、9、12、13、15、16、19、22
解释变量	户主风险态度	户主风险厌恶定义为0,风险中性定义为1,风险偏好定义为2
	户主金融知识水平	参照尹志超等(2014)的方法,使用因子分析方法构建综合化金融知识指标。主要根据受访者对利率、通货膨胀、不确定性问题的回答设置相应虚拟变量
	家庭总人口	家庭中的总人口数
	老年人口占比	家庭中老年人口占总人口的比重
	是否有少儿人口	家庭中有少儿人口,定义为1;无少儿人口,定义为0
	户主幸福感	根据户主对幸福感问题的回答,从非常不幸福、不幸福、一般幸福、幸福和非常幸福,依次赋值为1、2、3、4、5
	是否城市家庭	城市家庭取值为1,农村家庭取值为0

对模型(4-1)和模型(4-2)分别进行回归,具体结果如表4.4所示。

表4.4　家庭金融资产配置及风险资产配置种类的影响因素分析

变量	模型（4-1）			模型（4-2）
	定期存款占比	股票资产占比	风险资产占比	风险资产种类
家庭总收入	0.196 ***	0.632 ***	0.686 ***	0.008 ***
	(3.968)	(8.652)	(9.652)	(7.865)
家庭总资产	0.053 ***	0.052 ***	0.060 ***	0.003 ***
	(5.628)	(12.352)	(13.321)	(6.959)
家庭收入分组	2.365 ***	6.235 ***	6.358 ***	0.253 2 ***
	(3.698)	(9.856)	(9.863)	(5.625)
户主年龄	0.313 **	0.452 ***	0.513 ***	0.653 ***
	(2.211)	(5.623)	(5.328)	(6.587)
户主年龄平方	0.218 ***	-0.652 **	-0.568 **	-0.125 **
	(5.231)	(-2.235)	(-2.116)	(-2.326)
户主性别	1.265 ***	2.526 ***	2.658 ***	3.125 ***
	(3.158)	(5.123)	(5.265)	(6.357)
户主婚姻状况	3.256 ***	5.623 ***	5.898 ***	4.526 ***
	(6.523)	(5.324)	(6.325)	(5.896)
户主受教育年限	2.236 **	5.368 ***	6.325 ***	5.458 ***
	(2.214)	(4.263)	(5.236)	(6.321)
户主金融知识水平	3.125 ***	7.562 ***	7.698 ***	6.856 ***
	(3.156)	(4.986)	(4.365)	(5.326)
户主风险态度	-2.125 **	6.235 ***	7.256 ***	6.458 ***
	(2.234)	(5.364)	(6.325)	(5.865)
家庭总人口	5.623 ***	2.356 ***	2.658 ***	3.125 ***
	(6.958)	(3.746)	(3.658)	(4.235)
老年人口占比	4.526 ***	-2.365 ***	-2.848 ***	-3.125 ***
	(3.546)	(-3.158)	(-3.543)	(-3.258)
是否城市家庭	3.652 ***	4.528 ***	4.987 ***	3.687 ***

表4.4(续)

变量	模型（4-1）			模型（4-2）
	定期存款占比	股票资产占比	风险资产占比	风险资产种类
	(3.685)	(5.458)	(5.214)	(4.562)
R^2	0.052	0.136	0.053	0.158
样本数	36 256	35 852	35 852	35 852

注：括号内为各个变量估计系数的对应 t 值，***、**、* 分别表示对应变量在1%、5%和10%的水平上显著。

从上述估计结果来看，随着家庭收入、资产数量的增加，家庭投资于各类金融资产的比重均会显著增加，尤其是对风险类资产的投资比重增幅更大，所持有的风险类资产的种类也更多。相较于低收入组家庭，高收入组家庭在各类金融资产中的配置比例更高，所持有的风险类金融资产类别也更多。从户主年龄及其平方项所对应的系数来看，随着户主年龄增加，家庭所持有的各类金融资产比重均有所增加。进一步地，家庭所持有的股票资产比重、风险资产比重及风险资产类别均与户主年龄呈现倒"U"形关系，定期存款占比与户主年龄呈现"U"形关系，该结论与前述统计分析较为一致。相较于女性户主，男性户主更倾向于持有股票及其他风险类资产，而对定期存款的配置偏低。与户主未婚、离婚及丧偶等情况相比，户主处于已婚状态的家庭，对各类资产的配置比例更高，所持有的风险类资产的种类也更多。户主受教育程度越高，对各类资产的配置比例越高；同时，户主金融知识水平越高，对各类资产的配置也越高，主要原因是随着受教育程度的提高和金融知识的增加，户主的财富配置意识和投资决策效率均会显著提升，从而更倾向于通过持有各类资产来获取财富的稳健增值。从户主的风险态度来看，更加偏好风险的户主会更多地配置股票资产和风险类资产，相对厌恶风险的户主会更倾向于持有定期存款，对风险类资产的配置类别也会有所减少。从家庭人口结构来看，家庭总人口越多，其在各类金融资产配置中的比例会越高，随着家庭中老年人口的增加，家庭投资于风险类资产的比例会显著减少，更多地会通过持有定期存款等无风险类资产来确保资产的流动性。相较于农村家庭，城市家庭在各类金融资产配置中的比例更高，这主要是因为城市家庭的金融投资意识更强、金融投资便利程度更高等。

4.4　我国家庭财富配置的演进趋势

自 2020 年年初突如其来的新型冠状病毒感染疫情暴发，到 2023 年年初疫情防控取得决定性胜利，我国平稳进入"乙类乙管"常态化防控阶段，在长达三年的时间里，疫情对宏观经济带来了诸多冲击，对家庭收入与财富积累也产生了明显的拖累效应。随着疫情的持续演化，三年来人们的家庭财富配置观念和偏好也发生了较多变化。系统梳理后疫情时代我国家庭财富配置的变动趋势，对于商业银行有针对性地创新能满足家庭需求的财富管理产品与服务具有重要的基础性意义。为系统全面考察我国家庭财富变动状况，中国家庭金融调查中心与蚂蚁集团研究院联合开展了针对中国家庭财富变动趋势的调查，该调查借助支付宝 App，搜集了家庭财富变化、家庭对未来经济的预期等相关数据。使用该数据对我国家庭财富变动进行分析，可以发现其变动趋势呈现如下几方面特征：

（1）不同群体家庭财富分化特征明显。

近年来，随着宏观经济环境不确定因素增加，全球疫情、俄乌战争、美联储加息等事件蔓延，导致全球股市、楼市等震荡幅度加大，在一定程度上也波及了我国家庭的财富积累。根据中国家庭金融调查与研究中心发布的相关报告，在年收入为 5 万元及以下的低收入家庭中，有超过 53% 的家庭报告其财富有所减少，相较于高收入家庭，低收入家庭报告财富减少的比例显著更多（见图 4.20）。与之不同的是，收入越高的家庭报告财富增加的比例越高，在一定程度上反映了我国的家庭财富差距仍呈现扩大趋势，这也是党的二十大报告中明确提出要"规范家庭财富积累机制"的主要出发点。

从家庭金融资产角度来看，金融资产低于 5 万元的家庭报告财富减少的比例显著更高，金融资产越高的家庭报告财富增加的比例显著更高，这与上述以家庭收入角度出发所得的统计结果基本一致（见图 4.21）。

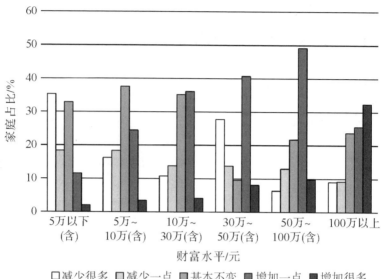

图 4.20　家庭财富变化（按照税前年收入分组）

数据来源：《中国家庭财富变动趋势——中国家庭财富指数调研系列报告》。下同。

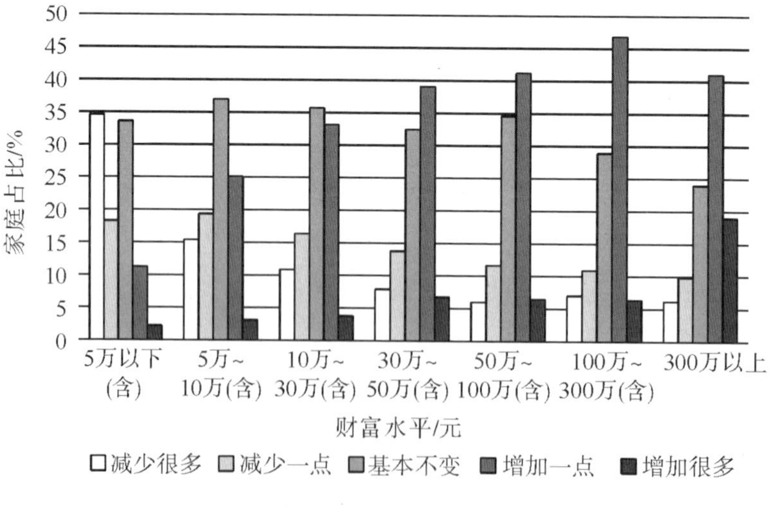

图 4.21　家庭财富变化（按照金融资产分组）

为了说明不同家庭的财富变动趋势，可使用中国家庭金融调查数据构造家庭财富变动指数，该指数的基数取值为 100，超过 100 表明该家庭财富增加，低于 100 则表明该家庭财富减少。从最终计算的数值来看，家庭收入水平或金融资产水平越高的家庭，其财富指数值越大；而收入水平或金融资产水平越低的家庭，其财富指数值越小。具体地，年收入超过 10 万元的家庭，其财富变动指数均大于 100，尤其是年收入在 100 万元以上的家庭，其财富变动指数超过 130。而对于年收入在 5 万元以下的家庭，其财富变动指数则显著较低，表明家庭财富缩水较严重。以家庭主要劳动力的职业类型划分来看，家庭主要成员工作稳定性越高的家庭，其财富变动指数越大，如户主从事专业技术工作（教师、医生、律师）的家庭，其财富指数值约为 110；户主为公务员的家庭，其财富指数值为 108；而家庭主要成员工作稳定性较差的家庭，如户主从事自由职业的家庭，其财富指数值仅为 76。2020 年以来，受疫情影响，较多家庭的财富积累受到了冲击，尤其是受疫情影响较为严重的地区，家庭财富受损程度更高。根据《中国家庭财富报告》，受疫情影响较严重的地区中，约有 46% 的家庭表示家庭财富出现了明显减少，其家庭财富指数值仅为 75.6。

（2）金融资产缩水是导致家庭财富减少的重要原因之一。

从家庭财富变动趋势来看，低收入家庭财富减少更为明显，究其原因与低收入家庭金融资产缩水有关。从家庭金融资产价值变动情况来看，低收入家庭所报告的金融资产价值减少比例更高，如在年收入为 5 万元及以下的家庭中，约有 25% 的家庭报告其金融资产减少了超过 30%，而在年收入为 30 万元及以上的家庭中，该比例仅为 5%。与此同时，受疫情影响，低收入家庭的现金流也受到明显冲击。调查数据显示，年收入低于 5 万元的家庭报告其可支配收入减少一点和减少很多的家庭占比分别为 17.5% 和 31.2%；而年收入较高的家庭报告其可支配收入减少的比例相对偏少。

具体分析家庭财富变动的影响因素可以发现，对于财富增加的家庭，住房资产对财富增加的贡献率为 68.1%，金融投资对财富增加的贡献率为 23.7%，二者联合贡献率为 91.8%（见图 4.22）；对于财富减少的家庭，金融投资对财富减少的贡献率为 46.7%，可支配现金对财富减少的贡献率为 28.1%，住房资产对财富减少的贡献率为 22.4%（见图 4.23）。

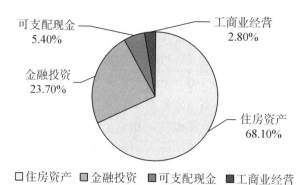

图 4.22　各因素对财富增加的贡献率

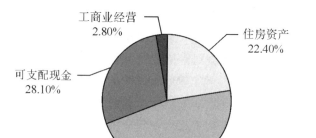

图 4.23　各因素对财富减少的贡献率

（3）家庭储蓄意愿显著增强。

近年来，受宏观经济环境变动及疫情的冲击，很多家庭的消费储蓄观念发生了变化。根据中国家庭金融调查与研究中心对家庭消费储蓄观念的调查，超过半数的家庭表示会增加储蓄而减少消费，40%的家庭表示会维持当前状况不变，仅有不足10%的受访家庭表示会增加消费而减少储蓄。这与现实情况较为一致，疫情防控政策放开后，家庭并没有出现"报复性消费"，说明家庭的消费观念已悄然发生变化。区分不同收入组的家庭来看，高收入组家庭倾向于保持当前消费状况不变，低收入组家庭则更倾向于增加储蓄而减少消费。具体而言，在年收入低于10万元（含）的家庭中，有53%的家庭选择增加储蓄而减少消费；在年收入为30万~50万元（含）的家庭中，该比例也显著超过40%（见图4.24）。总体来看，家庭的消费储蓄观念已发生明显改变，随着家庭储蓄意愿的增强，其对商业银行财富管理产品与服务的需求也越来越多元化。

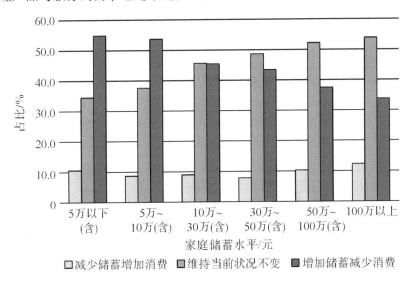

图4.24　疫情冲击下家庭储蓄调整变动（按照税前年收入分组）

（4）家庭投资住房的意愿呈下降趋势。

近年来，在国家"房住不炒"的政策调控下，住房价格总体保持平稳态势。2020年以来受疫情影响，较多家庭的就业和收入受到冲击，导致家庭对住房的购买能力下降；同时面对住房价格的停滞不前，一些多套房家庭开始抛售房产，这在一定程度上也抑制了房价上涨。在住房市场供给增多而有效需求不足的双重作用下，家庭投资住房的意愿呈现下降趋势。调查数据显示，无房家庭计划购买住房的意愿比例为92%，拥有多套住房的家庭持续投资住房的意愿仅为75%。区分家庭收入来看，低收入家庭投资住房的意愿不足50%，高收入家庭投资住房的意愿也仅有72%。

（5）家庭对保险类资产的配置意愿显著增强。

近年来，随着保险市场规范发展和家庭保险意识的增强，人们对购买保险的需求在逐年上升。根据历年中国家庭金融调查的数据测算，2011年持有商业保险（包括商业医疗保险、商业人寿保险、商业意外保险等）的家庭比例不足6%，2017年该比例达到8.8%，2019年该比例突破10%，达到10.8%，2020年后随着疫情演化，家庭购买商业保险的意愿进一步增强。调查数据表明，2022年家庭对商业人寿保险和商业健康保险的配置意愿双双提升，投资意愿指数分别为111.6和114.5（见图4.25），受调查家庭中25%的家庭有购买上述保险的意愿，尤其收入水平更高的家庭对配置保险类资产的意愿更强。以商业健康保险的购买意愿为例，高收入水平的家庭比低收入水平的家庭在购买商业健康保险上的比例显著高出15%。此外，总体来看家庭对中低风险资产的需求更高，而对高风险资产的投资意愿相对较低，受访家庭中85%的家庭表示未来会增加对低风险、高流动性资产（如活期存款、货币基金）的购买，而会减少对低风险、低流动性资产（如定期存款、结构性理财产品）和高风险、高流动性资产（如股票、基金等）的配置，同时随着全球经济不确定因素的增加及俄乌战争的影响，家庭对配置海外资产的意愿也在逐渐降低。

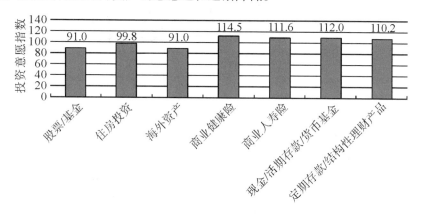

资产配置情况

图 4.25　各类资产配置意愿指数

5 家庭对商业银行财富管理业务的需求特征分析

根据《2021 意才·胡润财富报告》，2021 年我国家庭财富达到 1 亿元的"超高净值家庭"约 13.3 万户，比上一年增长 2.5%；财富超过千万元的"高净值家庭"达到 206 万户，较上一年度增长了近 2%；财富超过 600 万元的"富裕家庭"达到 508 万户，较上一年增长了 1.3%，"富裕家庭"拥有的总财富超过 160 万亿元，是全年 GDP 总量的 1.6 倍，较上一年增加了 9.6%。根据第七次全国人口普查数据，我国共有家庭数 49 416 万户，由此可以得出，超高净值家庭占比约为 0.027%，高净值家庭占比约为 0.417%，富裕家庭占比约为 1.028%。根据中国社科院发布的《中国国家资产负债表 2020》，2019 年我国居民总资产为 575 万亿元，过去十年居民资产复合增长率达到 14%；从资产配置构成来看，2019 年我国居民金融资产超过 325 万亿元，十年复合增长率为 15.7%，金融资产在总资产中的比重从 2009 年的 48.5%增长至 2019 年的 56.6%，家庭配置专项金融资产的趋势明显。根据 2021 年发布的《麦肯锡中国金融业 CEO 季刊》的预测，未来中国居民个人金融资产仍将保持年均 10%的复合增长率。《中国财富管理行业发展报告（2021—2022）》指出，截至 2021 年年底，按照银行理财、信托、公募基金、私募基金、券商资管、保险及第三方财富管理全口径测算的各类机构资产管理总规模达到 131.16 万亿元，以居民金融资产来衡量，中国已成为全球第二大财富管理市场。

相较于其他财富管理机构，对于大多数家庭而言，商业银行仍是其进行基本理财的首选，系统分析家庭对商业银行理财产品及服务的需求，对于商业银行创新其财富管理业务具有重要意义。基于不同人群的财富管理需求特征来看，高净值人群更加关注财富安全和财富传承，同时，随着投资范围的扩大，该类群体对财富配置多元化和资产配置全球化也有较为强烈的意愿。因此，商业银行应将满足高净值群体的个性化需求作为业务发展的重点，财富管理业务应主要向养老健康、医疗服务、教育服务、资产托管、财富传承、税收筹划、海外资产、家族财富管理等领域延伸。中等收入群体的收入主要来源于初次分配，在当前低利率市场环境下，该类群体仍然以银行理财产品来实现财富的保值增值，未来随着共同富裕系列政策的逐步实施，中等收入群体的规模将越来越大，其所拥有的财富也会越来越多，该群体将成为商业银行财富管理业务的核心目标客户。中国家庭金融调查数据显示，现阶段中等收入家庭的金融资产配置不均衡问题较明显，家庭所持有的金融资产中 43.1% 属于银行存款，理财产品占比为 13.5%，股票占比为 8.1%，基金占比为 3.1%；中等收入家庭中约有 67% 的家庭只持有一种金融产品，23% 的家庭持有两种金融产品。对于中等收入群体，商业银行要重点关注家庭由住房资产向金融资产配置的转移，积极引导家庭多元化配置财富，同时商业银行需要针对性设计该类群体的财富管理产品组合，帮助他们降低投资风险，实现保值增值。除高净值群体和中等收入群体外，低收入人群对财富配置也有相应的需求，该类群体可投资资金偏少、风险承受能力偏弱、金融理财知识匮乏，尽管目前来看其对商业银行财富管理业务的利润贡献占比不大，但其庞大的客群是商业银行拓宽财富管理业务的基础，同时该类群体中有相当比例的人会迈入中高等收入群体，商业银行需要充分重视，提前培育。因此，商业银行可以通过大数据、人工智能等金融科技手段积极挖掘潜在目标客群，针对性强化金融知识普及，引导低收入人群了解定投以及低风险、低起点投资等方式，积极满足长尾客群的理财需求，真正实现财富管理业务的普惠化，这也是助力国家实现共同富裕的重要举措。

5.1　不同类别家庭对商业银行财富管理业务的需求特征分析

为了系统认识当前家庭对商业银行财富管理业务的需求类别和需求特征，下文将以中国家庭金融调查数据进行统计分析。

（1）家庭对商业银行业务的需求类别。

从家庭对商业银行的产品业务需求来看，目前存取款业务仍是家庭最常选择的业务类型，其次为转账汇款业务，家庭对商业银行理财产品也有较高需求，约20%的家庭持有商业银行发行的各类理财产品。具体如图5.1所示。

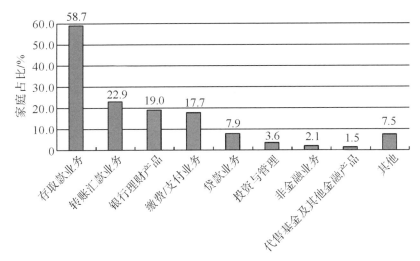

图5.1　家庭对商业银行的产品业务需求类别

数据来源：中国家庭金融调查。下同。

从家庭对商业银行的服务业务需求来看，近25%的家庭对银行理财投资服务有强烈需求，超10%的家庭希望商业银行能够提供专业的家庭资产配置服务。具体如图5.2所示。

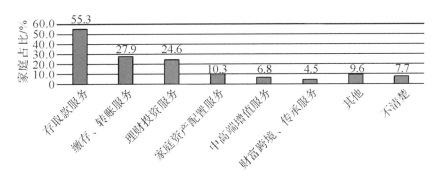

图5.2　家庭对商业银行的服务业务需求类别

（2）家庭对商业银行理财产品的需求特征。

随着家庭财富配置需求逐渐多元化，越来越多的家庭开始关注商业银行的理财产品，调查数据显示，家庭在投资银行理财产品时最为关注的是产品的收益率，其次为产品的风险性及流动性。具体如图5.3所示。

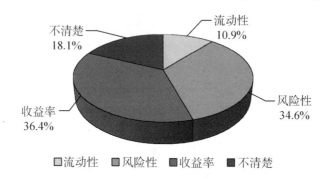

图5.3　家庭对商业银行理财产品的需求特征

根据中国家庭金融调查给出的家庭财富健康得分，财富管理健康得分在85分以上的家庭，其中46.3%的家庭最看重理财产品的收益率，28.2%的家庭最关注产品的风险性，21.6%的家庭最看重理财产品的流动性，仅有3.9%的家庭对其理财产品的需求意向比较模糊；而财富管理健康得分在85分以下的家庭，超过16%的家庭缺乏对理财产品的了解，家庭对理财产品收益率、风险性和流动性的关注比例依次为36.8%、35.9%和10.8%。具体如图5.4所示。

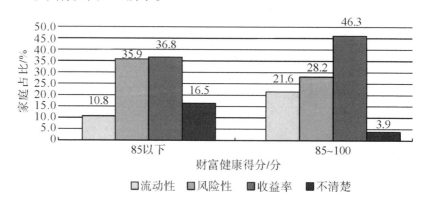

图5.4　不同财富健康得分的家庭在投资银行理财产品时最看重的因素

（3）家庭对商业银行理财产品亏损情况的接受程度。

从家庭可接受的商业银行理财产品亏损情况来看，54.6%的家庭不愿意承受本金亏损的风险，12.9%的家庭只愿意接受本金亏损比例在5%以下的风险，11.6%的家庭愿意承受本金亏损比例为5%～10%的风险，仅有约6%的家庭可接受本金亏损超过10%的风险。此外，14.7%的家庭对理财产品的风险缺乏足够的认知。具体如图5.5所示。

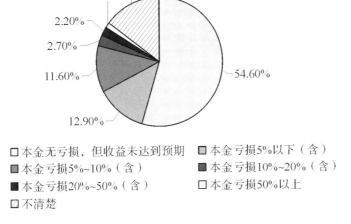

图5.5　家庭投资银行理财产品时可接受的亏损比例分布

　　具体分析不同财富健康得分的家庭对投资银行理财产品的可接受亏损比例可知，财富管理健康得分越高的家庭，对购买商业银行理财产品可接受的亏损比例相对越高，对"高风险高收益"理念的认知相对越清晰。具体而言，在财富管理健康得分超过85分的家庭中，可接受本金在10%以内亏损的家庭占比达到37.3%，显著高于得分85分以下家庭在该亏损比例中的占比，在财富健康得分更高的家庭可接受的亏损比例相对更高。同时，在财富健康得分在85分以下的家庭中，约有13.5%的家庭对理财产品的风险缺乏必要的理解，而在财富健康得分85分以上的家庭中，该比例不足5%。这在一定程度上表明对家庭进行必要的金融知识普及具有现实必要性和紧迫性。具体如图5.6所示。

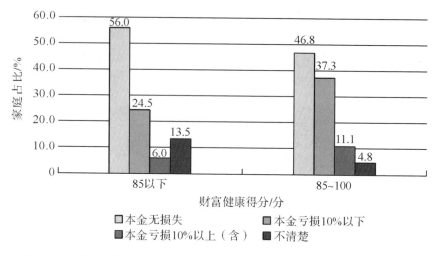

图 5.6　不同财富健康得分的家庭投资银行理财产品时可接受的最大亏损比例

（4）家庭对购买银行理财产品回报周期的接受度。

根据中国家庭金融调查数据，家庭可接受的银行理财产品回报周期普遍较短，大多数家庭购买银行理财产品时，会选择回报周期在1年以内的产品，愿意持有回报周期在3年以上的银行理财产品的家庭比例不足5%。此外，有超过15%的家庭对回报周期缺乏必要的认知。具体如图5.7所示。

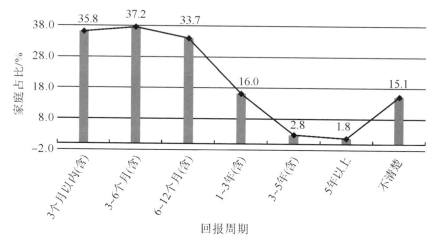

图 5.7　家庭投资银行理财产品时可接受的回报周期

比较不同财富管理健康得分的家庭对银行理财产品回报周期的接受度可知，财富管理较为健康的家庭对回报周期的认知更充分，仅有不足 1% 的家庭对回报周期缺乏必要的了解；而在财富管理健康得分低于 85 分的家庭中，有超过 10% 的家庭在购买银行理财产品时对回报周期缺乏清晰的认识。此外，财富管理健康得分较高的家庭愿意持有理财产品的期限相对较长。具体如图 5.8 所示。

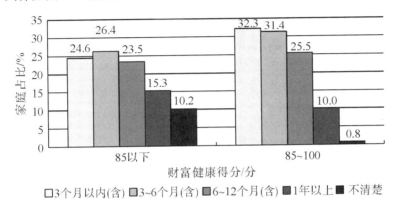

图 5.8　不同财富健康得分的家庭投资银行理财产品时可接受的回报周期

（5）家庭可接受的银行理财产品起售点。

为了规范理财市场秩序，降低投资理财风险，切实保护投资者合法权益，原银保监会针对金融投资产品提出了设置准入条件的要求，目前公众可接触的理财投资产品均存在起售点限制，如表 5.1 所示。

表 5.1　各类金融产品准入门槛

类别	投资者准入条件
债券	合格投资者：金融资产≥300 万元 非合格投资者：AAA 债券 参与债券柜台业务：年收入≥50 万元，金融资产≥300 万元， 　　两年以上证券投资经验
银行业理财	公募理财：5 万元（风险 1、2 级），10 万元（风险 3、4 级） 50 万元（风险 5 级） 私募理财：金融净资产≥300 万元，金融资产≥500 万元， 　　个人年均收入≥40 万元
信托	100 万元

表5.1(续)

类别	投资者准入条件
基金	私募基金：净资产≥1 000万元，个人金融资产≥300万元，个人年均收入≥50万元 公募基金：一般1 000元（含）以上
商品期货	50万元保证金
外汇	交易金额一般为100美元或等值外币

　　根据中国家庭金融调查数据，超过50%的家庭可接受的银行理财产品起售点在5万元内，约有25%的家庭可接受起售点为5万~30万元的银行理财产品，仅有不足3%的家庭可接受起售点在30万元以上的银行理财产品。此外，接近19%的家庭对银行理财产品起售点缺乏必要的认知。具体如图5.9所示。

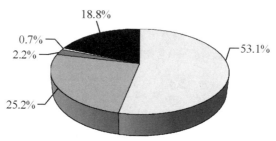

18.8%
0.7%
2.2%
53.1%
25.2%

□起售点1万~5万元(含)　■起售点5万~30万元(含)　■起售点30万~100万元(含)
□起售点100万元以上　■不清楚

图5.9　家庭投资银行理财产品时对起售点的接受度

　　考虑到家庭所持有的可用于金融投资的资产数量是限制其选择银行理财产品的重要因素，图5.10给出了家庭金融资产的分布情况，以此来解释家庭对银行理财产品可接受起售点较低的原因。从图5.10可知，41%的家庭所持有的金融资产为5万元及以下，13.1%的家庭所持有的金融资产为5万~10万元（含），23.4%的家庭所持有的金融资产在10万~30万元（含），仅有22.5%的家庭所持有的金融资产超过30万元。

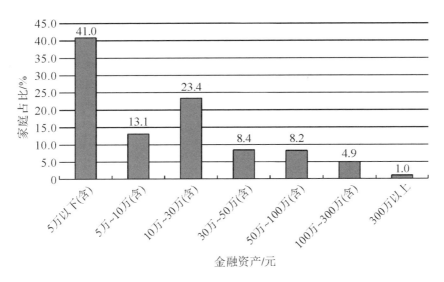

图 5.10　家庭可用于金融投资的资产分布情况

分析家庭财富管理健康得分对家庭投资银行理财产品起售点的接受度，财富管理健康得分更高的家庭，对银行理财产品起售点的认知相对更清晰，可接受的银行理财产品起售点相对更高。具体而言，在财富管理健康得分为 85 分以上的家庭中，仅有 5.8% 的家庭对起售点缺乏清楚的认识，愿意接受银行理财产品起售点在 5 万元以上的家庭占比在 50% 以上；而在财富管理健康得分处于 85 分以下的家庭中，有 18% 的家庭对起售点认知不清，仅有不足 28% 的家庭愿意接受起售点在 5 万元以上的银行理财产品。具体如图 5.11 所示。

（6）家庭对投资银行理财产品的认知。

针对家庭在投资银行理财产品时，对如下四个方面认知度所做的调查表明，约有 18.8% 的家庭对"何为理财产品起售点"认知不清，18.1% 的家庭对"购买理财产品时最看重的因素"缺乏清楚的了解，15.1% 的家庭对投资银行理财产品时"可接受的回报周期"不清楚，14.7% 的家庭对投资银行理财产品时"能接受的最大亏损"了解较模糊，具体如图 5.12 所示。

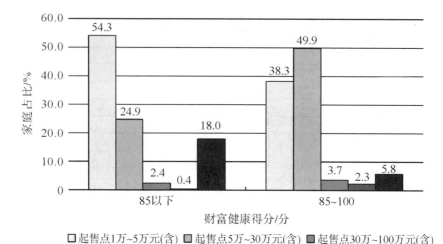

图 5.11　不同财富健康得分的家庭对银行理财产品起售点的接受度

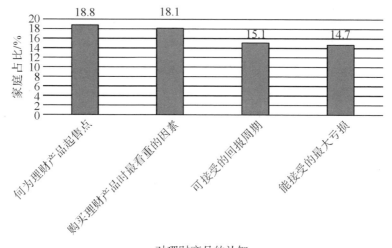

对理财产品的认知

图 5.12　家庭投资银行理财产品时对相关概念的认知

从家庭对银行净值型理财产品的了解程度来看，接近 65% 的家庭对此缺乏清楚的认识，21.2% 的家庭了解保本保息型的理财产品，13.2% 的家庭对保本浮动收益型理财产品有所了解。更多的调查结果如图 5.13 所示。

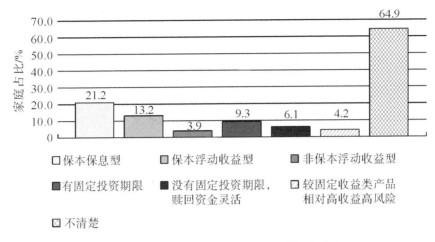

图 5.13　家庭对银行净值型理财产品的了解程度

从家庭对金融产品的了解程度来看，银行理财产品、基金、股票、债券是大多数家庭较为了解的金融投资产品，而对信托投资、贵金属投资、外币资产和期权期货等金融衍生产品的了解程度不够。具体如图 5.14 所示。

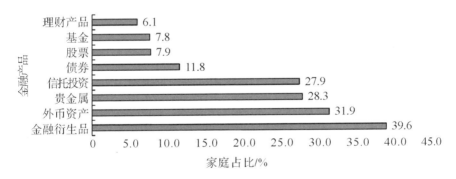

图 5.14　对相关金融投资产品不了解的家庭占比

（7）家庭对商业银行服务满意度的评价。

根据中国家庭金融调查数据，家庭对商业银行服务满意度的评价总体较高，在受访者中，约有 12.5% 选择了"非常满意"，超过 55% 选择了"比较满意"，29.2% 的受访者表示商业银行所提供的服务"一般"，另有 2.4% 的受访者选择了"比较不满意"，选择"非常不满意"的受访者仅为 0.7%。具体如图 5.15 所示。

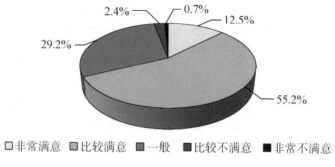

2.4%　0.7%　12.5%

29.2%

55.2%

□非常满意　■比较满意　■一般　■比较不满意　■非常不满意

图 5.15　家庭对商业银行所提供服务的满意度

　　进一步考察家庭对商业银行服务不满意的原因可知，54.6%的受访者将其归因于服务质量差（包括工作人员态度差、工作效率低、等候时间长等）；38.5%的受访者认为业务程序过于烦琐，自助操作复杂；16.2%的受访者认为营业网点和自助银行偏少是其对商业银行最不满意的地方；还有超过14%的受访者表示无法归类于上述三种的其他因素是导致他们对商业银行服务质量评价不高的原因。具体如图5.16所示。

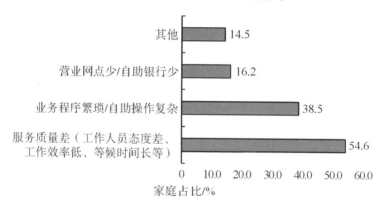

图 5.16　家庭对银行目前服务不满意的原因

　　（8）家庭对金融科技的需求特征。

　　随着互联网和数字技术的快速发展，金融科技越来越成为家庭获取商业银行普惠服务的重要渠道。中国家庭金融调查数据显示，网上银行、手机银行、微信银行等已成为很多家庭常用的业务，尤其对于年轻群体而言，通过网点/柜台等办理业务的频率已明显减少，使用金融科技手段获取银行服务已成为当前的重要趋势。从具体调查数据来看，31~40 岁的客群通过"网点/柜台"办理业务的比重不足22%，选择"网上银行""手

机银行"和"微信银行"办理业务的客群占比分别为 33.3%、45.1% 和
11.8%。更多结果如图 5.17 所示。

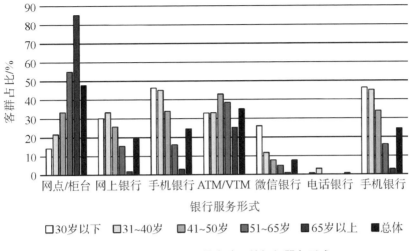

图 5.17　不同年龄客群最常选用的银行服务形式

（9）家庭对非银行金融服务的需求特征。

纵观当前，商业银行是家庭获取金融理财服务的主要机构，此外，证
券公司、基金公司、信托公司、第三方财富管理机构等在家庭财富配置中
也承担着重要职能。中国家庭金融调查数据显示，在非银行金融机构中，
选择证券公司投资理财的家庭占比为 36.6%，选择第三方财富管理机构的
家庭占比为 33.5%，选择基金公司的家庭占比为 22.5%，选择互联网金融
公司的家庭占比为 14%，选择信托公司和保险公司的占比分别为 5.5% 和
2.5%。具体如图 5.18 所示。

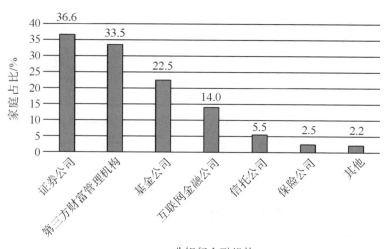

图 5.18　家庭对非银行金融服务的需求特征

考察家庭选择不同非银行金融机构的原因，33.8%的受访者认为方便快捷是主要因素，28.6%的受访者认为收益是其最看重的因素，16.1%的受访者是由于熟人推介选择了对应的非银行金融机构，另有5%和2.4%的受访者是因为金融产品风险小和金融机构服务态度好而选择了对应的非银行金融机构。具体如图 5.19 所示。

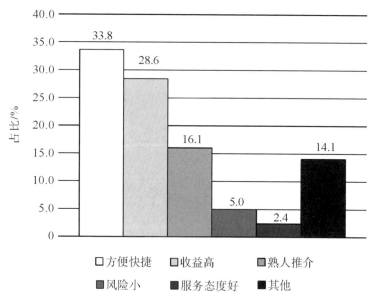

图 5.19　家庭选择非银行金融机构的原因

（10）家庭对商业银行代理保险业务的需求特征。

近年来，随着居民保险意识的提升，越来越多的家庭开始重视购买保险。从家庭购买保险业务的渠道来看，54%的家庭会通过"保险公司代理人"购买保险，27%的家庭会通过"银行理财经理"购买保险，3%的家庭会通过"保险中介代理公司"购买保险，另有16%的家庭对购买保险缺乏清楚的认知。具体如图5.20所示。

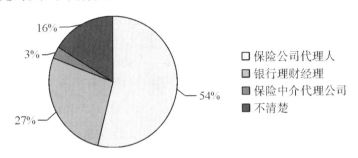

图5.20　家庭购买保险时选择的渠道

考察家庭购买保险时主要看重的因素可知，选择通过商业银行购买保险的家庭认为"银行代销的理财型保险更可靠"，此外，"银行网点多，售后服务方便"也是家庭选择通过银行购买保险的重要原因；相较而言，选择通过"保险公司代理人"购买保险的家庭认为"保险公司代理人相对更加专业""保险公司提供的产品更多"等（见图5.21）。总体而言，通过保险公司购买保险是更多家庭的首选，商业银行想要发展好该表外业务，就需要在专业化方面做出更多努力。

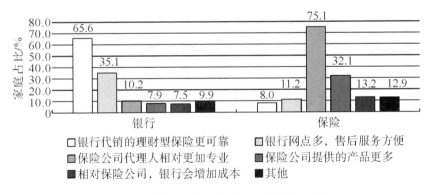

图5.21　家庭选择在不同机构购买保险的原因

5.2 不同生命周期的家庭对财富配置的需求特征分析

近年来，随着居民可支配收入逐步提高，富裕客群和高净值客群规模不断扩大，其对财富管理的需求也与日俱增。由于不同年龄、不同风险特征、不同投资目标的客户在财富配置方面的需求均有所不同，因此需要针对不同客群，进一步分析其财富配置需求特征，以针对性创新财富管理业务，有效满足不同家庭的财富配置需求。考虑到处于不同生命周期的家庭，其收入水平、支出水平及家庭风险偏好特征均有所不同，因此在不同生命周期阶段，家庭财富配置具有不同的需求特征，具体如表5.2所示。

表 5.2　不同生命周期阶段的家庭财富配置需求特征

生命周期	时期界定	收支特征	财富配置需求特征
家庭形成期	结婚至子女婴儿期	以工资性收入为主；支出呈增加态势	可储蓄金额偏少，购买住房是家庭的主要需求
家庭成长期	子女幼儿期至子女经济独立	以工资性收入为主，投资性收入为辅；支出随时间逐渐趋于稳定	储蓄稳步增长，家庭财富积累逐年增加，逐渐注重金融资产的配置
家庭成熟期	子女经济独立至夫妻双方退休	工资性收入与投资性收入并重；支出随子女经济独立而逐渐减少	储蓄增长最佳时期，财富配置呈多元化特征，投资盈利能力显著增强
家庭衰老期	夫妻双方退休至一方离世	以投资性收入和转移性收入为主；医疗支出逐年增加	储蓄逐步减少，投资以固定收益类为主

总体来看，在家庭形成期，成员事业处于起步阶段，收入总体还处于偏低水平，该阶段家庭对住房需求较高，负债压力较大，家庭会更加看重投资资产的收益性和流动性，因此该阶段应以持有现金、配置货币基金和商业银行理财产品为主。在家庭成长期，成员收入逐渐趋于稳定，家庭风险承受能力进一步增强，家庭对购房、购车需求仍比较旺盛，因此该阶段应以保持资产流动性为主要目的，适当增加固定收益类产品和权益类产品的比重。在家庭成熟期，收入处于整个生命周期的最高阶段，家庭支出相

对下降，家庭财富积累能力不断提升，该阶段要做好养老理财规划，应以持有安全类资产为主，确保资产的稳定回报。在家庭衰老期，养老护理和财富传承是家庭的主要任务，该阶段家庭收入大幅减少，医疗等支出压力逐渐增加，家庭应进一步确保资产安全性，不宜再开展股票等风险类投资，应将80%的资产投资于储蓄及稳健型理财产品。

有鉴于此，商业银行在创新财富管理产品时，应结合目标家庭所处生命周期的不同阶段，综合考虑其风险承受能力及财富配置需求，提供与客户流动性、收益性、安全性等相匹配的财富管理产品或产品组合，针对性地定制不同家庭的财富配置方案，并提供定期检视和适时调整，确保客户财富安全和理财目标顺利实现。

为了进一步说明不同家庭在财富配置需求方面的差异，可按照家庭可投资资产的数量将家庭分为普通家庭、富裕家庭和高净值家庭。普通家庭是占比最多的家庭类型，约占家庭总数的98.56%，该类家庭尽管财富占比较低，但由于其客群基数大，因此是商业银行推广财富管理产品不容忽略的重要群体；从财富配置需求特征来看，普通家庭对财富管理产品的收益更为关注，更期待持有投资期限短、回报率更高的理财产品。相较于此，富裕家庭则更加关注投资产品的收益性和安全性，除传统金融产品外，该类家庭还倾向于投资住房资产和海外资产；高净值家庭尽管占比仅有0.06%，但其可投资资产较多，商业银行重要的私行客群，该类家庭更倾向于财富管理方面的定制化产品和个性化投资方案。商业银行应根据不同客群的财富配置需求特征，针对性设计财富管理产品，以满足不同家庭的差异化财富配置需求。具体如表5.3所示。

表5.3　不同家庭的财富配置需求特征

	普通家庭	富裕家庭	高净值家庭
客群界定	可投资资产 50万元以下	可投资资产 50万~500万元	可投资资产 500万元以上
人数占比	98.56%	1.38%	0.06%
财富占比	20%	49%	31%

表5.3(续)

	普通家庭		富裕家庭	高净值家庭
年龄	40岁以下占比：79%	45岁以下占比：87%	40岁以下占比：61%	一代企业家：40岁以下占比20% 二代继承人：40岁以下占比70% 新富人群：40岁以下占比40%
学历	大学及以上占比39%	大学及以上占比59%	大学及以上占比84%	新富人群：大学及以上占比90%
职业	白领：51% 蓝领：27%		白领：68% 蓝领：12%	企业创始人：36% 企业高管/专业人员：38%
投资目的	随着财富水平提升，投资目的多元化显现			
	财富增值	获得更高的收益	财富保值增值	财富安全与传承
风险收益理念	风险厌恶型：51%认为保本比收益重要，仅有3%愿意为实现财富增值承受较大概率的亏损	风险偏好度较高：18%愿意承受高风险来获取高收益，10%不愿承担风险	风险偏好度较高：15%可接受年化回报和损失超过30%，12%愿意在保证本金的情况下接受年化3%~5%的回报率	相对更理性：30%认为只要投资收益高于存款收益即可，8%愿意承受高风险，获取高回报
投资期限	6个月以内占比：71%	6个月以内占比：16%	—	—
投资价值诉求	对收益、风险和期限有较高的平衡化需求；对于金融资讯和线下交流的服务需求更高；更偏好于常规和标准化金融产品	对产品的收益率更为关注；偏好具有更高回报率的金融产品	更加关注产品的收益及投资的安全性；除传统金融产品外，还倾向于房产和海外投资	更倾向于定制化产品；财富配置中更注重个性化投资方案

表5.3(续)

	普通家庭		富裕家庭	高净值家庭
金融科技需求度	较高	较高，95%认为线上渠道更方便，具有更好的用户体验	—	较低，原因在于客户希望与客户经理直接沟通，结合个人财富配置需求，确定定制化投资方案

资料来源：《2020互联网理财行为与安全研究报告》《互联网理财与消费升级研究报告》《2020中国私人财富报告》《2017中国大众富裕阶层理财趋势报告》。

从表5.3来看，不同客群对财富管理的核心诉求存在较大差异，这就要求商业银行在提供财富管理服务时需要做到客群的精准细分，针对不同诉求的客群提供不同的财富配置模式，做好差异化经营。具体而言，一是重点抓牢高净值与超高净值客群，根据"二八效应"，这类客群虽然基数小，但其资产规模更大，能够提供的财富管理利润也更多，商业银行需要通过强化内部协同，做好该类客户全生命周期的财富规划，针对性定制适合他们的财富管理产品和服务；二是全面布局长尾客群，随着普惠金融的不断发展和居民财富配置意识的普遍提高，越来越多的家庭将进入商业银行财富管理市场，为此，商业银行需要积极下沉服务重心，着力拓展大众客群；三是竭力挖掘更多潜力客群，总体而言，老年客群、企业家客群、女性客群等的财富配置需求还未得到有效挖掘。有鉴于此，商业银行需要积极打造以细分客群为重心，差异化综合服务为导向的精准化经营模式，以有效满足更多潜力客群的财富配置需求。

6 典型商业银行财富管理业务发展模式与经验分析

近年来，越来越多的商业银行开始重视并积极发展财富管理业务，然而不同银行在发展历程、经营理念、发展规划、特色优势、人才队伍及数字化发展程度等多个方面均存在明显差异，从而其财富管理业务推进情况也大不相同。因此，梳理国内外财富管理业务发展相对较好的标杆银行在业务推进过程中的有效模式与经验，对于其他银行对标厘清差距，并积极借鉴先进银行财富管理业务发展理念和模式，进而针对性创新财富管理业务具有重要参考价值。

6.1 发达国家财富管理业务发展模式与经验

6.1.1 发达国家财富管理业务发展历程

近年来，随着社会经济的高速发展、居民财富的日渐积累以及监管部门对严格分业经营要求的逐步松动，我国财富管理行业取得了长足发展，日渐形成银行、信托、基金、保险、券商、第三方理财等多类主体同台竞技的竞争格局。然而相比我国，发达国家的财富管理业务发展较为成熟，其发展路径也具有一定参考性，通过对发达国家财富管理业务历程进行回顾与梳理，了解其发展演进过程，从历史中捕捉有可能相似的情景或特征，从前人之路中吸取经验，对中国财富管理行业来说大有裨益。

（1）美国财富管理业务发展历程。

20 世纪 20 年代，当时美国成为世界第一大经济体约有 30 年，而欧洲又刚刚经历了第一次世界大战，美国蓬勃发展的金融行业令大量资金流入，纽约开始成为世界金融的心脏，美国的财富管理行业也在这一时期崭露头角。彼时，美国公众投资的主要工具为股权投资，1924 年曼彻斯特投资信托公司发行了美国第一只共同基金，通过受托管理他人资产有了第一个产品。然而在那个年代，整个社会还没有发展出一套完善的保护委托人与受托人权利义务的法律体系，也缺乏相关制度监管"资本主义赤裸裸的逐利本性"。当时的银行以自有资金甚至是储户的钱注入基金，并直接投资于股市，20 世纪 20 年代的大繁荣造就了股票市场的一路高涨，然而一切繁华终止于 1929 年，美国股市崩盘暴跌。正是由于这场金融灾难，当时美国人对于资本市场的风险过于忌惮，人们增加了对未来不确定性的担忧，需要在个人生活规划、综合资产运用方面获得一些专业的辅导。因此，保险公司开始提供一些简单的资产投资规划、收益分析、代办手续等理财业务，并以推销保险为目的，满足当时人们对于财产保障的需求，这也成为美国财富管理业务最初的形态。在经历这次大萧条之后，美国金融进入严格监管阶段，1933 年《格拉斯－斯蒂格尔法案》的出台标志着美国金融分业经营体系逐步形成；1940 年美国颁布了《投资顾问法》和《投资公司法》，分别对投资顾问和投资公司的行为进行规范，从而确立了基金公司必须遵循的基本运作机制。

20 世纪 60 年代至 90 年代，美国财富管理行业处于快速发展阶段，市场竞争推动业务模式逐渐转型。20 世纪 60 年代末期，美国成立了世界上首个理财专业服务团队，真正意义上的财富管理理念由此确立，这标志着美国理财业务正式进入金融市场。20 世纪 80 年代以后，越战结束，美国经济走出"大通胀"，居民财富和金融资产快速增长，财富管理行业进入发展快车道，同时随着美国的商业银行对高端客户越来越重视，加上银行管理理论的完善和金融创新的活跃，财富管理与负债管理、资产管理、现金流管理、投资顾问服务等领域逐渐融合，促使理财模式向个性化、多样化方向发展。20 世纪 90 年代中后期，美国宏观经济进入平稳发展阶段，金融管制的界限开始被打破，金融机构向多元化业务模式转变，商业银行、投资银行和保险公司可以互相进入对方领域，银行的产品线在很大程度上得到了丰富，银行不仅可以为客户提供基础金融服务，还可以提供衍生金融产品，为客户提供"一站式"综合性金融服务，满足各种风险-收益特征客户的需求①。

21 世纪以来，美国财富管理行业步入成熟阶段，业态高度细分、业务模式也更注重精细化与差异化。各大综合金融集团普遍开设了专门的财富管理业务板块，针对不同客群制定了差异化的服务策略，在此期间随着金融科技的升级，智能投顾发展也较为迅速。纵观全世界，当前美国的财富管理市场是世界上最大、最成熟，竞争也最为激烈的，从早期的以经纪佣金为主要收入的通道服务模式，到以代销产品为主要导向的产品营销模式，再到现阶段以满足客户多元化、全生命周期需求为中心的买方投顾模式，美国财富管理已发展成为监管统一、参与方多元、细分市场上业务模式各不相同的成熟市场。

（2）瑞士财富管理业务发展历程。

瑞士是世界上私人银行业的发源地之一。16 世纪中期，法国一些从商的富裕贵族被驱逐出境后，来到瑞士的日内瓦，同时带来了和其他欧洲国家权势阶层有密切联系的客户关系，正是这些遭受放逐的经商贵族形成了第一代瑞士私人银行家。19 世纪，瑞士的私人银行业务就已经存在，当时主要集中在苏黎世、巴塞尔和日内瓦三个城市。19 世纪 70 年代初期，苏黎世、巴塞尔和日内瓦这三个城市的私人银行业务已经拥有相当大的规模，其中还包括帮助拿破仑管理军队的资产等。第二次世界大战后，由于金融体制变迁、技术进步及资本市场的发展，瑞士的私人银行业务进入了快速发展与扩张阶段，同期，其他欧洲国家如英国、法国的现代私人银行业也快速发展起来，一些综合性银行和投资银行也进入财富管理市场，成为私人银行业务的竞争者。

经过几百年的发展，银行业已成为瑞士最重要的经济部门，私人银行业作为瑞士银行业的核心，其内容并不仅局限于银行业，而是经济、文化机构与活动等多方面的集合。当前瑞士财富管理业务的精髓在于独特及传统的经营方式、全面的客户网络、保密的金融文化和法律环境。瑞士是一个由多个民族文化构成的国家，语言种类丰富，这是瑞士私人银行国际化的主要保证。同时，瑞士人做事认真负责，一丝不苟，追求完美，在世界各地客户中拥有良好的声望和企业形象，这为瑞士私人银行的发展打下了

---

① 徐文婷. 欧美财富管理业务发展经验借鉴 [J]. 时代金融，2010（11）：64-66.

坚实的文化基础。瑞士人的性格本身也能让客户产生极强的安全感,他们做事严谨,专业程度高,对客户的保密工作也做得非常到位。瑞士私人银行之所以能一直处于顶尖水平,其高效率的办事风格是重要原因之一,客户在任何时间都可以在从业人员的帮助下迅速完成交易,既节约了客户的宝贵时间,也节省了相关的运营费用。在面对更高层次的客户时,银行客户经理通常会直接到客户的办公室或其他地点上门完成交易,无须客户亲自到银行。瑞士商业银行的私人银行客户资产一般不低于 500 万美元,其长年为客户提供高端服务,保证了金融业务的稳定性和连续性,使得银行在面向富豪型家族客户时拥有其他地区银行所无法比拟的先天优势。苏黎世的一位私人银行家总结道:"私人银行业就是客户希望得到的全方位的服务,超出了一般的财富管理。瑞士的私人银行业起始于三大国际航空港——苏黎世、日内瓦和巴塞尔,沿着火车站和宾馆一直延伸到 Sprungli 饼店门口,瑞士私人银行业涵盖了医院、文化机构、媒体、律师、商店、学校、大学,当然还有银行和资产管理商。"[①]

6.1.2 发达国家商业银行财富管理业务模式

(1)花旗银行。

花旗银行是花旗集团旗下的一家零售银行,其前身主要是 1812 年成立的纽约城市银行,成立距今已有 200 多年,是一家历史悠久的国际性银行。花旗集团在全球一百多个国家为大约两亿客户提供服务,对象包括个人、机构、企业和政府部门,所提供的金融产品与服务从消费银行服务、信贷、企业、投资银行服务,延伸至经纪、保险和资产管理业务等。当前花旗集团是全球公认最成功的金融服务集团之一,这不仅因其在全球金融服务业盈利最高与成长速度最快的企业中连续占据领先地位,更由于它是世界上全球化程度最高的金融服务连锁公司。花旗银行的使命是通过提供可促进经济增长和社会进步的金融服务,从而成为客户值得信赖的合作伙伴。花旗集团的机构遍布亚洲、墨西哥和美国等 19 个市场,每位客户到任何一个花旗集团的营业点都可得到储蓄、信贷、证券、保险、信托、基金、财务咨询、资产管理等全能式的金融服务。数据表明,花旗银行每位客户所持有的金融产品数在全球同行业中常年稳居第一。

---

① 贺驰. 我国商业银行财富管理研究 [D]. 长春:吉林财经大学,2014.

花旗银行从物理场景的服务升级，到客户资产的规划配置，再到综合性的财富管理服务；由最初的物理导向转为产品导向，再转为服务导向，其财富管理的内涵不断丰富。如今，财富管理业务经过不断升级已经成为花旗银行的重点领域及主要收入来源。

具体而言，花旗银行财富管理业务的发展可分为起步、发展、升级和优化四个阶段[①]：1812 年，花旗银行的前身纽约城市银行成立，20 世纪 20 年代，花旗银行开始拓展零售银行业务，随后成立私人银行，开始在财富管理领域布局；2001 年，花旗集团私人银行正式成立，并开始深耕全球私人银行业务，花旗银行的财富管理业务逐渐进入发展阶段；2004 年，花旗银行成立了全球财富管理部，推出了全面的资产组合管理和专业的投资顾问服务；2005 年，花旗集团建设了强大的专业咨询顾问队伍，从根本上实现了由产品导向向服务导向的业务转型，这一阶段，花旗银行的财富管理业务得到了快速升级；2009 年，花旗集团将财富管理业务界定为核心业务之一，致力于服务高端个人客户，财富管理业务得到进一步优化。

花旗集团在分析财富管理行业变化的基础上，通过发挥自身优势，将财富管理业务划分为两类：花旗财富管理及花旗私人银行。花旗财富管理以较大范围的富裕客户为服务对象，通过提供理财咨询、抵押、借贷、规划等服务，收取中间业务手续费。该业务由精英理财团队给予专业支持，根据客户需求、目标和财务状况，为客户提供专业化选择。此外，花旗财富管理凭借自身全球资产和网络优势，为客户提供了便捷专业的环球银行服务。在管理模式上，花旗财富管理主要采取企业模式，即领导指挥型模式。相较于花旗财富管理业务，花旗私人银行则为超高端客户提供高端集中的综合性服务，以基础收费+酬金收费的方式，将客户进行细分，为其提供全方位资产管理、资本市场和流动性解决方案，服务内容包括投资、管理、生活方式及遗产四大类。其中，投资类业务包括投资管理、另类投资、对冲基金、可持续投资、投资组合分析等；管理类业务包括投资融资、财资管理、托管服务、全球客户服务、家族办公室咨询服务等；生活方式类业务包括房屋融资、艺术品咨询和融资等；遗产类业务包括下一代培养、慈善事业及信托和财富规划等。花旗私人银行的管理模式是以团队为基础的方案创造模式。目前花旗集团私人银行业务遍布六大洲的 160 多

[①] 袁航. C 银行山东分行财富管理业务发展策略研究 [D]. 济南：山东财经大学，2020.

个国家和地区，为超过 1 亿名客户以及大约 13 000 家机构客户提供专业化服务①。

2004 年，花旗银行与美邦全球股票研究部、美邦全球私人客户集团联合组建了花旗银行全球财富管理部，其与全球消费金融集团、公司与投资银行部、资产管理投资部共同构筑了花旗银行财富管理的总体架构（见图6.1）。花旗银行凭借四个部门的规模、实力和经验，加上全球顶级的财富顾问团队，为高端客户提供集中、高级、综合的金融服务。

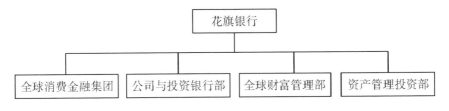

图 6.1　花旗银行财富管理架构

资料来源：花旗银行官网。

作为历史最为悠久的大型银行，花旗银行通过不断整合与优化资源，在财富管理业务方面，已形成较为成熟且独特的模式。具体而言，花旗银行的运营方式主要包括如下几个方面的特点：

第一，产品服务的多样化及个性化。花旗集团利用自身核心能力及现有资源，自主研发了丰富多样的金融产品，并通过与其他金融机构进行合作，研发了替代品、衍生产品、资产管理等金融产品和服务，从而形成了一个全面的产品体系。除了产品的丰富多样性，花旗银行同样注重个性化产品的开发和打造，其针对客户的不同需求，基于对家庭收支情况、资产状况的有效调研与分析，帮助客户设计科学的资产投资计划，满足客户的个性化需求，使客户实现财富的有效保值增值。

第二，细化市场，差别服务。为了满足不同客户的需求，花旗银行根据性别、年龄、偏好、收入、受教育程度、消费习惯等对客群进行细分，进而由不同的咨询顾问队伍针对不同客群提供差异化的服务。这种做法使得拓展客户群体的针对性及效率显著提升，且有助于银行进一步细分市场和对客户需求进行深度挖掘，以提高银行的整体服务质量。此外，为了进一步优化客户关系管理，花旗银行建立了一套包括目标客户名单及客户详

---

① 数据来源：花旗集团官方网站。

细信息的数据库管理系统，通过该系统，花旗银行的所有网点都能在第一时间掌握客户的最新动态，并且随时能够为客户提供针对性服务①。

第三，整合业务，集中作业。为了提高整个银行操作和服务程序的流畅性，花旗银行依据以客户为中心的理念调整生产结构，整合业务部门。业务部门的整合围绕两大主要原则开展：一是资源共享、人员整合。花旗银行通过部门之间的人员整合，实行轮岗制，以提高各部门的营业收入和毛利率。二是集中作业。花旗银行利用先进的数字化技术处理全球事务，通过集中化的方式不仅大幅度降低了生产成本，弥补了银行高价格金融产品在市场竞争中的弱势，而且有效减少了传输过程中的失误。

第四，并购联盟。花旗银行经常与其他金融机构以并购或联盟的方式，共同合作开发市场。具体做法是：首先，明确目标，选择合适的联盟对象；其次，选择目标领域中成熟、专业或者有互补资源优势的企业；最后，通过联盟方式开展业务。花旗银行会考虑联盟对象的核心业务、服务对象、管理模式等因素与自身利益是否相冲突，并以此判定应采用何种联盟方式。联盟策略的实施能有效帮助花旗银行在较短的时间内花费较低的成本占领新的市场，为其可持续发展奠定了基础。

第五，专业的人才队伍。花旗银行历来高度重视财富管理专业人才队伍的建设。2005 年，在同行业还以产品销售为主要驱动力时，花旗银行就率先出资组建了一支 1 400 余人的咨询顾问队伍，致力于打造因客而变的顾问式综合服务平台。在美国财富管理从第二阶段过渡至第三阶段的过程中，花旗银行的这一举措为其提供了弯道超车的良好储备和支撑，可以说正是人力资本的投入为花旗银行的发展注入了强大的活力和不竭的动力。针对银行内部财富顾问和客户经理的考核，花旗银行建立了一套成熟的业绩考核机制，该机制从业绩成效、服务质量、风险控制、客户满意度等多维度对员工进行考核，旨在实现以客户为中心的目标，并满足客户多样化的财富配置需求。

（2）瑞银集团。

瑞银集团由瑞士联合银行（UBS）和瑞士银行（SBC）于 1998 年合并而成，是全球最大的财富管理机构之一，也是全球唯一将财富管理业务作为战略核心的国际银行，在财富管理领域拥有强大的实力，其业务范围遍

---

① 靳改改. 我国私人银行财富管理业务研究 [D]. 开封：河南大学，2016.

布北美、欧洲、亚太、中东等地区。瑞银集团财富管理业务以高净值客户和超高净值客户为主要目标客群，依靠"综合金融服务+优秀买方投研团队+成熟的投顾团队+金融科技赋能"，打造了财富管理领域的核心竞争力和专业品牌形象。瑞银集团在 2019 年《欧洲货币》杂志主办的私人银行调查中获选"全球最佳私人银行"，2020 年入选"全球银行品牌价值 500 强"。根据 2020 年财报，"瑞银全球财富管理"拥有 2.2 万多名雇员，服务全球高净值（HNW）个人和家庭以及部分区域市场的富裕客户，管理客户投资资产规模超过 3 万亿美元。瑞银集团的财富管理服务涉及财富规划、投资管理、抵押贷款、银行服务、慈善事业、家族顾问和可持续/影响力投资等。

瑞银集团成立之初，其总资产就达到 10 160 亿瑞士法郎，拥有员工总数 27 611 人，分支行 357 家，遍布全球 50 多个国家和地区，其管理的客户资产总值达到 13 200 亿瑞士法郎，这些均奠定了其全球最大私人银行和全球最大资产管理机构的地位①。1998 年，瑞银集团的董事会对业务部门进行改组，最终形成私人和公司客户管理、资产管理、私人银行、投资银行以及私人产权 5 大部门。1998—2000 年，瑞银集团开始调整业务布局，改组业务部门。在业务抉择方面，瑞银集团择优而选主动退出保险业，在彼时很多银行正全面扩张保险业务，瑞银集团是第一家保有大量保险业务却主动退出保险行业的银行，这展现了瑞银集团在部分业务取舍方面的强大决断力。此外，为发挥比较优势，瑞银集团加快国际化业务布局，加大了对私人银行和资产管理业务的投入，先后收购了美洲银行在欧洲和亚洲的私人银行业务以及百慕大有名的全球资产管理公司，并将其并入私人银行。此后几年，瑞银集团将发展自身具有比较优势的私人银行和资产管理等业务作为主要工作重点，同时扩大了代理外汇交易和债券交易的市场份额。2005 年 6 月，瑞银集团正式宣布，所有业务采用统一品牌，将原有的四大业务品牌重组为以瑞银（USB）命名的三大业务，在全球发布了题为"四个同一"的公司形象广告。瑞银集团通过出售三家私人银行和一家资产管理公司、加速中东地区的业务扩张、扩大美国投行业务等措施，将资产规模做到了全球银行业第一。瑞银集团"同一个信念，同一个团队，同一个目标，同一个 UBS"战略的提出，不仅是一次简单的品牌推广，更是

---

① 李石凯. 瑞士联合银行集团发展的跨越式发展 [J]. 经济导刊，2005（10）：62-68.

它的成功之道。2010年，瑞银集团确立了"以财富管理为核心，资管与投行为两翼"的发展战略，开始新的结构转型，以提高财富管理发展质量。对外，财富管理和环球银行成为瑞银集团的业务中心部门；对内，瑞银集团创建投资产品和服务（IPS）部门，汇集投资银行、资产管理部门的产品专家，从事产品开发、销售支持和执行，从而利用整个公司的能力和专业知识为有复杂需求的财富管理客户提供综合化财富配置业务。2011年，瑞银集团确立了"以全球领先的财富管理业务及位于瑞士的卓越全能银行业务为核心，协同发展资产管理和投资银行业务"的战略目标，重心向财富管理业务倾斜。2020年，瑞银财报显示，瑞银财富管理业务仅占用集团37%的资产，却贡献了52%的营收和44%的税前利润。

从财富管理架构来看，瑞银集团的财富管理业务由三部分构成：一是瑞银华宝、瑞银普惠，主要业务是投资银行业务；二是瑞士银行私人银行，主要业务是提供私人银行及资产管理服务；三是瑞银全球资产管理，主要处理国际业务。2003年，瑞士银行私人银行业务更名为财富管理业务，2009年将环球财富管理与商务业务部门重组为美洲财富管理和财富管理及瑞士银行两个新的业务部门。目前，瑞银集团主要包括四大业务部门，分别是财富管理及瑞士银行、美洲财富管理、全球资产管理、投资银行（见图6.2），业务主要涉及财富管理、资产管理及投资银行三大板块[1]。其中，财富管理及瑞士银行包括财富管理、零售客户、瑞士公司及机构客户三大主要业务板块。

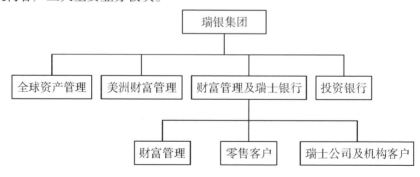

图6.2 瑞银集团财富管理架构

资料来源：瑞银集团官网。

---

① 沐华，屈俊. 财富管理：未来商业银行转型的重点［J］. 银行家，2017（1）：6，40-43.

瑞银集团财富管理的一个基本特征是采用"整个企业"模式，即 one firm 模式① （见图 6.3），该模式将整个集团整合为财富管理、投资银行、资产管理三大业务板块，并建立集中统一的中后台支持平台，使财富管理部门与其他部门之间建立起内部伙伴关系，互相介绍客户、交换产品，拓宽交叉销售的范围，有效控制各种运营成本，撬动和放大智力成本，显著提高了三条业务线的经营效率，使瑞银集团收入大幅增加。

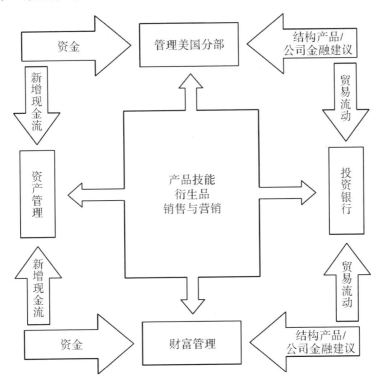

图 6.3　瑞银集团 one firm 模式

资料来源：瑞银集团官网。

相比于通过各自为政的模式发展财富管理业务，这种整合式的业务模式不仅更能创造价值，还在其他诸多方面具有优势："整个企业"模式提高了财富管理部门和其他部门的联动性，搭建了良好的内部协作关系，产品内容和分销手段的一致性增加了瑞银集团跨客户和跨部门开展业务的便利度，创造了新的业务发展机会；"整个企业"模式也足以支撑瑞银集团

---

① 叶央.瑞银集团成功财富管理模式借鉴［J］.金融管理与研究，2008（9）：44-46.

在新的地域开展业务，在以美国为基地的财富管理业务中，瑞银集团的"整个企业"模式支撑其从一个传统的美国经纪商向一个财富管理大公司进行转变；此外，"整个企业"模式的另一个优点是，它能帮助瑞银集团消除大量冗余的基础设施、服务、管理和控制流程。"整个企业"模式通过将所有业务协同联动，使过去不能接近的客户和市场如今变得近在咫尺，有效改善了客户服务质量和客户体验感。

作为全球领先的金融机构，瑞银集团在发展过程中逐渐形成了明确的目标和企业文化，其满怀壮志、业绩驱动的工作氛围吸引并留住了市场上的金融精英，并依靠不断增长的客户和专有技术，为股东创造了可观的财富。瑞银集团发展至今能成为财富管理行业的引领者，完全离不开其先进而成熟的运作模式。

在目标客户选择上，瑞银集团主要瞄准全球高净值和超高净值客户。波士顿咨询公司（BCG）发布的《2021年全球财富报告》提出，财富积累具有马太效应，强者恒强，富裕程度更高的群体，其财富增速也更快，同时发掘新生代超高净值客群也很重要。该报告显示超高净值客群已连续十年保持快速增长，2020年财富超过1亿美元的个人较2015年增长了9%，目前超高净值客群共持有22万亿美元的可投资财富，占全球可投资财富总额的15%。过去五年中，高净值客群可投资在岸财富增幅约为10.4%，这类客群不仅富裕程度高、财富增速快，且相对于其他客群，他们更相信专业化的财富管理。瑞银集团坚持"服务于全球高净值和超高净值客户，在美国、瑞士和大中华地区下沉至富裕客户"的策略，根据对市场的分析，瞄准具有高增速、规模大特点的市场，并将客户按地域和资产规模进行细分，在北美以外地区，高净值客户要求拥有200万~5 000万美元，超高净值客户要求具有5 000万美元以上金融资产或1亿美元以上的总资产；针对北美地区客户，高净值客户需要持有100万~1 000万美元的金融资产，超高净值客户需要持有1 000万美元以上的金融资产存托在瑞银集团[①]。这是由于瑞银集团在北美以外市场具有垄断地位，足以吸引超高净值客户，而北美尤其是美国财富管理市场竞争较为激烈，因此对其制定的标准也相对较低。此外，瑞银集团也十分注重对于超高净值客户的服务，2006—2008年瑞银集团在美国启动并建立了9家私人财富管理中心，

---

① 数据来源：瑞士银行年报。

2011 年成立了全球家族办公室，2013 年成立了美洲家族办公室，2016 年成立了超高净值客户部。

在产品设计上，瑞银集团主推委托类和融资类产品，强调收入多元化。瑞银集团提供的产品和服务非常全面，不仅涵盖股票、债券等金融产品投资，还包括保险、基金和银行理财产品代销及不动产、艺术品的投资等，其中委托类和借贷类产品附加值高，是瑞银集团的主推产品。为满足客户的委托类服务需求，瑞银财富管理部门提供的服务包括全权委托、顾问委托以及非委托三种类型。全权委托是指客户将投资决策和执行权力全部委托于瑞银集团；顾问委托是指瑞银集团提供投资建议和账户风险监测服务，客户保留最终决策权；非委托服务是指瑞银集团仅提供交易订单执行或咨询服务等。前两类业务合称委托类账户，对代客理财的专业性、职业道德等具有更高要求。除了委托类产品，瑞银财富管理依托与银行和投行的紧密联系，充分挖掘客户借贷需求，提供抵押、质押、保证融资服务等，以提高服务附加值。委托类服务和借贷融资类服务为瑞银集团带来了丰厚的手续费和利息收入，目前瑞银财富管理部门的业务收入分为三种：一是资产管理收入，其大部分来源于委托类服务，按照管理资产的总规模收费，如组合管理费、账户保护费等，此类业务收入稳定，不会随着市场行情大幅波动，已成为财富管理第一大业务；二是交易性收入，此类业务来源于非委托服务，基于交易量收费，比如经纪佣金和信用支付收入等，容易受市场交易活跃度的影响；三是利息收入，其主要来源于借贷服务。综上所述，瑞银集团全球财富管理模型如图 6.4 所示。

在团队管理上，瑞银集团致力于打造专业的财富管理精英团队，并注重精简前线团队。瑞银集团将人才战略融入公司发展，通过人才培训、薪酬激励等措施来吸引并留住多样化、有才能的员工。对于 18 个月内新聘用的员工，均要通过瑞银集团 WMD 考试，内容涵盖产品知识、财富保障计划、模拟测试等。针对投资顾问，瑞银集团选择精简团队，削减顾问成本，并提升前线团队质量和效率。瑞银集团以维护客户关系为核心，采用团队协作模式，将不同领域的投资顾问划分为 5~50 人的团队，并提高其对高净值客户的综合服务能力，使投资顾问可以专注于客户增长活动，同时多举措降低个别投资顾问离职对客户存量率的影响。同时，瑞银集团积极帮助投资顾问成为持牌金融咨询师，使其形成稳定的职业规划，以减少投资顾问离职率。

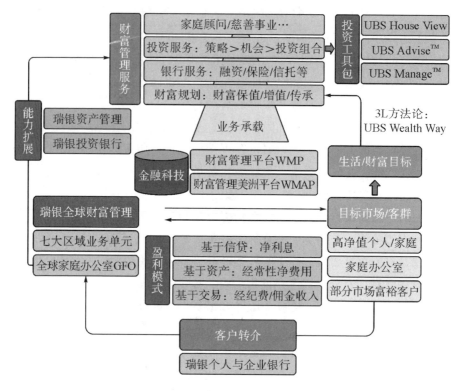

图 6.4 瑞银集团全球财富管理模型

资料来源：天玑榜©财富管理智库。

（3）富国银行。

富国银行创立于 1852 年，总部位于旧金山，是一家提供综合服务的银行，业务范围涉及存贷款、房地产抵押贷款、财富管理、投资和保险等。据彭博数据统计，截至 2019 年年底，富国银行的总资产市场占有率约为 6.51%，行业排名第六；总存款市场占有率约为 9.72%，行业排名第三。

富国银行主要面向家庭客户和小微企业客户，富国银行将业务分成社区银行、批发银行和财富管理三大类。社区银行面向普通规模家庭和小微企业提供存贷款、房屋抵业贷款、财富管理等业务。批发银行面向一定规模的美国企业（年销售额超过 1 000 万美元）和全球范围内的金融机构提供金融解决方案。财富管理模块则主要通过富国银行咨询公司和富国投资公司为高净值客户提供全面的财富管理解决方案。从公司收入及净利润结构拆分来看，社区银行及财富管理业务是公司的主要业务来源，家庭客户和小微企业客户是富国银行的主要服务对象，公司社区银行带来的大量低成本负债是公司丰厚的利润来源之一。富国银行成熟业务板块构成如表6.1所示。

表6.1　富国银行成熟业务板块构成

业务板块	服务对象	板块功能
社区银行	消费者和小企业（年销售额不足1 000万美元）	为39个州和华盛顿地区提供投资、保险和信托等多元化金融产品，以及为50个州和华盛顿地区提供抵押贷款业务，社区银行的核心业务是吸储和房贷，两大功能是积累低成本融资和客户资源，也是富国银行的核心业务
批发银行	一定规模的美国企业（年销售额超过1 000万美元）和全球范围内的金融机构	产品包括中间市场银行、企业银行、CRE、资金管理、资产借贷、保险经纪、外汇、代理银行、贸易服务、专业借贷、设备融资、企业信托、投资银行、资本市场和资产管理。2009年并购美联银行后，投资银行、并购、股票交易、股票结构性产品、固定收益销售和交易、股票和固定收益研究的服务能力均获得提升
财富管理	高净值客户	通过富国银行咨询公司和富国投资公司为高净值客户提供全面的财富管理解决方案。服务范围包括财务规划、私人银行、信贷、投资管理、信托和房地产服务、业务继承规划和慈善服务，以及基于银行的经纪服务。2009年并购美联银行后，新获零售经纪业务、财富管理、养老金项目等

资料来源：根据公司公告整理所得。

富国银行将自己定义为一家多元化经营的、以社区为基础的金融服务机构。富国银行主要业务包括社区银行、批发银行、财富管理三部分，其中社区银行是富国银行最主要的收入来源，截至2019年年底，社区银行业务收入占总收入的53%，是富国银行最核心的部门。2017—2019年富国银行三大业务板块营业收入如图6.5所示。

富国银行财富管理业务的核心优势可总结为：交叉销售+低成本管控+并购整合扩大规模。

第一，营业网点设置带来低成本负债。富国银行的营业网点设在人口密集的小区内部或小型商业中心，毗邻客户群体，客户情愿牺牲利息来获取时间及空间的便利，从而带来大量低成本负债；商店化社区银行采用O2O运作模式，客户从公司网站上挑选、签约和使用理财产品，节约了信息搜索成本、签约成本和履约成本；富国银行采用小规模"零售商店"和"商店内设银行"的模式，网点经营成本约为银行门店成本的1/4。

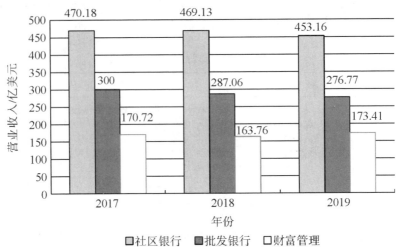

图 6.5　2017—2019 年富国银行三大业务板块营业收入

第二，交叉销售提高单一客户贡献率。富国银行通过与家庭客户和公司客户维系深入长久的关系，跟踪客户不同阶段的财务需求变化，为客户提供与当前需求最相关的金融产品、服务和指导意见。富国银行的销售业绩稳定、销售的边际成本也很低。1998 年，富国银行的户均金融产品销量为 3.3 个，2020 年这一数值提升至 8.11（社区银行）、10.5（批发银行）和 15.68（财富管理）。

第三，个人理财业务差异化定价提升客户黏性。个人理财业务收费分为基本交易费、资产管理费、佣金、利息四类。除基本交易费外，其他三类收费标准随客户账户开设时间、资金规模、客户信用等级及购买产品和服务数量进行动态调整。资金规模更大、账户开设时间更长的客户费率更加优惠，从而节约了客户维护成本。

第四，并购整合"补短板"，扩大业务规模。富国银行凭借零售银行业务带来的低成本负债，有能力通过并购"补短板"，并购后，审慎评估新获网点的经营效率，关停低效网点，以保持公司整体经营效率。

（4）摩根大通。

拥有两百多年历史的摩根大通（J. P. Morgan），是美国历史上最悠久的商业银行之一。摩根大通是综合金融的领军者，典型的"全能选手"。截至 2022 年 6 月底，摩根大通市值达 3 350 亿美元，居美国主要商业银行市值之首，业务横跨商行、投行、资产管理及财富管理等板块，并在这些业务领域位居美国甚至是全球银行业前列。

摩根大通财富管理业务包括资产与财富管理模块下的资产管理、财富管理及消费者与社区银行板块下的摩根大通财富管理。其中资产管理为机构客户和零售客户提供多元化的资产投资管理解决方案，涵盖股票、固定收益、另类投资和货币市场基金等多元化产品，以满足客户广泛的投资需求。财富管理为高净值客户提供退休产品和服务、经纪、托管、信托和遗产、贷款、抵押、存款和投资管理等服务。消费者与社区银行板块下的摩根大通财富管理为非高净值客户提供财富管理服务。

摩根大通财富管理业务在行业中处于领先地位，其财富管理主要服务三类客户，一是私人银行客户，二是机构客户，三是零售客户。私人银行客户服务内容为向客户提供投资建议和财富管理服务，包括投资管理、资本市场和风险管理、税务和不动产筹划、银行业务、资本筹措以及其他特殊的财富咨询服务。机构客户服务内容主要包括向客户提供综合的全球投资服务，包括资产管理、养老金分析、资产负债管理以及风险预算策略等。零售客户服务内容为向客户提供投资管理、退休计划管理等全面投资服务，并通过中介和直接渠道提供多种投资产品。摩根大通资产与财富管理客户分类如表 6.2 所示。

表 6.2　摩根大通资产与财富管理客户分类

客户类型	服务对象
私人银行	包括高净值和超高净值的个人、家庭、基金经理和企业主
机构客户	包括企业和公共机构、捐赠基金、基金会、非营利组织和世界各地政府
零售客户	包括金融中介机构和个人投资者

摩根大通非常重视私人银行业务，为了更好地服务私人银行客户，公司前期建立了六对一的私人银行一体化团队覆盖模式（见表 6.3），为每个客户配备了专门的客户经理、投资顾问、融资顾问、财富规划顾问、信托顾问和日常服务专员。在摩根大通一体化团队服务模式中，私人银行团队的前中后台的每个成员都可以和客户直接见面咨询，每次互动结果都需在团队内分享，这与传统的私人银行模式中只有客户经理和客户面对面交流相比较，摩根大通一体化团队服务模式能更好地了解客户需求，提供符合客户需求的产品和服务，增强与客户的黏性。除六对一的一体化团队外，摩根大通还配有额外的投资解决方案团队和增值服务团队，以更好地服务

超高净值客户的多元化、定制化需求。摩根大通服务高净值客户的财富顾问人数明显多于美国银行，2020年年底摩根大通财富顾问人数接近2 500人，占财富与资产管理板块员工数量的12%，而美国银行财富顾问人数为2 050人，占全球财富与投资管理部门员工数量的10%。

表6.3　摩根大通六对一的私人银行一体化团队覆盖模式

私人银行客户	客户经理	协调专家团队适应客户需求更新，并承担主要联系人角色
	投资顾问	对全球市场进行全面掌握，制定投资计划并提供建议方案
	融资顾问	制定旨在提供灵活性和流动性的短期和长期借贷解决方案
	财富规划顾问	创建并管理财富规划、所有权转移和慈善基金会等方面的战略
	信托顾问	为个人、家庭或基金会按照一系列目标建立并管理信托
	日常服务专员	为客户的银行业务和账户活动、请求和需求提供日常服务

摩根大通财富管理业务优势：一是具有背景强大的银行资源。摩根大通银行服务美国6 300万个家庭，这为其财富管理提供了优异的客户基础。二是私人银行业务占比逐年攀升。2014—2020年，私人银行客户的可投资资产份额逐年上升，虽然在管理资产规模方面机构投资者仍是财富管理业务的大客户，但私人银行客户的资产却一直高于机构客户，虽然私人银行可投资资产在2020年略有回落，但资产规模仍保持上升态势。三是资管实力彰显，投研优势明显。摩根大通的资管品种齐全，包括共同基金、对冲基金、指数投资等，以主动型为主，占市场份额的2.4%。从投资机构来看，摩根大通的资金流向主要为流动性资产、固定收益、权益以及多资产等，配置比较均衡，且期限不一，从短期到长期都有所涉及，因此对风险的应对能力比较强。摩根大通的投研投顾能力在业内处于领先地位，其核心人才流失率常年保持在5%以下，与同业相比处于低位水平，团队的稳定保证了投资策略的一致性。四是成本控制得当。近年来，摩根大通通过数字技术等提升了经营效率，改善了客户体验，切实降低了营业成本。

6.1.3　发达国家商业银行财富管理业务经验总结

（1）合理的组织架构是财富管理业务的核心基础。

财富管理的服务对象具有高度的差异性，其本身又涵盖业务咨询、产品设计和实际投资等活动，因此发展财富管理业务需要高效的资源配置行动，需要来自不同部门和不同专业的团队协同配合，这是财富管理业务最显著的特征之一。从机构角度看，传统的宝塔型经营管理体制已不再适应财富管理业务发展，这就要求商业银行根据自身业务特点，选择合适的发展模式与组织架构。国外商业银行的组织架构模式通常分为两种：一种是相对独立的模式，一种是整合的"one firm"模式。它们的基本特点为：在矩阵式的结构下，各专家团队针对客户的不同需求，为客户提供差异化的管理策略，这种矩阵模式能有效提高银行内部的资源利用效率，也更贴合财富管理业务的特点。

为顺应财富管理市场的发展趋势，商业银行需要先对组织架构进行调整，表现为横向设置专门的财富管理板块，纵向通过多层次架构经营不同层次客群。但战略定位的差异使得各家银行的战略实施方案、组织架构调整存在一定差异，其中富国银行、摩根大通、美国银行主要采用并购再整合的方式；瑞银集团通过内部板块整合，各自形成单独的财富管理板块，并叠加多层次的客户经营体系。四大银行财富管理业务组织架构调整如表6.4所示。

表 6.4   四大银行财富管理业务组织架构调整

银行	主要措施
瑞银集团	投资银行、投资管理与财富管理部门深度协同，采用以客户为中心的"one firm"模式，并在财富管理部门设立首席投资办公室、客户战略办公室，为客户提供投资平台和解决方案
富国银行	20世纪80年代，持续收购扩张，形成包括面向大中型企业的批发银行、面向小微企业的商业银行、商业地产和投资的综合体系。金融危机后收购美联银行，将消费贷款和汽车金融业务并入社区银行业务，同时新设财富管理部门，为高净值客户与机构投资者提供投资管理、信托、养老金、经纪业务。当前富国银行财富管理下设富国顾问、私人银行、Abbot Downing，分别服务富裕客户、高净值客户及超高净值客户
摩根大通	2004年收购美一银行，将原投资管理与私人银行板块调整为资产与财富管理。2008年在金融危机中收购贝尔斯登，整合其经纪业务为高净值客户提供财富管理建议。2019年将包括线上交易投资平台在内的部分业务整合纳入社区银行，形成独立的财富管理业务架构
美国银行	2007年单独设立全球财富及投资管理业务板块，下设美国信托专注高净值客户经营。2009年收购美林公司后整合业务板块，将其经纪业务投资顾问与美银个人银行整合，打造 Merrill Edge 业务线，并推出线上投资管理平台，专营相对下沉的大众富裕客户

资料来源：王旭婷，赵天翊，李庆祥，等. 我国商业银行财富管理转型发展研究：来自国际全能型银行的实践经验［J］. 商业经济，2022（9）：169-171，196.

（2）优质的客户关系管理是提高财富管理效率的有效途径。

财富管理业务多数面向高端客群，经营策略的可复制性强，不同国家之间的发展节奏、财富分布格局、理财需求的差异给予财富管理业务充分的拓展空间。商业银行通过全球化布局，有利于提升财富管理业务的稳定性。

牢固的客户关系是国外商业银行财富管理业务的关键价值驱动因素，因此，要想维护这种关系需做到以下几点：首先，细分客户群。客户细分在建立客户忠诚度、判断如何为客户提供产品与服务等方面发挥着重要作用，通过对客户进行多维度细分，不仅能有效满足客户需求，还能通过市场细分发现潜在的客户群体。花旗银行、瑞银集团采取综合细分标准，除将财富水平和财富来源纳入细分标准外，还结合客户具体的生活方式、职业、生命阶段、风险偏好等因素进行细分，根据客户层次匹配对应的客户经理、财富专家，针对各层次客户确定准确的价值定位，全面了解各层次客户的共性和需求，同时制定财富管理规划的预案，并根据客户的个性化需求进行调整。其次，利用数据库系统深化客户管理。飞速发展的高科技信息技术深刻改变了现代社会的经济和生活方式，客户管理系统已成为国外大多数私人银行维护客户关系的必备工具，银行可通过数据库对高净值目标客群的信息进行全面管理和深度分析，并精准定位客户差异化需求。对于客户经理而言，信息技术有助于及时、高效、准确地为客户收集和提供有关基金、国家、行业和国际金融工具等发展态势方面的信息，信息技术已成为商业银行开展财富管理业务的重要战略基础。

（3）多样化及个性化的产品服务体系是财富管理业务发展的动力所在。

国外大银行的资产管理始终强调"为客户创造价值"的理念，能够考虑客户生命周期及大类资产配置，为客户提供从税收到养老、房地产投资等广泛的顾问咨询服务。国外商业银行对超高净值客户的产品体系涵盖了投资、资产组合管理、财务规划等服务；对高净值客户主要提供资产管理服务；对一般客户主要提供基金型投资产品、传统银行产品等。对我国商业银行而言，一方面要不断丰富和创新投资产品种类，加大创新研发力度，积极对标先进同业研发的有市场竞争力的"爆款"产品，打造人无我有，人有我优的独立优势。同时，由于私募股权等另类投资与大类资产的相关度较低，有望成为高净值客户的又一重要选择，我国商业银行要对标国外先进同业积极探索另类投资，与权益、债券、商品等主要大类资产一同构建起更加全面的产品配置体系，进一步满足客户多元化和个性化资产配置需求。另一方面，随着具有家族企业背景的高净值客户持续增长，财富的传承管理和风险规避愈来愈成为高净值客户的重要需求，借鉴国外先进银行在税务、法律、财务规划等创新领域成熟的发展经验，我国商业银行应不断探索家族信托、全权委托、家族办公室等综合服务的发展路径，由单一零售转型升级为全面的管理规划，为客户提供一站式的财富管理服务。此外，商业银行要想更好地设计出符合客户需求的产品，不仅要考虑产品的多样性，更要注重产品的差异性。个性化财富管理产品的开发应考虑客户的要求，银行可以通过对一些重要信息进行有效收集，如老龄化社会加深、证券市场变化、教育融资需求增加等，以判断宏观经济的典型微观特征和变化，并通过收集整理相关信息，为财富管理产品的设计提供帮助，推动产品向个性化以及多元化之路发展。因此，就现阶段我国商业银行财富管理业务发展而言，完善产品体系和个性化服务将极大增强银行的竞争力。

(4) 专业的人才团队是财富管理业务发展的有力保障。

业务发展，队伍先行，财富管理是典型的智力密集型领域，专业能力是真正支撑业务做大做强的保障。虽然智能投顾手段逐渐在财富管理业务中应用，但使用高端金融工具的弊端之一在于无法感受人与人之间沟通的温度，从这个角度看，在满足客户个性化需求上，高端科技永远无法替代人才队伍的作用，专业人才依然是财富管理行业的根基，也是最基础的产品和竞争力。从国外领先商业银行的人才队伍来看，一方面，国外商业银行特别注重私人银行员工的综合素质，对私人银行财富顾问和客户经理设置了非常高的准入门槛，实行严格的认证准入制度，不仅要求员工有扎实的知识、良好的素质和沟通协调能力，还要求人们从业之前必须通过行业协会组织的一系列考试[①]。只有获得认证之后，人们才能加入从业人员队伍，成为正式员工，如美国花旗银行的财富顾问要求至少持有财务规划师、注册金融分析师证书或工商管理硕士学位证书中的一种。另一方面，国外商业银行重视对人才队伍的考核，量化考核业绩，如花旗银行针对财富顾问和客户经理建立了一套成熟的业绩考核机制，质与量并重，不仅重视业务量的增长，更关注质的变化，且针对不同级别的财富顾问和客户经

---

① 文琼愆. 国外私人银行业务发展经验借鉴 [J]. 海南金融，2012，278（1）：46-50.

理，侧重点不同，以定量为主，量化考核，客观公平，以促进财富管理业务的快速发展。因此，我国商业银行应充分学习国外先进银行在专业人才培养、队伍机制建设中的经验，建章立制，加大投入，保持稳定，提升质量，常抓不懈，真正培养出能进取、敢拼搏、有专业的人才队伍，打造市场竞争力，为财富管理业务的发展提供不竭动力。

（5）科学的战略筹划是开展财富管理业务的重要前提条件。

科学的发展战略是商业银行发展财富管理业务的基石。如今在整体银行业利息收入增长乏力的背景下，商业银行单纯靠利差的经营模式难以为继，面对市场多次洗牌和激烈的竞争压力，大多数银行已具有较为清晰的市场定位和经营战略，国内外诸多银行大力发展低资本占用或零资本占用的代理业务及手续费业务，实现了个人业务主导经营发展。在理财产品筹划设计方面，由美国财富管理的发展历史可总结出，成熟的财富管理体系必须建立在科学的理论基础之上，要结合相关的理论知识，如投资组合理论、生命周期理论，即为客户提供财富管理服务必须结合当下的经济形势、投资产品收益率，并根据客户所处的人生阶段、消费需求、收入水平等为客户提供财富管理服务。只有建立在一定理论基础上的产品，才更加的可靠、适用，并能满足客户的需要，因此科学的筹划是财富管理成功的重要前提条件。

6.2 国内典型商业银行财富管理业务发展模式与经验

6.2.1 国内典型商业银行财富管理业务发展模式

1. 招商银行

1987 年，招商银行在深圳蛇口成立，成为中国境内第一家完全由企业法人持股的股份制商业银行，也是国家从体制外推动银行业改革的第一家试点银行。招商银行自创立至今，始终坚持"客户至上"的原则，始终秉承"敢为人先"的经营法则，在全国首推"牛奶咖啡银行"和"24 小时银行"的经营理念，在我国银行业普遍以存款为主要经营方式的时代，招商银行大胆推出了一卡通业务，只要储户持招商银行的卡就可以在国内所有网点方便地存取款，这些举措引起了银行业巨大的反响，其他商业银行也都争相模仿，可以说招商银行引领我国银行业走出了传统的存折时代。不仅如此，招商银行还摒弃了传统商业银行的考核思维，率先实施客户资产管理规模（AUM）指标，以此替代了原来的存款考核指标，积极引导居民从单纯的存贷款转为财富的多元配置。自成立以来，招商银行多次入选"福布斯全球企业2 000强""亚洲品牌500强""全球银行品牌价值500强"等多个榜单。当前作为零售之王的招商银行正以数字科技为底座，以零售金融业务为基本盘，持续发力建设大财富管理生态。根据普益标准发布的2022年下半年商业银行财富管理能力排名报告，招商银行产品线竞争力、业务发展程度和财富科技实力均居全国股份制商业银行首位，其他各项能力也位于前列，其财富管理能力总得分位居全国性银行第一。

作为零售银行转型的先头部队，招商银行已经将全面打造大财富管理体系作为"十四五"期间应对内外部形势变化的重要战略支点。总体而言，在发展财富管理业务方面，招商银行主要采取了如下措施：

（1）实施战略转型，发展重心向财富管理转移。

招商银行创立之初即确定了以市场为导向的"行长负责制"，创立30余年来其发展战略不断修正并与时俱进，形成了"因您而变"的零售银行战略竞争力。纵观招商银行的发展战略转型进程，主要可分为两个阶段。

第一阶段：调整结构。2004年，招商银行启动第一次转型，主要进行业务结构调整，提出要加快发展零售业务、中间业务和中小企业业务。调整之前，招商银行的业务结构为三级宝塔式结构，此结构存在诸多问题，如营销服务方式与跨区域的集中管理不协调、上级管理部门的行政责任和下级部门的行政管理控制能力不相匹配等；经结构调整后，招商银行的业务结构转变为矩阵式结构，根据银行业务流程的次序和总行不同部门的管理功能，采取不同的管理原则和方法，显著提高了管理效率。另外，在战略重点方面，招商银行紧抓零售银行业务，逐步推进零售银行业务管理体制和组织架构改革，加强产品整合与创新，以财富管理、资产管理为重点，大力推动中间业务发展，并进一步巩固和提升"一卡通""金葵花理财""一网通""招商银行信用卡"的品牌影响力，构建了具有自身特色的品牌体系。经过"第一次转型"，招商银行业务结构有了很大改善，相较于国内其他银行，该结构已比较优化，但与西方成熟银行相比还存在一定的差距，主要表现为资产负债结构仍为偏利率敏感型，收入主要靠利差，中间业务贡献较小等。

第二阶段：调整效率。2008年，发端于美国的次贷危机给大多数商业银行带来了较大的资本压力，招商银行也未能幸免，2010年招商银行正式提出"第二次转型"，即从外延粗放型经营方式向内涵集约型经营方式转变，旨在降低资本消耗，提高定价能力，降低成本以提高资本回报率，全面提升运营效率。该阶段的具体转型措施有四点：一是与 IBM 合作，开展了流程优化和资源整合的三年规划项目，该项目涵盖零售、对公、风险、运营等银行经营管理的主要部分，实现了跨条线的资源整合和集约化运营。二是着手成立零售银行总部，分行层级为大中型企业服务，而所有的支行网点主要侧重为零售和小微企业服务，因为小微企业具有更高回报率。"小贷通"小企业融资专家、"助力贷"等均已成为招商银行的特色品牌。三是推出创新型成长企业培育计划——千鹰展翼计划，支持创新型成长企业的发展，为其提供全方位、综合化的金融服务。四是零售部门按照二次转型目标，推出了以整合资源、统一平台为主旨的"I 理财"互动网银平台，为有理财需求的各类客户提供一站式服务。2014 年，招商银行进行了二次转型后的进一步深化，提出了"轻型银行、一体两翼"的战略思路，"一体"是指零售银行，"两翼"是指公司金融和同业金融。轻型银行战略的本质和核心是要以更少的资本消耗、更集约的经营方式、更灵巧的应变能力，实现更高效的发展和更丰厚的价值回报。零售金融的目标是以财富管理、小微金融、消费金融三大业务为突破口，打造零售最佳银行；公司金融将聚焦现金管理、贸易金融、跨境金融、并购金融四大业务，重点打造专业银行；同业金融将以大资产管理和金融市场交易双轮驱动，形成新的盈利增长点，打造精品银行①。根据招商银行 2017 年的年报数据，其零售贷款、营业收入占比分别达到 53.36% 和 51.29%，结构调整持续优化；不良贷款率为 1.61%，同比下降 26 个基点，资产质量企稳回升，"轻型银行"基本形成，至此，招商银行上半场转型基本完成。

2017 年，招商银行提出将金融科技变革作为未来三到五年工作的重中之重，全力打造"金融科技银行"，以实现"轻型银行"战略的持续深化。招商银行通过对标金融科技企业，在理念和方法上做出根本性转变，推动自身经营模式转型；通过加大金融科技投入，推动金融科技基础能力提升，推进零售金融业务的网络化、数据化和智能化；同时，通过以客户为中心的端到端流程再造，打造以客户为中心的服务体系。2019 年，招商银行 App 用户数突破 1 亿，这是招商银行继零售客户数、两大 App 用户数、个人储蓄账户数破亿后，在零售用户规模上的第四个"亿级"里程碑，招商银行也因此成为国内首家 App 用户数破亿的股份制商业银行。

---

① 辛思锐. 2014 年国内股份制商业银行经营战略研究 [J]. 青海金融，2015（9）：5-8.

2020 年起，招商银行开始探索财富管理业务发展的 3.0 模式。2021 年，招商银行提出"让财富管理飞入寻常百姓家"，降低财富管理门槛以拓展客群，推出"朝朝宝"打通支付主账户和财富主账户，形成了"财富管理—资产管理—投资银行"一体化的价值循环链，资管规模突破 4 万亿元，托管规模接近 20 万亿元，全年大财富管理收入在营收中的占比接近 16%。2021 年，招商银行正式提出打造"大财富管理的业务模式+数字化的运营模式+开放融合的组织模式"的 3.0 模式，其核心价值观为"以客户为中心，为客户创造价值"，坚持"轻型银行"的战略方向，围绕"轻资产、轻运营、轻管理、轻文化"理念，持续探索弱周期发展道路，依托 3.0 发展模式，打造最佳财富管理银行、最强金融科技银行、最优风险管理银行、最佳客户体验银行和最具社会责任银行。

（2）实施全面数字化升级运营模式。

近年来，招商银行通过扩充渠道以及开展渠道数字化建设，实现了客群的不断丰富及持续稳健增长。总体而言，招商银行主要通过物理分销渠道和电子银行渠道提供产品和服务。在物理分销渠道方面，招商银行主要以中国市场为主，分销网络主要分布于中国的主要中心城市以及纽约、伦敦、新加坡、卢森堡、悉尼等国际金融中心。截至 2021 年年底，招商银行在中国境内 130 多个城市设有 143 家分行及 1 770 家支行，1 家分行级专营机构（信用卡中心），1 家代表处，2 812 家自助银行，6 592 台自助设备和 14 746 台可视设备。在电子渠道方面，招商银行以持续优化"招商银行"和"掌上生活"两大 App 为核心，涵盖了网络经营服务中心、网点可视化设备的智能服务网络；通过招商银行 App 打造了"朝朝宝"等理财产品，发布了智能财富助理"AI 小招"，升级了全生命周期的投融资服务。其中，作为招商银行零钱理财的拳头产品，"朝朝宝"于 2020 年年底推出，面世仅九个月，客户数就突破千万，成为银行业零钱理财的标杆，这不仅得益于产品本身的低门槛、强便利，也依托于招商银行强大的零售家底，从更深层次看，还体现了招商银行与年轻人建立连接、征战大财富管理时代的决心。"AI 小招"以客户需求为中心，基于大数据技术，为客户提供收益查询、涨跌分析、市场热点解读、产品推荐、资产配置建议等财富管理综合服务。截至 2021 年年底，招商银行 App 累计用户数 1.7 亿户，日活跃用户数峰值达到 1 754.07 万户，全年累计登录次数 76.22 亿人次，人均月登录次数 11.42 次，期末月活跃用户数为 6 541.69 万户，App 交易笔数

19.14 亿笔，同比增长 6.16%，交易金额 59.62 万亿元，同比增长 45.73%。通过掌上生活 App，招商银行打造了"笔笔返现，天天锦鲤""金九银十，天天返利""手机支付加鸡腿""十元风暴"等多个爆款营销活动，形成持续、高效、规模化的客户动员能力，与客户之间的联系也更紧密。截至 2021 年年底，掌上生活 App 累计用户数 1.27 亿户，报告期内，掌上生活 App 日活跃用户数峰值达到 747.73 万户，期末月活跃用户数为 4 593.44万户，用户活跃度居同业信用卡类 App 前列①。在网络经营服务方面，招商银行通过应用多媒体融合、同屏互动等新技术打造线上多样化服务，进一步顺应客户线上化的服务需求和交互习惯，利用智能技术辅助人工在服务中进行精准的问题定位和服务判断，提升了服务的流畅度和准确度。招商银行认真践行适老化服务，为老年客户提供快捷接入、一站式专属人工服务，加强客户声音分析、持续推进痛点改进，为客户创造了更为愉悦的服务体验。总体而言，招商银行通过加快"人+数字化"经营体系建设，强化网点、网络经营服务与 App 等渠道的有机协同，实现了客群的稳定增长，进一步提升了财富管理服务体系的稳健性。

（3）构建"六全"风险管理体系。

近年来，招商银行遵循"全面性、专业性、独立性、制衡性"的宗旨，稳健审慎地对待风险，深化风险管理"治本"转型，稳步推进适应大财富管理业务特点的风险管理体系建设。为应对大财富管理模式下多层次、复杂性的风险，招商银行坚持以客户为中心的风险管理理念，以审慎的风险文化为保障，打造了一套"全客户、全资产、全风险、全机构、全流程、全要素"的"六全"风险管理体系，严格控制产品、合作机构的准入，实施从准入到退出的全流程管理制度；统一表内、表外业务风险管理框架，加强对单一客户的风险扎口管理；强化风险三道防线间的分工协作，共同履行好"客户价值守护者"的职责。另外，招商银行以金融科技为风险管理工具，持续推进金融科技在"全风险"领域的应用，以智能风控平台"天秤"提升交易风险管控能力。当前，招商银行对公智能预警系统对有潜在风险的公司客户的预警准确率达 75.68%，通过构建信用债违约预警平台，对重大信用事件的预警准确率达 86%，很好地发挥了为招商银行大财富管理价值循环链保驾护航的功能。

---

① 数据来源：招商银行 2021 年年报。

（4）稳步发展私人银行。

作为私人银行中的佼佼者，招商银行私人银行历来是行业中的标杆。招商银行私人银行以 1 000 万元及以上为门槛，以"助您家业常青"为经营理念，以"打造最佳客户体验私人银行"为目标，通过提供投资、税务、融资、结算等服务，满足高净值客户的多元化需求，实现客户利益和自身利益的双赢。自成立至今，经过 10 余年的成长，招商银行私人银行已然走出一条价值创变之路。截至 2021 年年底，招商银行私人银行客户数为122 064 户，管理的私人银行客户总资产达 33 939.04 亿元，在 92 个境内城市和 6 个境外城市建立了 168 家私人银行中心，构筑起了高净值客户的立体化服务网络。

在机构组织形式上，招商银行私人银行选择了大零售银行制（见图6.6）。大零售银行制是指将私人银行部作为中前台销售中心，同时不脱离原有的商业银行架构，从而将商业银行体系内的各种资源充分利用起来，强化银行的零售业务，增强客户黏性，大零售银行制在很大程度上是我国私人银行客户财富发展现状和需求偏好的实际反映。我国的财富市场属于典型的增量市场，过去十多年间，随着经济发展及居民收入水平的提高，家庭财富一直在快速积累，但我国私人银行发展历史并不长，有大量的私人银行客户和准私人银行客户仍沉淀在零售银行体系内。因此，抓住现在的零售客户就是抓住了未来的私人银行客户，事实上，私人银行业务本身也是随零售客户财富增长而形成的，是源于零售的业务。经过多年的发展，我国商业银行已积累了相当多的零售业务资源，如渠道、品牌和零售基础产品体系等，这些资源与私人银行业务之间有着很强的协同效应。

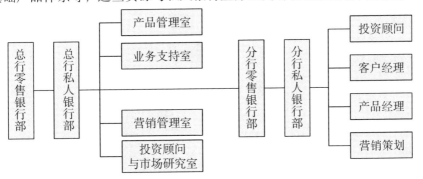

图 6.6　招商银行私人银行组织架构

资料来源：招商银行私人银行官网。

在服务模式上，招商银行私人银行推出"1+N+4"服务模式（见图6.7）。"1"是指一位资深的私人银行客户经理，一对一服务私人银行客户。招商银行对私人银行的客户经理有很高的要求，不仅要求其具有丰富的从业经验，还要有较高的综合素质，如良好的沟通能力、高水准的理财方案制作能力等。"N"是指每位私人银行客户经理背后的支持团队，包括投资顾问、法律专家、税务专家等，他们在传统商业银行结算、投融资业务基础上，既要满足客户上市、并购、海外布局等金融需求，也要满足客户家族治理、家族传承、慈善公益等精神需求。"4"是指螺旋提升四步工作法（见图6.8），以倾听、建议、实施、跟踪为一个工作周期，首先倾听客户的需求，再提供相应的建议并实施相应的财富管理方案，最后对方案进行绩效跟踪。在每一个循环周期中，客户都可以更深刻地了解投资产品及投资市场的变化，同时也能使各专家团队在精确追踪和把握市场变化的同时，对客户需求做出快速反应，从而为客户提供最合适的财富配置方案，使私人银行的专业服务与客户的财富管理目标更匹配。

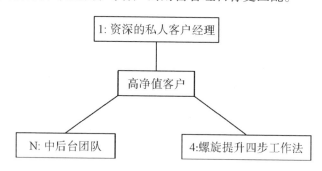

图6.7 招商银行私人银行"1+N+4"服务模式

资料来源：招商银行私人银行官网。

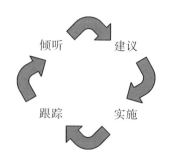

图6.8 螺旋提升四步工作法

资料来源：招商银行私人银行官网。

在产品服务上，招商银行私人银行自主开发的"开放式产品平台"，是国内涵盖产品类型最广泛、功能最开放的产品服务平台。该平台通过系统整合跨品牌、跨行业的资源，甄选多样化的优质金融产品，包括基金、信托、保险、私募股权投资、券商集合理财、另类投资产品、海外资产等多种产品类型，并将其集合在统一的产品平台内，从而让客户得到全面的投资资讯和更多的另类产品投资机会，做到全方位的财富管理。在客户进行了产品配置后，招商银行私人银行还将通过统一的后续产品服务和综合账单，全面了解资产配置和组合收益情况，以前瞻理念，有效保证客户财富保值增值，实现家业常青。

在品质服务上，除了为客户提供高水平的金融服务，私人银行业务还需要走进客户的生活，满足客户的多样化非金融需求。招商银行私人银行为客户提供了丰富多元的增值服务，具体包括"全球连线"服务、全球机场贵宾厅服务、境内外机场接送服务、全方位健康医疗服务、高尔夫畅达服务、全球品质尊享服务等，覆盖了品质生活、健康医疗、旅游商务、子女教育、社交平台等各个方面，致力于从多个角度满足客户需求。

2. 平安银行

平安银行，全称平安银行股份有限公司，是中国平安保险（集团）股份有限公司控股的一家跨区域经营的股份制商业银行，为中国大陆12家全国性股份制商业银行之一。平安银行以打造"中国最卓越、全球领先的智能化零售银行"为战略目标，持续坚持"科技引领、零售突破、对公做精"十二字策略方针。近年来，平安银行多次入选"全球银行品牌价值500强"榜单，2020年平安银行私人银行获《财资》杂志颁发的"最佳财富管理机构"奖项。从平安银行财富管理发展来看，其主要采取了如下措施：

（1）实施战略转型，大财富路线图逐渐清晰。

立足平安集团发展大综合金融的战略定位，加之小微金融风险加剧、零售业务具备一定基础的发展局面，2016年平安银行新一届管理层到位后，即在战略层面提出要全面向零售银行转型，同时制定了全面向零售银行转型的战略目标。2017年，平安银行以零售贷款（LUM）拉动AUM，以信用卡带动借记卡，通过模式创新推动零售业务全面发展。2018年，平安银行着力发展基础零售、消费金融与私行财富三大板块，并将私行财富定位为零售业务发展的重点，竭力提升成本控制与风险控制两大能力，全力打造"中国最卓越、全球领先的智能化零售银行"。2019 年，平安银行着力打造开放银行。2020 年，平安银行提出全力打造"数字银行、生态银行、平台银行"三张名片，并重启对公业务，将"复杂投融"作为对公业务"五张牌"之一；同年 8 月，平安理财正式开业。2021 年，平安银行提出以开放银行、AI 银行、远程银行、线下银行、综合化银行相互衔接并有机融合的"五位一体"新战略。发展至今，为顺应时代趋势，应对业务发展需求，平安银行的具体战略规划也在不断迭代细化。当前平安银行发展大财富及大资管生态链的财富路线图逐渐清晰，如图 6.9 所示。

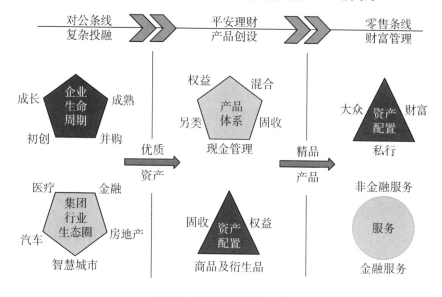

图 6.9 平安银行财富路线

资料来源：民生证券研究所。

（2）私人银行业务能力全面提升。

平安银行私人银行业务于 2013 年 11 月 8 日正式启动，主张综合金融、全球配置、家族传承三大客户价值，以"多渠道、多产品"为业务发展模式，发挥平安集团在产品、渠道、平台等方面的综合金融优势，为客户提供一揽子金融解决方案。平安银行私人银行通过"全球配置"融合跨平台全球化金融产品，协同专业合作伙伴，在全球金融投资、税务规划、移居留学、不动产投资等方面提供专业投资解决方案，并全面搭建以家族信托规划、保障传承规划为主体的金融服务和咨询平台，帮助家族企业实现物质财富的顺利传承。平安银行以满足私人银行客户多样化需求为中心，持续搭建完善产品体系及差异化的权益体系，全面提升综合化、专业化及科技化能力，不断提升私人银行品牌影响力，旨在打造"中国最智能、国际领先的私人银行"。

在综合化能力方面，平安银行以平安集团为依托，以全方位的金融服务为核心，以多个渠道触达私人银行客户，从产品售前、售中、售后整个生命周期，提高对高品质客户的管理水平。一是持续加强全品类、开放式产品平台建设，积极推进业务创新，推进保险及信托业务全面升级，在保障全面性、条款个性化、提升灵活度和降低客户成本等方面实现新突破；二是进一步满足私人银行客户的财富管理需求，为客户提供多元化的投资与金融服务；三是针对高净值客户及上市公司董监高客户，按照家族办公室模式进行试点经营，提供与其需求相匹配的一站式综合化服务。

在专业化能力方面。一是成立产品策略配置委员会，聚焦资产配置工具运营，"专业投研+专业投顾"双管齐下为客户提供专业方案；二是借助金融科技，持续加强投研、投顾和家族办公室专业团队建设，增强总行专家团队对分行队伍及线上渠道的辐射力，实现对私人银行客户服务半径的扩展与服务体验的提升，同时，打造超过3 000人的专业私人银行和财富管理前线队伍；三是持续升级智能投顾服务，围绕客户全生命周期需求，通过财富诊断与组合推荐，向客户提供全面、个性化资产配置建议。

在科技赋能方面，平安银行不断完善产品销售平台、智能运营平台及队伍展业平台。在产品销售平台升级上，平安银行推出了AI私募直通平台，在国内首次实现私募产品7×24小时全线自主交易；推出AI银保系统，目前通过线上获客经营的投保规模占比已达80%；在业内率先实现保险金信托业务100%线上化，业务办结时间由30个工作日缩减至2个工作日。在队伍展业平台上，平安银行通过推出智能展业平台，将传统的"产品销售模式"升级为"投顾服务模式"，助力业务团队高效拓展和服务客户。

除招商银行和平安银行外，其他大型国有银行和股份制商业银行在财富管理业务发展方面也进行了诸多探索，表6.5简要总结了部分银行在财富管理业务方面的布局特点。

表 6.5　同业银行财富管理业务布局梳理

银行	财富管理业务布局
中国工商银行	加快集团内银行、理财、基金、保险等多元业务链条整合与重塑，为客户提供一站式产品选择及专业的投顾服务，打造具有竞争力的、可持续的财富管理业务模式
中国建设银行	加快建设大财富体系，助力集团综合金融服务能力上新台阶
中国银行	立足于为客户和银行创造价值，着力推动财富金融业务高质量、可持续发展，促进全量金融资产规模增长、结构优化，打造财富管理品牌和市场号召力，坚持以客户为中心，践行"共同富裕"战略要求，构建"全集团+全市场"财富金融平台，从自有产品向开放货架转变、卖方销售向买方投顾转变、交易驱动向服务驱动转变，提升产品全方位遴选能力、客户精细化管理能力和队伍专业化服务能力
交通银行	打造普惠金融、贸易金融、科技金融、财富金融四大业务特色
招商银行	大财富管理循环价值链
中信银行	聚焦财富管理，全面深化"主结算、主投资、主融资、主服务、主活动"的客户关系，打造客户首选的财富管理主办银行
兴业银行	擦亮"绿色银行、财富银行、投资银行"三张金色名片；财富银行：以客户资产保值增值为根本出发点，朝着全市场一流财富管理银行的目标，打造更加开放的投资生态圈
平安银行	全方位推进私人银行财富管理业务发展，致力于打造"中国最智能、国际领先的私人银行"
中国光大银行	实现财富管理特色新超越，加强渠道经营、客户经营、产品影响和过程管理，做强企业客户财富融汇组织能力，做优零售客户财富保值增值能力，推进财富管理3.0建设
浦发银行	致力于成为业内"最智能的财富管理银行"，围绕"智能洞察、智能投研、智能规划、智能交互、智能风控"5大核心领域引领业务升级，构建集需求洞察、投研规划、交互陪伴于一体的智能财富管理体系
南京银行	推进大零售战略2.0改革落地，以"全金融资产管理"为发展主线，提升财富管理能力
中国邮政储蓄银行	深入推进中高端客户精准差异化经营；围绕产能提升，持续推进队伍能力建设；全市场遴选产品，构建产品差异化体系，全面推广个人财富管理系统

资料来源：各银行官网及财报。

6.2.2　国内典型商业银行财富管理业务发展竞争力分析

2022 年，普益标准·普益寰宇研究院对下半年各家银行机构零售和私人银行业务进行了考察与分析，从品牌与资本实力、产品线竞争力、财富服务能力、业务发展程度和财富科技实力五个维度对银行财富管理机构（主要包括银行零售部和私人银行部）做出了分析，其使用的数据来源于银行通过公开渠道披露的信息、银行反馈的动态问卷。本次分析对象为财富管理能力排名前100的内资商业银行，其中包括全国性银行18家（国有银行6家，股份制商业银行12家），区域性银行82家（城市商业银行63家，农村金融机构19家）①。2022年下半年，商业银行财富管理能力综合情况如下：

（1）从财富管理综合能力来看：全国性银行排名前五的分别是招商银行、中信银行、中国光大银行、中国工商银行和兴业银行；区域性银行排名前十五的分别是江苏银行、南京银行、北京银行、宁波银行、上海银行、杭州银行、上海农商银行、徽商银行、晋商银行、青岛银行、中原银行、盛京银行、苏州银行、齐鲁银行和广州银行。

全国性银行财富管理业务竞争激烈，头部机构综合评分差别不大，排名靠前的全国性银行普遍在财富管理方面具有较为完备的产品线，业务发展程度较高，可提供丰富、便捷、专业化的财富管理服务。

（2）从品牌与资本实力来看：全国性银行排名前五的分别是中国工商银行、中国建设银行、中国银行、中国农业银行和中信银行；区域性银行排名前十五的分别是北京银行、江苏银行、上海银行、南京银行、宁波银行、北京农商银行、湖南银行、杭州银行、徽商银行、广州银行、中原银行、盛京银行、晋商银行、青岛银行和哈尔滨银行。

中国工商银行获奖数量稳居全国性银行前列，且总资产和净资产规模居全国性银行第一位，其财富管理品牌和优秀的理财能力均为财富管理业务的拓展奠定了坚实的基础；同时集团拥有的各类金融牌照有助于其财富管理业务协同发展，使其品牌与资本实力得分位居全国性银行第一位。中国银行亦拥有知名的财富管理品牌，获得奖项数量众多，资产实力和理财能力在全国性银行中位居前列，且拥有理财子公司、保险、券商、金融租赁、基金等多类型金融牌照，品牌与资本实力得分位居全国性银行第三位。中信银行拥有金贝奖、领航中国年度评选、金龙奖、金鼎奖及金蝉奖等重点奖项的获奖纪录，综合理财能力位列全国性银行前列，加之财富管

---

① 资料来源：《普益标准·商业银行财富管理能力排名报告（2022下半年）》。

理品牌形象良好，助其品牌与资本实力得分位居全国性银行第五位。

（3）从财富管理产品线竞争力来看：全国性银行排名前五的分别是招商银行、兴业银行、中信银行、中国光大银行和中国工商银行；区域性银行排名前十五的分别是江苏银行、杭州银行、徽商银行、南京银行、宁波银行、北京银行、上海农商银行、青岛银行、上海银行、东莞银行、哈尔滨银行、晋商银行、中原银行、广州银行和湖南银行。

产品线竞争力主要衡量机构财富管理产品体系建设的完善程度。从自有产品和代销产品两个维度进行考察，金融产品体系越完善，财富管理业务的开展越能够满足客户的管理目标，投资者的客户体验就越好，客户黏性也越强。招商银行自有产品线品类、流动性、投资门槛、投资币种和风险等级覆盖度各项指标排名靠前，且代销产品品类也相对丰富，使其产品线综合竞争力排名全国性银行第一位。兴业银行自有产品线品类、流动性、投资门槛和风险等级覆盖面同样位居全国性银行第一梯队，仅在产品品类覆盖度方面略弱于中信银行，其产品线竞争力位居全国性银行第二位。中信银行自有产品线流动性、投资门槛、产品风险等级和产品类型覆盖面均处于相对领先地位，且代销产品品类丰富，其产品线竞争力位居全国性银行第三位。

（4）从财富服务能力来看：全国性银行排名前五的分别是中国工商银行、中国银行、中国建设银行、中信银行和中国邮政储蓄银行；区域性银行排名前十五的分别是北京银行、江苏银行、中原银行、南京银行、晋商银行、苏州银行、杭州银行、上海农商银行、宁波银行、青岛银行、齐鲁银行、东莞银行、郑州银行、西安银行和盛京银行。

财富服务能力着重考察机构服务全流程的便利性、舒适性、友好性及专业性，管理机构财富管理服务的丰富性、客户获取服务的便捷性是客户选择财富管理机构的重要考虑因素。在服务丰富性方面，主要根据银行公开资料和反馈问卷评估初阶和高阶服务的丰富性；在服务便利性方面，主要考察银行网点数量、覆盖区域、财富管理中心数量、渠道多样性等指标。中国工商银行能够提供多样化财富管理服务，同时网点众多，渠道具有多样性，其财富服务能力得分位居全国性银行第一位；中国银行财富管理服务类别丰富，网点数量达上万个，网点覆盖城市达三百多个，并拥有众多的财富管理中心，其财富服务能力得分位居全国性银行第二位；中国建设银行拥有众多的财富管理中心和多样的服务渠道，服务类别和网点数量在全国性银行中均名列前茅，其财富服务能力得分位居全国性银行第三位。

（5）从业务发展程度来看：全国性银行排名前五的分别是招商银行、中信银行、兴业银行、中国光大银行和平安银行；区域性银行排名前十五的分别是南京银行、上海银行、宁波银行、江苏银行、上海农商银行、北京银行、青岛银行、齐鲁银行、晋商银行、贵阳银行、中原银行、盛京银行、徽商银行、苏州银行和吉林银行。

业务发展程度主要衡量银行机构财富管理发展水平，从银行机构的部门设置、财富管理客户数、财富管理业务规模、银行网点和资产资源的利用效率、信息披露完善程度等维度进行考察评估。招商银行财富管理业务发展程度较高，有独立的财富管理部和私人银行部，财富管理客户数和管理客户规模均位居全国性银行第一梯队，单位网点绩效和单位净资产绩效也均处于领先地位，其财富管理业务发展程度在全国性银行中排名第一位。中国光大银行私人银行部等财富管理业务相关部门设置完善，财富管理客户数位居全国性银行前列，管理规模也相对领先，单位净资产绩效同样处于第一梯队，其财富管理业务发展程度位居全国性银行第四位。

（6）从财富科技实力来看：全国性银行排名前五的分别是招商银行、中国工商银行、中国光大银行、中信银行和中国银行；区域性银行排名前十五的分别是江苏银行、南京银行、宁波银行、广州农商银行、苏州银行、重庆银行、北京银行、上海农商银行、晋商银行、杭州银行、青岛银行、上海银行、广州银行、汉口银行和齐鲁银行。

金融科技是提升财富管理业务智能化水平的重要手段，财富管理机构可以借助金融科技，打造财富管理竞争力。财富科技实力主要根据年报、半年报等公开资料，从科技投入、科技系统运用等角度评价银行的财富科技实力。

6.2.3　国内典型商业银行财富管理业务经验总结

我国商业银行财富管理业务发展可以用"五专"来概括：一是专属品牌，各商业银行相继推出品牌化的财富管理业务，如工商银行的"工银财富"，民生银行的"非凡财富"等。二是专属渠道，国内各大银行纷纷组建财富管理中心，搭建财富客户专属服务渠道。三是专属队伍，财富中心为财富客户配备专门的财富客户经理，为财富中心服务的专业化水准提供了重要保障。四是专属产品，各大银行根据财富客户的需求，针对性地推出了专门定制的理财产品，如中国银行的"中银财富—创富理财计划"等，这些理财产品的共同特点是购买起点较高，预期收益也高于普通产品。五是专属服务，除了金融服务，各大银行还推出了非金融专属增值服务，如交通银行推出的中医名家私塾养生服务、子女教育咨询服务；民生银行推出的免费体检服务、高端杂志赠阅服务等①。

随着居民对财富管理业务需求的不断提升，各大全国性商业银行竞相争夺市场份额，普益标准从品牌与资本实力、产品线竞争力、财富服务能力、业务发展程度和财富科技实力五个维度对银行财富管理机构进行考察，最后得出各大商业银行财富管理业务综合排名（见表6.6）。

表6.6　2022年下半年我国商业银行财富管理能力排名

排名	银行	品牌与资本实力	产品线竞争力	财富服务能力	业务发展程度	财富科技实力	财富管理能力总分
1	招商银行	14.63	23.99	24.70	25.18	7.59	94.98
2	中信银行	15.14	24.80	24.20	24.12	7.55	94.90
3	兴业银行	14.93	24.75	24.10	24.16	7.57	94.95
4	中国工商银行	15.66	22.70	24.90	23.88	7.53	93.70
5	中国光大银行	14.33	23.80	24.30	24.67	7.39	93.54
6	平安银行	14.92	23.41	24.30	23.56	7.32	92.66
7	中国银行	15.50	22.23	24.80	23.32	7.46	92.48
8	中国民生银行	13.77	23.20	24.30	24.29	7.38	92.15
9	交通银行	14.60	23.13	24.30	23.36	7.30	91.91
10	中国农业银行	15.01	22.93	24.30	23.62	7.47	91.60
11	中国建设银行	15.13	22.50	24.30	22.80	7.54	91.55
12	上海浦东发展银行	14.36	22.72	24.10	23.38	7.40	91.27
13	中国邮政储蓄银行	13.70	21.90	24.60	21.85	7.58	89.17
14	华夏银行	13.00	21.78	24.10	23.17	7.45	89.05

---

① 李晓妍. 商业银行财富管理业务发展研究［J］. 管理观察，2016，625（26）：45-47.

表6.6(续)

排名	银行	品牌与资本实力	产品线竞争力	财富服务能力	业务发展程度	财富科技实力	财富管理能力总分
15	渤海银行	12.83	21.40	23.20	21.50	6.94	85.78

资料来源:普益标准·普益寰宇研究院。

（1）品牌及产品服务。

通过总结国内典型商业银行财富管理的品牌及产品服务可得出以下经验:一是高度重视财富管理品牌的建设。各大商业银行都致力于提供专业的理财服务,把客户的个性化需求作为设计产品的基础,并建立良好的品牌效应,以品牌影响力带动市场竞争力。通过实施品牌战略,加快产品创新、服务创新和管理创新,建立长期而稳定的客户关系,树立完美而独特的企业形象,是使商业银行在竞争激烈的财富管理业务领域脱颖而出,并保持优势的基础工作。二是积极进行产品服务的创新。毋庸置疑,产品是整个行业的核心竞争力,各商业银行应针对不同客户的特点,不断更新财富管理的产品结构,提供特色主题产品。根据客户的差异化需求加快有针对性的产品和服务创新,是领先银行财富管理转型实践中的一个重要工作。三是提供差异化的增值服务。非金融的增值服务往往是维护客户差异化的重要竞争手段,各大商业银行应围绕客户需求,全面优化增值服务,提升自身竞争力。部分国内商业银行财富管理品牌及产品服务类型如表6.7所示。

表6.7 国内商业银行财富管理品牌及产品服务类型

银行	品牌	客户进入门槛	产品服务	增值服务
招商银行	金葵花	个人账户资产折合人民币总额达到50万元及以上	金葵花推出专属贵宾理财顾问,提供量身定做的财务规划。具体理财产品有"日日金"系列、"招财进宝"系列	全球贵宾沙龙服务;全方位私人医疗服务;机场贵宾厅服务;高尔夫练习场

银行	品牌	客户进入门槛	产品服务	增值服务
中信银行	中信幸福财富	个人金融资产达到50万元及以上	定位于家庭财富管理，包括个人财富的保值增值、家庭资产的稳妥继承。特设"两卡一金"服务，对女性、老人、子女提供针对性的细分服务	提供"财富篇、真爱篇、健康篇、名誉篇"等特色化增值服务。推出健康养生、投资者、艺术鉴赏、高尔夫等五大俱乐部
兴业银行	兴承世家	个人账户中月日均综合金融资产折合人民币总额达到30万元及以上	从个人、企业、家族三个维度提供涵盖投资、税务、法律、子女教育与资产传承等全方位、个性化服务。旗下"兴承优选"系列产品，能动态遴选涵盖优秀私募管理人、优质公募基金等产品池	境内外机场贵宾服务、高额公共交通工具意外险及快乐旅游保险、24小时非事故道路救援服务
中国工商银行	工银财富	近半年（含）以上日均金融资产达到50万元（含）或个人金融资产达到100万元（含）以上的个人客户	推出"灵通快线""步步为赢"等系列理财产品。提供境外存取款、汇款、理财和贷款等一站式金融服务	旅行与私人商务助理、高尔夫与奢侈品服务、环球医疗救援、国内汽车救助、留学服务，家居管理服务和宠物管理服务
中国光大银行	阳光财富	个人金融资产达到500万元及以上	推出金融资讯和投资顾问服务。提供了覆盖日、月、季直至5年期的多期限选择固收产品线，推出薪资管理、儿童成长、卫生安全、数字人民币理财等特色主题产品	健康关怀服务、财富二代马术活动、阳光财富集贤论坛、紧急援助服务、亲情服务和阳光·健康高尔夫服务

表6.7(续)

银行	品牌	客户进入门槛	产品服务	增值服务
平安银行	安盈理财	连续三个月的金融资产月日均余额为40万元及以上	配备一对一的专业理财经理,提供一站式、个性化的理财设计和服务,包括合理资产配置和投资组合建议书、养老、教育和保险规划等。具体产品有信托贷款、物业投资、新股申购等系列产品	贵宾礼遇服务、健康关怀服务、平安援助服务、"三代办"服务、车辆道路救援服务
中国银行	中银财富管理	个人金融资产达到200万元及以上	以价值维护和创造为宗旨,提供财富账户管理、投资组合管理、海外投资咨询及管理、授信融资等专业服务	国内外机场贵宾厅服务、24小时免费道路救援服务、航空意外险等保险服务
中国民生银行	非凡财富	个人金融资产季日均达到50万元及以上	通过"非凡"专业团队,提供"非凡"专享服务。提供"理财、基金、银证、保险、银期、交易结算"六大系列产品优势平台	免费体检服务、高端杂志赠阅服务、高尔夫练习场、VIP知名专家预约看诊

资料来源:普益标准·普益寰宇研究院。

(2)服务渠道。

总结国内典型商业银行财富管理业务的渠道管理经验可得列如下几点启示:一是以物理网点为阵地,打造新型服务渠道。传统的商业银行财富管理业务的开展主要依托于银行实体网点,随着互联网金融的兴起,各大商业银行不断推进数字化转型、大力拓展线上渠道,构建手机银行App、远程银行等新型服务网络。同时,商业银行将线下网点打造成更具场景整合能力的综合化经营主阵地,线上线下相融合,提供全渠道、一体化的服务。二是重视线下队伍的建设。企业的发展离不开人才的辅助,诸多银行如中国光大银行、平安银行等,不断推进线下理财队伍的建设,注重人才的引进和培养,建立专业化的财富管理队伍,并制定完善的激励机制和考核办法,不断激发员工的积极性,提高员工的创造力,并大力推进理财产品的创新,这对于商业银行财富管理业务的开展和进一步创新有着重要意义。部分国内商业银行财富管理服务渠道如表6.8所示。

表 6.8　国内商业银行财富管理服务渠道

银行	服务渠道
招商银行	打造"AI+人工"的线上线下融合服务模式,以总分行中台为主导,数据驱动为核心,提供数字化经营服务。分销渠道主要分为物理分销渠道和电子银行渠道,其中物理分销渠道以中国市场为主,电子银行渠道以"招商银行"和"掌上生活"两大 App 为核心,涵盖网络经营服务中心、网点可视化设备的智能服务网络
中信银行	打造涵盖线下网点、手机银行 App、企业微信、远程银行点等的全渠道一体化模式。线下形成了由综合网点、精品网点、社区/小微网点、离行式自助网点组成的多样化网点业态;线上持续推进一体化发展,构建以手机银行为经营主阵地、小程序为轻型触点的渠道生态
兴业银行	充分发挥资产端和同业端优势,加强与非金融机构在产品创设上的合作,与银行金融机构在渠道上共享。通过"财富云"模式,上线全国性、区域性商业银行及省级农村信用社等金融机构,形成独具特色的终端销售渠道
中国工商银行	线下渠道包括营业厅、自助银行 ATM 机、自助银行多功能服务终端,全国均有网点覆盖且数量多,覆盖层级较为深入。电子渠道包括电话银行、手机银行、微信银行及其他互联网产品的融合渠道
中国光大银行	深入线下"第一曲线",推进理财经理队伍建设,优化网点服务效能;拓展线上"第二曲线",加强内容运营,实现线上批量获客,构建"双曲线"融合发展新模式,零售中间业务更加多元化,财富管理能力显著增强
平安银行	构建包括开放银行、AI 银行、远程银行、线下银行和综合化银行的"五位一体"新发展模式,提供全渠道、一体化的服务。高度重视线下网点及队伍的建设和升级,将线下网点打造成为"有温度"的综合化经营主阵地
中国银行	以客户体验为中心,数字化转型为抓手,打造更具场景整合能力的线上渠道和更具价值创造力的线下渠道。线上积极把握银行数字化发展趋势,线下深入推进网点转型,持续丰富智能服务生态,推动网点成为全渠道、全场景、全生态的营销服务综合体
中国民生银行	建立公司财富管理业务统筹营销工作机制,充分利用空中银行的外呼销售渠道,增加电销渠道产能。基于企业网银、现金盈、对公线上银行等数字渠道,提供更快速、更便捷的服务体验

（3）准确定位业务,制定清晰战略。

随着经济不断发展,我国居民个人资产规模稳步扩大,居民对金融类资产的配置需求也不断增强,财富管理市场发展空间巨大。对银行来说,财富管理自身的特征属性刚好契合商业银行的转型方向,财富管理是轻资本消耗业务,符合商业银行模式良性转型的方向,且财富管理业务拥有抗周期、抗风险、高估值、低资本消耗的特征,能够为我国商业银行的整体转型带来相当大的优势，因此越来越多的银行将财富管理提升到战略层面。从目前国内典型商业银行的战略转型来看，招商银行、平安银行等均将财富管理提高到重要地位。招商银行提出打造"大财富管理价值循环链"，构建"财富管理—资产管理—投资银行"专业化体系，以期形成结构更安全、抗周期性更强的业务布局。平安银行以"成为最具特色资管银行"为目标，坚持市场化、专业化、精细化的经营策略，加大符合资管新规要求的净值型产品发行力度，构建行业领先的产品体系，保持平安理财业务的稳定健康发展。对商业银行来说，在大财富管理时代，准确定位自身业务、制定清晰战略，并跟随时代发展和居民需求变动趋势，及时调整发展战略是促进银行健康、可持续发展的重要前提。

（4）大力发展私人银行业务。

我国私人银行起步至今已有 10 余年时间，在产品、服务等方面已初步建立起完善的成套体系。进入大财富管理时代，招商银行、平安银行等国内大型商业银行纷纷以私人银行为抓手发展财富管理业务，大力发展私人银行，能有效提升商业银行竞争力。首先，私人银行业务贡献高、潜力大。私人银行业务对商业银行具有重要价值，近年来私人银行管理资产的增速普遍是整体零售管理资产的 2 倍以上，抓住私人银行客户，就等同于抓住了财富管理业务的增长核心。第二，私人银行业务具有轻资本、低消耗的特点。商业银行的私人银行业务不占用核心资本，不需要承担重大风险，不具有明显损耗，是低资本、轻消耗型业务的代表。第三，私人银行业务具有高投入、高回报的特点。私人银行的净资产收益率能达到 20% 以上，以招商银行私人银行为例，其净资产收益率自 2015 年一直稳定在 17% 以上。第四，私人银行业务波动小、估值高。私人银行受经济周期的影响相对较低，利润波动小，且市场估值显著高于其他业务条线。发展私人银行业务，对提升商业银行市场估值具有重要意义。第五，高净值人群对私人银行的信赖度逐渐提升。招商银行与贝恩公司联合发布的《2019 中国私人财富报告》指出，经过资本市场洗礼，高净值人群更加倾向于财富管理机构所提供的专业服务，对私人银行一贯稳健且体系化的财富管理能力尤为青睐。相较于其他财富管理机构，高净值人群对商业银行的信赖度更高，数据显示，在各境内财富管理渠道中，高净值人群通过私人银行进行个人境内金融资产管理投资的比例显著较高，尤其是股份制银行最受高净值人群的青睐，相较而言，高净值人群通过非银行财富管理机构进行财富管理的比例较低。

（5）积极利用金融科技。

现阶段，各商业银行根据自身发展阶段及战略定位，选择数字化转型实践的路径不同。部分中小银行希望利用技术先发优势占领市场，选择颠覆式变革模式；大型商业银行则将重心放在对传统银行业务进行技术赋能上，并对其进行系统改革，以加强竞争力，稳固其市场占有率；一些较为审慎或资源约束趋紧的商业银行会选择某项特定的、有针对性的经营策略，以提升客户体验为战略目标。总的来说，未来商业银行要高度重视金融科技在财富管理领域的应用，积极通过金融科技技术切入场景获取客户，真正做到以客户为中心，通过提供优质服务留住客户。首先，商业银行要注重建立一个线上线下相结合的渠道管理体系，将民生领域与金融场景相结合，建立开放互联的轻型化金融服务模式。其次，商业银行要以客户体验为导向，设计出适合客户需求的个性化、智能化的金融产品，基于创新客户认知技术和风险管理技术，对信贷融资服务能力进行升级优化，并通过创新产品研发机制提升研发质量和效率，打造差异化、场景化、智能化的金融服务能力；如 7×24 小时的无人智能网点、便捷的移动支付、远程视频智能面审、语音机器人客服、无缝嵌入各类场景的 Open-API 开放平台等。最后，商业银行需整合财富管理平台，用自动化和智能化取代部分人力，通过运用标准化的流程和工具，以智能技术辅助投资决策，从而可以有效提高客户与机构之间的黏性，在提升投资效率决策的同时，降低了服务成本。整合式财富管理平台以数字化、平台化和智能化的方式，实现了对投资顾问的业务赋能，同时，有效降低了日常行政任务的工作量，在优化服务效率的同时，帮助投资顾问去拓展、维护以及服务更多的客户。

（6）完善风险管理体系。

全面的风险管理是商业银行治理的根本。由于财富管理最后的落脚点是银行的实际投资能力，而为满足客户的资产保值增值的需求，银行需要把握未来市场机遇，平衡产品的盈利与风险，广泛投资于境内外的各类市场，良好的风险管理能力将成为商业银行稳定和可持续发展的重要保证。招商银行的财富管理业务之所以能够持续稳健发展，一个十分重要的原因就是它有一个健全的全面风险管理体系。这启示国内其他商业银行也需要建立符合企业战略定位的科学、完整、高效、可控的风险管理体系：一是要建立风险文化体系，通过加大全员业务知识和遵章守纪培训力度，营造良好的风险控制环境；二是要建立风险识别体系，根据自身业务特征，制定相应的风险管理条例，并不断提高风险控制现代化水平，配以先进的 IT 系统，建立灵活高效的风险管理体系，实现从"人控"到"机控"的飞跃；三是要建立风险内控体系，在实行董事会直接管理稽核部门制度的同时，引入外部审计部门实施对内部审计的再审计，确保内部控制体系的有效性。

7 我国商业银行财富管理业务发展现状、面临的机遇与挑战

尽管我国商业银行财富管理业务发展起步较晚、总体规模偏小，但近年来发展速度快，已逐步积累了一定的发展经验，形成了一些特色发展理念，探索出了一些有益的发展模式。当前，明确商业银行财富管理业务发展现状，分析财富管理业务发展所面临的机遇与挑战，对于商业银行更好地创新财富管理业务具有重要意义。

7.1 我国商业银行财富管理业务发展历程

随着中国经济持续快速增长，中产和高净值人群不断壮大，居民对资产的保值增值需求与日俱增。当前，我国财富管理市场业已形成以商业银行、信托公司、公募基金、券商资管、私募基金、保险资管及第三方财富管理机构为核心的市场竞争格局，各类机构基于自身资源禀赋同台竞技、各展所长，其中，商业银行以其雄厚的客群基础、广泛的营销渠道等占据了市场优势地位。总体来看，我国商业银行财富管理业务的发展历程大致可划分为三个阶段①。

（1）探索起步阶段（2004—2007 年）。

2004 年，中国光大银行推出了国内首款投资于银行间债券市场的"阳光理财 B 计划"，由此揭开了我国人民币银行理财产品的发行序幕。该产品不仅对客户进行了分类选择，且收益高于同期存款利率，这标志着我国

---

① 王英娜，谷增军. 我国商业银行财富管理业务发展回顾与前瞻 [J]. 甘肃金融，2020（4）：22，39-42.

商业银行迈出了财富管理业务发展的第一步。

2005年，我国金融理财市场逐步形成，银行理财产品因其收益率较高且风险较低而成为居民储蓄的替代选择。截至2005年年底，约有26家银行开展了理财业务，当年理财产品余额约2 000亿元。然而，由于部分商业银行在理财产品发行过程中的一些违规操作，行业出现恶性竞争。有鉴于此，原银监会于2005年出台了《商业银行个人理财业务管理暂行办法》，对商业银行个人理财业务的概念、操作等做出了明确规定，进而规范了商业银行的业务操作，结束了银行理财业务无法可依、无章可循的局面。金融监管环境的变化使商业银行逐步打破了相对单一的理财产品格局，固定收益工具和贷款类信托理财产品逐步得到重视。自此，以理财为主导、以产品为导向的国内财富管理市场迅速发展。

2006年，国内大多数商业银行均已开展财富管理业务，各商业银行开始探究财富管理业务的发展路径及趋势，并在此基础上总结财富管理经验，逐步开始独立发展，我国财富管理业务进入高速发展期。面对日益旺盛的客户理财需求及存款市场的激烈竞争，各商业银行不断加大理财产品的创新和发行力度，丰富和延伸了理财品牌及价值链上的子产品。

2007年，在竞争日益激烈、资本监管日趋严格的背景下，收益较高且成本风险较低的私人银行业务受到商业银行的高度关注。中国银行率先在国内同业中开办私人银行业务，凭借百年信誉、全球网络和国际化专业队伍，中国银行私人银行广泛吸收国际顶尖私人银行的成功经验，按照国际一流私人银行的运作模式，为客户提供私密、专享、专属的高品质私人银行服务。随后，各大商业银行相继跟进，我国的财富管理市场逐渐进入以品牌和专业优势取胜的精耕细作阶段。同时，原银监会批准了9家外资银行在我国成立法人银行，其中花旗、汇丰、渣打、东亚四家外资银行于2007年4月2日正式营业①，市场竞争格局进一步深化。外资银行利用其成熟的财富管理运作模式进军国内财富管理市场，带来了先进的财富管理理念和技术的同时，也使国内商业银行面临前所未有的挑战与压力。

2004—2007年，是我国商业银行财富管理业务从无到有、各大商业银行逐步探索财富管理业务发展方向的阶段。此时我国商业银行的财富管理服务主要以产品为核心，但由于我国金融市场发展时间较短，分业经营被

---

① 高丽. 中外资商业银行个人理财业务竞争力比较研究 [D]. 北京：北京林业大学，2012.

严格限制，商业银行无法提供多种产品，财富管理业务发展空间受到一定制约。这种以产品为导向的服务模式注重自身利益的最大化，而对客户需求的重视不够。

（2）快速拓展阶段（2008—2015 年）。

2008 年，现代金融市场体系的总体框架基本形成，从体制和机制两个方面保证了商业银行财富管理业务的推进。资本市场在为商业银行财富管理提供机遇的同时，也带来了风险。自 2009 年起，人民币理财产品逐渐成为主流产品，商业银行凭借其网点资源、客户资源、综合实力优势逐渐占据国内财富管理市场主导地位。2010 年，国内商业银行继续发展理财业务，理财产品市场规模不断扩大，从商业银行业务结构占比来看，其中零售业务等新型业务占比逐步上升，传统业务占比逐步下降。

2011 年，随着我国金融市场改革的进一步深化，市场基本形成跨行业、多品种的个人金融投资格局。除传统储蓄和政府债券外，人们还投资于保险、股票、债券和基金等领域，为商业银行开办财富管理业务奠定了基础，市场上参与发行理财产品的银行数量、银行种类取得较大突破，产品发行数量、规模也呈现高速增长趋势。

2013 年，大资管时代到来，资产管理行业步入一轮放松大潮，行业门槛解除，牌照资源放开，各类资管子行业之间的竞合关系更加充分，财富管理业务外延得到拓展，打破了行业竞争壁垒，除商业银行外的其他金融机构接连进入财富管理领域，出现了隐形承诺和刚性兑付等问题。

2014 年，随着商业银行财富管理业务不断发展，监管部门对银行理财业务的监督力度也不断加强，7 月 11 日，原银监会发布了《关于完善银行理财业务组织管理体系有关事项的通知》，期望推动商业银行理财业务回归本质，促进银行财富管理业务的可持续发展。

2015 年，随着中产阶层的崛起，全社会对于财富管理的认知提升，国内财富管理市场正向着平台化、数字化、多元化的方向发展，各商业银行不断推出智能投顾等新型财富管理工具，产品种类进一步丰富，理财子公司试点有序开展。

经历了八年的快速拓展，我国财富管理市场规模不断壮大。一系列法律制度的出台，相关法律法规体系进一步完善，为商业银行财富管理业务的运行与发展提供了良好的保障。随着中产群体持续扩大，其理财需求不断增加，理财产品市场规模也不断扩大。但总体而言，当前商业银行提供的理财产品和服务方案简单、同质，并非差异化模式，无法满足客户多元需求。

（3）转型升级阶段（2016年至今）。

2013—2016年中国个人可投资金融资产规模分别为76万亿元、89万亿元、107万亿元、121万亿元，个人可投资资产逐年增加，人们理财意识增强，越来越多的客户希望购买收益率比存款利率高且风险较低的理财产品，从而实现资金的保值增值，这使得我国商业银行理财产品的数量快速增加。

随着客户对金融服务要求的不断升级，财富管理业务已成为各家银行核心竞争力的体现。2017年7月15日，全国金融工作会议宣布设立国务院金融稳定发展委员会，并提出通过金融创新与相互渗透，一些影子银行等此前监管有漏洞、不落实的领域将实现监管全覆盖[1]。

2018年，资管新规的出台打破了刚性兑付以及对银行理财产品净值化转型的要求，居民曾经的"保本保收益"预期被打破，也让他们开始重新认识风险与收益的关系。同时，随着财富的累积，居民对于财富管理的需求进一步增加，不仅希望财富管理业务可以满足他们基本的财富保值增值需求，更希望可以通过财富管理业务提升自身的生活品质，这是新时代居民对于财富管理业务的新需求。此外，资管新规通过限制资管产品的准入门槛、禁止多层嵌套、期限错配来制约非标投资，极大程度打击了商业银行通道类业务，实质上就是为了让财富管理业务回归本源，而不再是作为商业银行存贷款业务的接续发展。在这样的背景下，商业银行曾经的保本型产品体系开始调整与转变，公募、私募等权益类产品的供给端改革使得整个财富管理行业在我国的分工进一步细化，以商业银行为代表的财富管理机构凭借自身在渠道端的优势发力，专注于客户服务，最大化满足客户的财富保值增值需求[2]。随着互联网技术的不断发展，居民理财需求也呈现多样化趋势，金融科技在财富管理领域被逐渐运用起来，商业银行推出了一些新型财富管理工具，如智能投顾等。中国工商银行于2018年4月上线互联网金融开放平台；中国建设银行于2018年8月投产开放银行管理平台。各大商业银行争相设立金融科技子公司、成立开放银行，企图通过开放应用程序接口等技术与合作伙伴共享信息和服务，以开放银行模式开展

---

① 丛禹月，赵学军.商业银行财富管理业务发展刍议［J］.新西部，2017（25）：49，58-59.
② 郭柄邑.我国商业银行财富管理业务转型研究［D］.兰州：兰州大学，2022.

财富管理业务。因为互联网财富管理业务还处在起步阶段，所以未来发展的空间仍然很巨大。

2019 年，银行业有序开展理财子公司试点工作，15 家中资银行理财子公司中有 10 家获批筹建并开业，首家外资控股理财公司批准设立，银行理财业务迎来转型发展新格局。截至 2021 年年底，我国已有 29 家银行理财子公司获批筹建，商业银行理财市场管理规模近 29 万亿元。

2022 年 1 月 1 日起，资管新规过渡期结束，统一、全覆盖的监管格局基本确立。"资管新规""理财新规""现金理财新规"等政策落地，以净值化转型为重点，加速了银行理财业务的有序整改。经历了 10 余年的发展，我国商业银行不断探索、拓展，为其财富管理业务积累了丰富的发展经验，并逐渐迈入正轨，服务水平显著提升，各商业银行逐步认识到客户需求的重要性，财富管理业务逐步向以客户为中心的模式转变。总体来看，我国商业银行财富管理业务正呈现加速发展、纵深经营、回归本源的趋势。我国商业银行财富管理业务发展历程如表 7.1 所示。

表 7.1　我国商业银行财富管理业务发展历程①

阶段	年份	主要事件
探索起步阶段（2004—2007 年）：以产品为核心	2004	中国光大银行发行第一笔人民币理财产品，银行财富管理业务迈出第一步
	2005	原银监会颁布《商业银行个人理财业务管理暂行办法》，厘清商业银行个人理财业务，明确商业银行的业务操作规范
	2006	国内所有商业银行均开始发展财富管理业务
	2007	原银监会批准 9 家外资银行在我国成立法人银行，外资银行以财富管理业务为中心发展零售业务，对国内商业银行财富管理业务发展起到重要推动作用
快速拓展阶段（2008—2015 年）：以扩大市场为核心	2011	除商业银行外的其他金融机构陆续进入财富管理领域，跨行业、多品种的个人金融投资格局基本形成
	2014	原银监会发布《关于完善银行理财业务组织管理体系有关事项的通知》，促进财富管理业务健康持续发展
	2015	财富管理市场向平台化、数字化、多元化的方向发展

---

① 王旭婷，赵天翮，李庆祥，等.我国商业银行财富管理转型发展研究：来自国际全能型银行的实践经验［J］.商业经济，2022（9）：169-171，196.

表7.1(续)

阶段	年份	主要事件
转型升级阶段 （2016年至今）： 向以客户为中心转变	2018	国有大型银行相继设立理财子公司
	2019	商业银行有序开展理财子公司试点工作

注：因研究需要，此处仅展示部分年份的主要事件。

7.2 我国商业银行财富管理业务发展现状

近年来，随着居民财富管理意识逐步提高，财富配置需求日益多元化，加之监管"回归本源"的引导与金融科技的赋能，我国财富管理行业迎来高速发展时期，中国已进入全面的财富管理时代。从市场供给来看，当前我国各类财富管理机构主要包括商业银行（银行理财子公司）、保险公司、基金公司、证券公司、信托公司、期货公司以及第三方财富管理机构等。商业银行作为财富管理市场中体量最大的机构，其转型与发展一直以来备受瞩目。起初商业银行主要通过零售部开展财富管理业务，之后为满足客户多样化财富管理需求，构建了专业化的理财服务平台，之后又在此基础上设立了私人银行部。近几年，为适应资管新规实施后的发展要求，各商业银行开始设立与发展理财子公司，自2019年第一批商业银行理财子公司开设以来，当前我国共有29家理财子公司获批筹建，且陆续步入稳健运营阶段。

财富管理业务因其高成长、高收益、低资本、低风险特征，已成为各大商业银行战略转型的主要方向。同时，较大的社会需求、良好的市场环境、有利的竞争合作机会等，也为我国商业银行财富管理业务发展带来了契机，促使商业银行财富管理业务不断发展创新。当前，我国商业银行财富管理业务发展现状可总结为以下几个方面：

（1）理财产品数量增长、类型丰富化。

在居民人均可支配收入激增，理财意识不断增强，通货膨胀频现且中国人民银行不断降息等多重宏观背景下，许多居民选择将闲置的财富投向于风险不是很高但收益率高于存款利息的理财产品。理财需求的连年增长带动了理财市场发展，也催生了理财产品数量的迅速增加。2013年以来，商业银行理财产品存续规模总体呈扩大趋势，长居各金融机构财富管理产品第一,截至 2021 年年底,商业银行理财市场存续产品规模超过 28 亿元,较 2020 年第一季度增长约 4 万亿元。从发展趋势看,2020 年理财产品规模增长速度相对较缓,年增速仅为 1.43%;进入 2021 年,随着净值化转型程度的加深和理财市场的日渐规范,增速开始显著加快,年增速达 13.47%。

从产品类型来看,商业银行积极布局市场热点领域,抢占银行理财新赛道,绿色发展、疫情防控、乡村振兴、共同富裕、公益慈善等主题产品层出不穷。2021 年各商业银行纷纷发行特色产品以寻求差异化发展,特色产品数量较 2020 年显著增加。2020 年 ESG 净值型产品仅有 56 款,自 2020 年提出"双碳"目标后,各银行纷纷响应号召,积极发行碳主题产品,2021 年攀升至 133 款,增幅达 137.5%。粤港澳大湾区特色产品数量也有明显的增长趋势,由 2020 年的 14 款增长至 2021 年的 42 款。近年来,创新主题产品层出不穷,主要归因于如下几个方面:一是由于宏观政策导向,商业银行资金配置逐渐向 ESG、养老、碳中和等领域倾斜,这有助于金融服务实体经济的效率进一步提高;二是近年来创新主题产品在市场中反映良好,如 2022 年年初受债券市场波动的影响,养老等创新理财产品的收益率依然可以稳定在一定水平;三是商业银行自身发展战略的调整也是促使其不断创新产品的动力。

(2)财富管理品牌建设得到重视。

财富管理品牌的建设,既是投资者认知和口碑的正向反映,又对财富管理业务发挥着正向促进作用,富有知名度的财富管理品牌有助于财富管理机构扩大市场影响力,并获取更大的市场份额。随着财富管理市场竞争日益激烈,国内商业银行逐渐意识到建立独具特色的优质品牌对于提升自身财富管理业务的重要性。

近年来,为了吸引优质理财客户,各商业银行不断进行理财产品创新,在产品设计上融入客户个性化理财需求。如招商银行知名的"金葵花"财富管理品牌,其系列包括"招银进宝之日益月鑫""日日金"等产品;中国工商银行工银财富推出的"灵通快线""步步为赢"等系列理财产品;兴业银行兴承世家品牌旗下的"兴承优选"系列产品。这些品牌出现的最大意义并不在于市场解读的银行让利,而是理财产品的设计思路真正转向了代客理财模式,通过为客户提供专业化财富管理服务,从而吸引更多客户。

（3）增值服务全面优化。

随着居民金融素养不断提升，其对财富管理的理解进一步深入，需求也更加多元化，从单一追求财富保值增值，逐渐转向追求高质量生活，也更加注重财富安全、财富继承、子女教育等多方面的需求。基于此现象，各商业银行提供的财富管理除金融服务外，还包括贴心的非金融专属服务。如中信银行提供"财富篇、真爱篇、健康篇、名誉篇"等特色化增值服务，同时推出健康养生、投资者交流、艺术鉴赏、高尔夫等俱乐部活动；中国光大银行提供贵宾礼遇、健康关怀、平安援助、"三代办"、车辆道路救援等专属服务；中国银行提供的增值服务包括国内外机场贵宾厅服务、24小时免费道路救援服务、航空意外保险等服务。非金融增值服务往往是维护客户差异化的重要竞争手段，近年来各大商业银行围绕客户需求，全面优化增值服务，以逐步提升自身竞争力。

（4）长尾客群越来越受到重视。

此前，商业银行较为推崇"二八定律"，认为20%的客户可以带来80%的利润，于是各商业银行均投入了大量资源以维护私人银行客户。但近年来，随着财富类客户的兴起及互联网金融的发展，"长尾理论"逐渐进入管理层视线，越来越多商业银行逐渐意识到其他80%客户的重要性，不再仅仅只为高端客户提供高成本产品，而是潜心服务于具有真实需求的长尾客群。因此，提高对长尾客群的关注度，并为此组建专业化的服务团队已成为各大商业银行的共识选择。

（5）金融科技应用日渐深入。

近年来，随着金融科技迅速发展，数字化逐渐成为商业银行财富管理业务谋求转型升级的关键。一方面，财富管理数字化打破了线下渠道的时间和空间限制，商业银行能够在线上为客户提供不间断的财富管理服务，满足客户的多样化偏好，提升其服务体验。另一方面，数字化转型能够拓宽客户服务范围，缓解专业财富顾问数量较少、财富管理服务门槛过高等问题，将财富管理服务延伸至长尾客群。此外，大数据和人工智能等金融科技的应用有助于实现对客户的精准画像，从而为客户匹配合适的产品，达到降低交易成本的目的，使大众客群也可以通过较少投入即能享受财富管理服务。

近年来，商业银行纷纷加大金融科技投入，推动数字化转型进程。2021年中国工商银行、中国建设银行、中国银行、中国农业银行和中国邮政储蓄银行等对金融科技的投入均超过 100 亿元。从增长趋势上看，大型商业银行对金融科技的投入规模将持续扩大。除大型商业银行外，其他股份制银行对金融科技的投入增长同样迅猛，招商银行 2021 年对金融科技的投入达到 132.91 亿元，同比增长 10.76%。此外，中信银行、平安银行、兴业银行等同样保持较快增速。

（6）财富管理专业化人才愈来愈受到重视。

随着财富管理业务的深入发展，市场对商业银行财富管理从业人员的专业素质提出了更高要求。投资者需要受过专业培训，且具备综合信息分析和处理能力的专门理财人才，以帮助他们制定合理的理财规划、提供诚信度高的服务来实现财富保值增值，这亦是我国商业银行培养理财专业人员的方向。权威调查表明，个人金融理财师已成为当今国内市场较为缺乏的四种高素质银行人才之一，面对财富配置需求剧增的金融市场以及财富管理行业的竞争，商业银行对专业化人才的需求愈加迫切。

发展财富管理业务是商业银行顺应宏观经济转型趋势、应对行业同质化竞争、契合居民财富管理需求的必然举措与有益探索。明确我国商业银行财富管理业务的发展现状，对于商业银行制定发展战略目标，探索财富管理创新道路具有重要意义。

根据《2022 年度中国银行业发展报告》，本书从客户数量、客户质量、资产管理规模三个维度对 2021 年我国商业银行财富管理业务整体发展状况做出说明。从商业银行零售客户数量来看，大型国有商业银行及股份制银行拥有更丰富的客户资源，在发展财富管理方面具有良好的先发优势。从各银行所发布的年报数据来看，中国农业银行的零售客户数量为 8.78 亿户，客户规模居所有银行之首，其次为中国建设银行（7.26 亿户）、中国工商银行（7.04 亿户）、中国邮政储蓄银行（6.37 亿户），交通银行（1.85 亿户）及其他大型股份制商业银行的零售客户数量也超过了 1 亿户，具体如表 7.2 所示。与国有银行和大型股份制商业银行相比，中小银行在客群规模上与其存在较大差距，但类似重庆农村商业银行的地方性银行在本地客群中拥有大型商业银行无可比拟的优势。

表 7.2　我国部分银行零售客户数量

单位：亿户

银行类型	银行名称	2020 年零售客户数量	2021 年零售客户数量
大型商业银行	中国工商银行	6.80	7.04
	中国农业银行	8.60	8.78
	中国建设银行	7.04	7.26
	中国银行	3.27	—
	中国邮政储蓄银行	6.22	6.37
	交通银行	1.79	1.85
股份制商业银行	招商银行	1.58	1.73
	平安银行	1.07	1.18
	兴业银行	0.80	0.80
	中信银行	1.11	1.20
	浦发银行	1.18	1.38
	中国光大银行	1.23	1.40
	民生银行	0.80	1.10
	华夏银行	0.30	0.31
	浙商银行	0.08	0.08
城市商业银行	南京银行	0.22	0.24
	北京银行	0.24	0.26
	上海银行	0.18	0.19
	长沙银行	0.15	0.16
	宁波银行	0.12	—
	贵阳银行	0.11	0.12
	青岛银行	0.06	0.09
	杭州银行	0.04	0.04
	厦门银行	0.02	0.02
农村商业银行	上海农商银行	0.16	0.20
	常熟农商银行	—	0.04

资料来源：《2022 年度中国银行业发展报告》。

从商业银行客户质量来看,高净值客群是各类商业银行竞相追逐的优质对象,根据 2021 年各银行的年报数据,私人银行客户数量在 10 万户以上的银行包括中国工商银行、中国农业银行、中国建设银行、中国银行和招商银行等,私人银行客户数量在 5 万~10 万户以上的银行包括交通银行、平安银行、江苏银行、中信银行、兴业银行、中国光大银行等。具体如表 7.3 所示。

表 7.3　我国部分银行私人银行客户数量

单位:万户

银行类型	银行名称	2020 年私人银行客户数量	2021 年私人银行客户数量
大型商业银行	中国工商银行	18.19	19.95
	中国农业银行	14.10	17
	中国建设银行	16.08	17.72
	中国银行	13.29	14.73
	中国邮政储蓄银行	—	—
	交通银行	6.11	7.04
股份制商业银行	招商银行	10	12.20
	平安银行	5.73	6.97
	兴业银行	4.86	5.85
	中信银行	5.11	6.03
	浦发银行	2.40	2.70
	中国光大银行	4.01	5
	民生银行	3.49	3.85
	华夏银行	1.14	1.36
	浙商银行	1.15	1.04
城市商业银行	南京银行	3.03	3.43
	江苏银行	5.5	6.93
	北京银行	0.95	1.12
	上海银行	0.44	0.57
	宁波银行	0.76	1.30

资料来源:《2022 年度中国银行业发展报告》。

从资产管理规模来看，2021年共有28家银行在其年报中披露了零售资产管理规模（零售AUM），有15家银行披露了其私人银行资产管理规模（私人银行AUM）。从数据比较来看，在零售AUM方面，中国工商银行、中国建设银行、中国农业银行、中国银行、中国邮政储蓄银行和招商银行的资产管理规模均超过10万亿元；在私人银行AUM方面，招商银行资产管理规模最大，达到3.39万亿元，中国工商银行、中国建设银行、中国银行、中国农业银行、平安银行等私人银行资产管理规模也超过了1万亿元，具体如表7.4所示。

表7.4　我国部分银行零售及私行资产管理规模数量

单位：万亿元

银行类型	银行名称	2021年 零售AUM	2021年 私人银行AUM
大型商业银行	中国工商银行	16.96	2.32
	中国农业银行	12.93	1.85
	中国建设银行	15	2.02
	中国银行	11	2.16
	中国邮政储蓄银行	12.53	—
	交通银行	4.26	1
股份制 商业银行	招商银行	10.76	3.39
	平安银行	3.18	1.41
	兴业银行	2.85	—
	中信银行	3.48	—
	浦发银行	3.87	0.51
	中国光大银行	2.12	0.50
	民生银行	2.09	0.53
	华夏银行	0.98	0.22
	浙商银行	0.52	0.15

表7.4(续)

银行类型	银行名称	2021年 零售 AUM	2021年 私人银行 AUM
城市商业银行	南京银行	0.57	—
	北京银行	0.88	0.14
	上海银行	0.90	—
	长沙银行	0.27	—
	宁波银行	0.66	0.14
	贵阳银行	0.16	—
	青岛银行	0.25	—
	杭州银行	0.42	—
	厦门银行	0.07	—
农村商业银行	上海农商银行	0.62	—
	紫金农商银行	0.08	—

资料来源:《2022年度中国银行业发展报告》。

通过对我国部分商业银行的年报数据分析后可知,在客户数量、客户质量和资产管理规模方面,大型国有银行及股份制商业银行具有明显的优势。然而,城市商业银行及农村商业银行因为长期扎根地方尤其是县域,积累了大型银行无法重点兼顾的富裕客群和长尾客群,这为中小银行发展财富管理业务提供了差异化竞争优势,充分利用好这些长尾客群,同样可以为中小银行发展好财富管理业务提供前景可期的空间。

7.3 我国商业银行财富管理业务面临的机遇

(1) 财富总量持续攀升,家庭财富配置需求日益提升。

随着我国金融市场逐渐完善及市场化进程不断加快,宏观经济运行总体呈稳中向好态势。根据国家统计局数据,2021年我国居民财富总量持续攀升,国内生产总值达114.4万亿元,较2020年增长8.1%;全国居民人均可支配收入达35 128元,同比增长8.1%。其中,农村居民和城镇居民人均可支配收入分别为18 931元和47 412元,2013—2021年年均复合增速分别为 9.9% 和 7.56%。根据招商银行和贝恩公司联合发布的《2021 中国私人财富报告》显示，2020 年中国个人可投资资产总规模达 241 万亿元，且可投资资产在 1 000 万元以上的高净值人群达 262 万人。

随着社会财富及居民可支配收入快速增长，居民对于财富管理的认知也在不断加强，对财富管理的需求也逐步发生变化。首先，居民需求更加多元化。居民对财富配置由单一需求转向多元需求，其希望实现的不仅是资产的保值增值，还包括家业与企业的传承。其次，居民需求更加专业化。随着资管新规的实施，居民更加需要专业的财富管理机构为其提供"个人、家庭、企业"全方位的综合化服务方案，这对财富管理机构的专业性提出了更高的要求。同时，企业家和高净值人群基于为社会做出贡献的良好意愿，往往有参与慈善的需求，这也是财富第三次分配的重要内容，财富管理机构可以发挥战略规划作用，帮助客户践行社会责任。综上，这些条件为商业银行开展财富管理业务提供了坚实的基础，一个如此庞大并处于高速发展期的市场，对商业银行财富管理业务来说可谓千载难逢的机遇。因此，商业银行在转型发展过程中，必须把握住这个历史机遇，锚定具有巨大发展空间的业务方向，并且在立足自身资源禀赋的基础上，充分把握市场趋势，全面提高自身经营质量，提振业务转型发展信心。

(2) 系列政策叠加，引致家庭财富配置结构不断向金融资产调整。

在发达国家家庭财富结构中，金融资产通常占较大比重。20 世纪 80 年代以来，美国居民财富配置从房地产向金融资产缓慢转移，这与美国股票市场的长期繁荣密切相关。根据美联储发布的《金融稳定报告》，2020 年年底，美国居民财富结构中金融资产配置占比超 70.4%，房地产占比仅为 24.8%，其中金融资产又以高风险高收益的股票和投资基金为主，占比达到 35.3%。我国家庭财富配置结构长期呈现"重房产、轻金融"的格局，2020 年，我国家庭财富结构中非金融资产占比为 66.3%，高于美国 36.7 个百分点，在金融资产细分结构中，金融资产占比偏低的主要原因是股票与投资基金占比、保险与养老金占比总体偏低。从我国居民财富配置结构的变化历史看，房地产占比表现为长期下降趋势，金融资产占比呈现上升态势。但在 2014 年以后，由于系列房地产刺激政策的实施，房价快速上涨，居民财富中的房产占比呈现上升态势。2018 年以来，在"房住不炒"政策的引导下，房地产在居民财富结构中的占比稳步下降。预计未来房地产调控的长效机制将逐步落地，这将有效弱化房地产的投资和投机属性，降低房产投资的吸引力。与此同时，随着金融供给侧结构性改革深化和资管新规的实施，直接融资市场繁荣发展，金融资产占居民财富的比重将会上升。因此，家庭财富逐步从房地产转向金融资产是大势所趋。

后疫情时代，全球资本市场的大幅波动成为常态，不同市场及不同资产之间的联动性显著增强，多元化资产配置的重要性日益凸显，居民财富结构配置的演变趋势给我国商业银行开展财富管理业务提供了良好的契机。

（3）老龄化时代到来，家庭养老理财需求日渐旺盛。

目前我国人口老龄化趋势呈现五大特点：老年人口规模庞大、老龄化速度快、高龄化与"空巢化"问题日益突出、老年人口抚养比大幅上升、未富先老。根据国家卫生健康委、全国老龄办发布的《2021年度国家老龄事业发展公报》，截至2021年年底，我国60岁以上老年人口达2.67亿人，占总人口的18.9%，65岁及以上老年人口达2亿人以上，占总人口的14.2%。人口既是经济增长的红利，也是社会共担的负债，进入老龄化社会，养老保障体系尤其养老金体系至关重要，其在微观层面会影响每个家庭的财富分配，在宏观层面关系经济可持续发展的动力和社会稳定的根基。我国作为全球人口老龄市场潜力最大的国家之一，伴随老龄化进程的加快，人们对退休养老金、教育基金、应急准备金等方面的需求逐步提升，对专业的资产和负债管理体系更加重视，对退休生活的保险基金、合法避税和财富的保值增值要求更高，这有助于推动财富管理市场的发展与壮大。此外，国家也出台了相关政策，商业养老保险、养老保障基金将成为财富管理业务中非常重要的发展方向。由此可见，"养老"这个细分市场为商业银行开展财富管理业务提供了重大机遇。

（4）金融科技赋能，长尾客群日益成为商业银行财富管理的重要服务对象。

大数据和人工智能的快速发展，为科技赋能金融发展带来了巨大机遇，将有效助推商业银行财富管理的数字化转型及财富管理的商业模式创新。总体而言，开展数字化转型，构建数字化生态，已成为商业银行更好服务客户的关键之举。一方面，新兴技术手段的涌现有效重塑了财富管理机构的前中后台，大大降低了财富管理机构的运营成本，改变了财富管理以往更聚焦高净值人群的经营模式，使得大众客群能够享受到过去只有中高端人群才能享受到的专业财富管理服务，越来越多原本不受商业银行重视的长尾客群日渐成为其财富管理的重要服务对象。另一方面，金融科技有效驱动了金融机构专业化投顾体系的建立，近年来兴起并迅速壮大的智能投顾服务，有效改善了以往单纯依靠理财经理提供人工咨询服务时客户覆盖率小、服务效率低、专业水平参差不齐等问题。

金融科技的快速革新赋予了财富管理新的内涵，因此，商业银行开展财富管理业务需要紧抓大数据时代机遇，立足自身资源禀赋，充分发挥云计算、大数据、人工智能、区块链等科技优势，提高对客户个性化需求的识别能力，针对性提供科学的资产配置建议，有效推动财富管理数字化转型及财富管理行业的专业化发展。

（5）多层次资本市场体系建立，为商业银行财富管理提供了更多发展红利。

随着我国经济步入高质量发展阶段，人们对于具有更强韧性和更高资源配置效率的资本市场的需求愈加强烈。近年来，我国资本市场改革向纵深推进，随着新版《中华人民共和国证券法》颁布实施、创业板注册制改革、新三板改革平稳落地，我国多层次的资本市场体系初步建立，未来双向资本流动将更加方便快捷，投资工具和产品将日益丰富。"十四五"规划提出，要"坚持平等准入、公正监督、开放有序、诚信守法，形成高效规范、公平竞争的国内统一市场"，资本市场将更加成熟规范，主板、科创板、中小板、创业板、新三板和区域性股权市场等将各自发挥重要作用。未来，我国将建设一个规范、透明、开放、有活力、有韧性的资本市场，其制度体系、运行机制、文化理念等也将发生深刻的结构性变化，逐步形成一个全面加强投资者保护的市场生态。在这样的环境下，金融资产在居民财富中的比重将进一步上升，更多的居民将通过资本市场享受国家经济增长的红利，财富管理发展空间广阔。商业银行作为诸多资本业务的重要代理机构，将从资本市场财富管理中获取更多发展红利。

（6）政策体系不断完善，商业银行业务转型迎来黄金时期。

历经多年的金融体系改革，当前我国已基本形成了较为规范的金融市场体系，这为商业银行财富管理业务的发展提供了强有力的保障。党的十八大以来，党中央把"逐步实现全体人民共同富裕"摆在重要位置。在这一政策引领下，中国的财富管理行业将发挥更重要的作用，不仅为高净值客户提供服务，还将兼具一定的"普惠性"。目前，各大财富管理机构主要聚焦于高净值客户，但我国大众客群和富裕客群在客户数量及个人金融资产总规模方面远高于高净值人群，这也表明该细分市场财富管理的发展空间巨大。依托金融科技以及在客群覆盖面上的优势，商业银行有望在大众客群和富裕客群中获得未来财富管理业务的差异化竞争优势。

自 2021 年基金投顾试点工作开始推进后，与基金投顾相关的政策法规密集出台、各大机构智能投顾服务下架，体现了我国投顾行业监管体系日益完善以及政策部门推进基金投顾与整个财富管理行业转型发展的决心。此外，为加强财富管理专业人才建设，监管层面出台了针对财富管理人员的从业规范，为商业银行财富管理人才团队建设提供了根本指引。2021 年 12 月 29 日，中国人民银行正式发布《金融从业规范 财富管理》行业标准，从多个维度对财富管理从业者的执业标准做出详细规定，这将为财富管理从业人员评价体系的建立提供政策支撑，并有效提升商业银行及其他金融机构财富管理从业团队的专业度。

当前，国内商业银行所处的经营环境正在发生深刻变化，商业银行正逐步加快推进战略转型，将转变传统的以规模求发展的盈利模式，进而由资金提供型银行向国民财富管理型银行转型，走一条低资本消耗、高经营效益的发展新道路。全面分析我国商业银行财富管理业务发展的机遇，将有助于商业银行立足宏观经济运行环境，充分运用政策、科技等时代红利，推进财富管理业务迈入良性发展的正轨。

7.4 我国商业银行财富管理业务面临的挑战

7.4.1 行业竞争挑战

近年来，除商业银行积极布局财富管理业务外，还有很多非银行金融机构，如券商、基金、信托、第三方财富管理机构以及新兴互联网平台等都在开拓财富管理业务。尤其随着互联网金融的崛起，瞄准财富管理蓝海的机构越来越多，这为商业银行发展财富管理业务带来了更多挑战。各类财富管理机构的对比如表 7.5 所示。

表 7.5　各类财富管理机构对比

机构	客户	业务类型	优势	劣势
银行	公众及高净值客户	基础结算服务、存贷款服务及多种理财产品	庞大的客户基础、巨量的营业网点、突出的渠道优势	客群经营模式粗放，合规风险管理存在问题，团队薄弱、能力不足
信托	高净值客户	信托计划（以集合资金信托产品、家族信托为主）	产品供应较为充足、投资范围宽松，可运用股权、债权及其他可行方式使用信托资金	受制于"刚性兑付"，受政策调控影响较大，不占有项目和渠道
保险	大众	人寿保险、人身保险、财产保险	资金来源稳定，客户的规模较大，追求绝对收益	资金主要来自集团资产，其他中小险企业的资金占比不高
基金	公募定位大众客户、私募定位中高净值客户	基金（以证券型基金和债券型基金为主）	用户规模较大；贴近市场，风控和治理结构完善，具备一定投研能力	除几家龙头公司外，几乎没有独立渠道，严重依赖银行，销售成本较高，产品设计同质性较强，追求相对收益
证券	中高净值客户	资管计划（以证券型基金为主）	渠道、客户资源具备一定优势，投研团队完整，投融资两端均可对接	影响力不足，发展定位不清晰，产品风险及波动率较高

　　商业银行凭借庞大的客户基础、突出的渠道优势、丰富的产品体系稳坐财富管理领域首把交椅，在整个财富管理行业中占据了超过80%的市场份额。商业银行覆盖客群范围广，既包括高净值客群，也包括长尾客群，所提供的服务包括基础结算、理财产品、存贷款等。尽管商业银行是财富管理行业中的龙头老大，但不可否认，当前部分商业银行对财富管理的重视和投入仍显不足，在客群、产品、营销模式和团队方面仍面临挑战。

　　一是客群经营模式粗放。虽然目前很多商业银行已逐步开始开展客户分层经营，但部分银行并未能准确区分不同客群的差异化需求，从而未能提供相应的针对性解决方案，在服务和配套产品上仍存在同质化问题。目前部分商业银行在具体经营管理上仍以产品驱动为主，客户经营仍停留在概念阶段，尽管不少银行设立了个人金融部等，但缺乏"以客户为中心"的组织架构和管理模式。

二是合规风险管理存在问题。与理财"飞单"相关的合规事件，在过去几年中发生在多家商业银行身上，使得财富管理的合规理财问题被推上风口浪尖。商业银行在内部流程、职责分工、团队管理、制度配套、合规文化等方面存在系统性漏洞，这些问题在一系列合规事件中暴露无遗。相较于遍地开花的第三方理财机构，值得托付的机构信誉是商业银行最根本的竞争优势，稍不留神合规风险就会让商业银行的信托基础付之东流。

三是团队薄弱，能力不足。部分商业银行的理财经理配置明显不足，所谓的贵宾客户专属理财经理，其实往往一个人需要服务 800～1 000 位客户，而在国外财富管理业务发展较好的大银行内，一般一名理财经理仅服务 200 位以下客户。此外，在国内总分行制组织体系下，总行难以对全行理财经理团队进行专业化、标准化的管理和培训，导致各分行、支行团队的专业水平参差不齐，分支行在营销方式、销售流程、资产配置建议等方面各自为战，"千行千面"的直接后果体现为整体人均产能不高。此外，在第三方财富管理机构等非银行机构的冲击下，商业银行优秀理财经理流失率较高，难以留住优秀人才也是当前商业银行财富管理业务的核心痛点。

7.4.2　数字化技术挑战

商业银行在财富管理业务数字化发展过程中，既面临机遇，也面临不少挑战，只有积极拥抱数字时代，应对挑战，方能在财富管理蓝海中获得发展机会。总体来看，商业银行财富管理业务数字化发展在金融科技、支付方式和渠道等方面面临诸多挑战。

一是传统支付结算方式用户流失。结算场景是促进资金流动的重要环节，是商业银行实现管理的入口，以支付结算场景为主是商业银行传统的获客方式。但近年来，线上支付越来越普及，除商业银行、支付宝、财付通等第三方支付机构积极参与线上支付外，其便捷化的结算场景也吸引了市场中其他机构的竞相争逐。借助电商和社交等功能优势，第三方机构打造了多功能的线上支付渠道，并逐渐成为主要支付渠道。在线上支付业务中，支付机构的业务量已经高达85%，银行支付业务中，外场景的业务量已占到80%，而银行自有场景的客户量不足10%。在这场竞争中，第三方支付机构借助互联网优势，将其他功能集合起来，涌入综合金融主场业务，使得传统的存贷汇业务在商业银行中大幅萎缩，优质客户逐渐流失。

二是线下渠道的流量缩水。近年来，商业银行线下渠道的流量大幅缩水，线下柜台业务所产生的流量红利也不断减少。在数字化时代，客户在金融活动中的角色发生了变化，正在由对银行信息的被动接受向对各种渠道信息的主动获取转变。中国银行业协会数据显示，2020 年银行业金融机构平均离柜率达到 90%，各大商业银行离柜率持续攀升，柜台业务不断缩水，很多商业银行不得已撤销了大量银行网点，2020 年各商业银行撤销的分支机构上千家。同时，受疫情影响，银行网点客流量进一步下降，同时客户线上消费与支付、线上理财习惯等逐步养成，传统网点面对面接触式营销模式面临较大挑战。

三是金融科技的冲击。在数字化时代，线上财富管理平台和智能投顾两大领域对传统财富管理行业带来了冲击，以大数据、云计算、人工智能等为代表的金融科技开始在财富管理行业"大展拳脚"。线上财富管理平台依靠互联网场景获取客户和流量，借助大数据技术推出创新型财富管理产品，从而大幅降低了财富管理门槛，并大量拓展至中低端长尾客户，目前以余额宝为代表的线上财富管理平台正在快速发展。与此同时，智能投顾异军突起，其将原来依靠人力驱动的端到端投顾方式和投资流程予以数据化、线上化，通过机器学习算法，提供基于客户需求的自动化资产配置服务。未来，随着人工智能技术的迭代升级，智能投顾也将不断升级，并在颠覆和赋能传统财富管理机构的同时，演化出纯线上投顾、线上线下混合投顾、理财者智能投顾终端等多种形态。

7.4.3 对风险管理能力的挑战

我国商业银行在拓展财富管理业务时面临多重风险，这对商业银行的风险监控与风险防范能力提出了更高要求。具体而言，商业银行在开展财富管理业务时面临监管与合规、市场、操作等方面的风险挑战。

一是监管与合规风险。当前我国商业银行开展财富管理业务面临诸多部门的严厉监管与限制，若银行未能遵循法律法规、监管要求及自律性组织制定的有关准则，则会遭受法律制裁或监管处罚，并面临重大财务损失或声誉风险。为了有效防范监管与合规风险，商业银行必须严格遵守法律法规，严格执行监管部门相关规定，构建相应的自查资管体系和审批制度。未来，我国财富管理业务必然会进入全球化发展时代，因此，商业银行需在确保遵守本国法律法规的前提下，及时关注并研究国际法律法规的变化，尤其是业务开展所在地的监管要求。

二是市场风险。市场风险是指由于交易性资产组合的市场价值波动而使客户遭受损失的潜在风险，主要包括利率风险、汇率风险和通胀风险等。财富管理业务的第一要务是帮助客户在合理控制风险的同时实现财务目标，让客户的财富在纷繁复杂的金融市场中实现保值增值，如果不能实现这个目标，那么金融机构就会失去其开展财富管理业务所必需的客户基础，在未来的竞争中也就无法占据有利地位。因此，为有效防范市场风险，商业银行财富管理部门必须建立健全的市场风险管理体系，并制定相应的具体防范措施，以防止因市场风险而导致的客户财富损失。

三是操作风险。操作风险是指在开展财富管理业务过程中，因业务操作流程、客户管理、人员、系统、产品销售等方面的因素，使财务、客户、声誉等遭受损失的风险。商业银行在开展财富管理业务过程中，可能会出现人为的操作风险，主要包括客观上的恶意操作和非主观的操作失误，突出表现为客户信息安全性风险、各类流程控制环节风险等。为了有效防范操作风险，商业银行要设定严格的操作流程，确保设计、发布和销售环节的安全性，并通过财富管理业务前台、中端和后台的分离操作，确保各个环节相互监督、相互制约，以避免在客户资产管理过程中产生操作风险。

总体而言，在商业银行财富管理业务发展进程中，机遇与挑战并存，商业银行需要深刻认清自身优势，深刻把握财富管理业务面临的发展机遇，多措并举，直面挑战，通过战略转型和产品服务创新，努力在财富管理市场中获得更多发展红利。

7.5　重庆农村商业银行财富管理业务

7.5.1　重庆农村商业银行简介

重庆农村商业银行股份有限公司（以下简称"重庆农商行"）是重庆市国有资产监督管理委员会管辖的国有企业，其前身是成立于1951年的重庆市农村信用社，至今已有70余年历史。2008年6月29日，在原重庆市信用联社和39个区县信用社、农村合作银行基础上组建的全市统一法人的重庆农商行，是继上海、北京之后的第三家省级农村商业银行。2010年

12 月 16 日，重庆农商行成功在香港联交所 H 股主板上市，成为全国首家上市农商行、西部首家上市银行。2019 年 10 月 29 日，重庆农商行成功在上海证券交易所 A 股主板挂牌上市，成为全国首家"A+H"股上市农商行、西部首家"A+H"股上市银行。截至 2022 年年底，重庆农商行下辖7 家分行、35 家支行，共 1 755 个营业机构，并发起设立 1 家金融租赁公司、1 家理财公司、12 家村镇银行，从业人员 1.5 万人；资产规模 13 519亿元，存款余额 8 249 亿元，贷款余额 6 327 亿元，综合实力排名全球银行第 113 位，位居中国银行业第 22 位；其资产规模、存款规模及网点数据均居重庆金融机构首位。

近年来，重庆农商行着力实施"零售立行、科技兴行、人才强行"战略，坚持将零售业务作为全行发展之基和立行之本，致力于打造出特色鲜明、贡献突出、市场领先的零售业务品牌；坚持将金融科技作为全行创新"引擎"和发展动力，致力打造自主可控、智能高效、引领发展的金融科技平台；坚持将人才作为全行核心资源和宝贵财富，致力打造优秀的人才团队，切实推动全行实现高质量发展。

7.5.2 重庆农村商业银行财富管理业务发展现状

（1）业务规模。

2016 年，重庆农商行成立私人银行中心，秉承"润泽巴渝、融通四方"的服务精神，践行专业、私密、尊贵、便捷的服务承诺，为个人可投资资产 600 万元以上高净值客户及其家族提供系统的、尊贵的财富管理定制管家服务和专属理财金融服务。私人银行中心占地 3 000 平方米，配有专业的财富顾问团队，主要由高级投资顾问、专家团队和财富顾问组成。2019 年 12 月 31 日，重庆农商行首家财富管理中心——江北支行财富管理中心正式开业，这标志着重庆农商行在 A 股上市后成立的首家财富管理机构正式投入运营。持续加快个人零售业务转型、着力打造高净值客户财富管理星级服务的重要举措，为重庆农商行实施"客户集中化、业务专营化、账务属地化、人员专业化、资源统筹化、业绩共享化"的财富管理机制开启了一个良好开端，有助于推动该行全面提升财富管理水平。

当前，重庆农商行财富管理业务量质齐升，业务渠道不断拓宽。重庆农商行不断完善金融产品体系，重点加强与头部基金、保险等公司合作，强化优势产品引入，满足客户多样化财富管理需求，拓宽了投资资本市场渠道。截至 2021 年年底,重庆农商行代销理财产品余额 1 078.29 亿元,代理基金业务保有规模 41.91 亿元,储蓄国债销售额 19 亿元,同比增长 87.19%,带动手续费收入同比增长 55.59%。

（2）产品体系。

重庆农商行业务主要涵盖个人金融、公司金融和小微金融三大业务板块,渠道包括柜面、自助终端及电子银行渠道。重庆农商行的零售业务主要分为存款、贷款、借记卡和中间业务,不同业务品类下涉及不同的零售产品,具体如表 7.6 所示。

表 7.6　重庆农商行零售业务与产品

零售业务类型	产品名称	零售业务类型	产品名称
存款	活期储蓄存款	贷款	个人房屋按揭贷款
	定期储蓄存款		个人经营性贷款
	个人大额存单		个人房屋抵押循环消费贷款
	结构性存款		行政企事业公务人员信用贷款
	通知存款		渝快贷、房快贷
借记卡	国债	中间业务	理财业务
	江渝普卡		基金业务
	江渝乡情富农卡		保险业务
	江渝成长卡		信托业务
	江渝芳华卡		贵金属业务
	江渝 VIP 卡		信用卡业务

从存款产品来看,重庆农商行零售业务产品呈现多元化特点,可供客户选择的存款产品较多,零售业务种类涵盖范围较广。从利率定价水平来看,相较于中国邮政储蓄银行和重庆三峡银行,重庆农商行定期存款的利率偏低,但其大额存单产品的利率则相对较高。通过对不同产品设置不同的利率,能够有效优化客户结构,抢占综合收益率较高的中高端客群。部分银行定期存款利率对比如表 7.7 所示。

表 7.7　2023 年各银行定期存款利率对比表

存款类型	存款期限	重庆农商行	招商银行	重庆银行	重庆三峡银行
定期存款	三个月	1.25	1.26	1.25	1.28
	六个月	1.45	1.48	1.45	1.49
	一年期	1.65	1.68	1.65	1.75
	两年期	2.05	2.15	2.05	2.25
	三年期	2.45	2.60	2.45	2.65
	五年期	2.50	2.65	2.50	2.75

从贷款产品来看，当前重庆农商行主要涉及三类：一是用于购房的个人房屋按揭贷款；二是用于经营的个人经营性贷款；三是用于个人消费的个人房屋抵押循环消费贷款和行政企事业公务人员信用贷款，线上渠道产品则包括渝快贷和房快贷两类产品。

从中间业务来看，重庆农商行提供了理财业务、基金业务、贵金属业务、信用卡业务及代收代付业务等，能较好地满足客户的基本需求；但从中间业务产品来看，当前重庆农商行中间业务与其他银行同质化程度较高，尚未形成有效的吸引力。

从私人银行业务来看，重庆农商行主要提供了四类产品，分别是定制理财、定制贷款优惠、定制存款业务、投资策略报告。此外，重庆农商行不断丰富权益产品体系，本地化特色日益凸显，通过打造金融场景，为客户提供"吃住行、游购娱、医学养"特色权益体系，为高净值客户打造生日礼遇、商旅出行、高端医疗、法税专家、文旅休闲、品质养生、精英教育、企业家俱乐部、财富管家等"十大增值服务体系"。

（3）组织架构。

重庆农商行总行个人业务部设立私人银行中心，属总行个人业务部二级部门，负责全行私人银行业务的统一管理和经营。私人银行中心设置私人银行中心总经理，并下设私银顾问科、市场专家科、运营合规科三个科室，虚线管理总行电子银行部私人银行电话专席及私人银行中心柜员。

7.5.3　重庆农村商业银行特色优势

（1）综合实力优势。

根据重庆农商行 2022 年财务报表数据，其资产规模达13 518.61亿元，同比增长 6.79%；存款余额为 829.7 亿元，贷款余额为 6 326.77 亿元；营业收入为 289.91 亿元，利润总额为 115.6 亿元，同比增长 3.21%；净利润为 104.78 亿元，同比增长 7.81%。从零售业务数据来看，2022 年年底重庆农商行个人存款余额为 6 773.51 亿元，同比增长 12.14%；财富管理业务收入 1.39 亿元，客户非存款类金融资产净增 15.62 亿元。据英国《银行家》杂志评选，重庆农商行在"2022 年全球银行 1 000 强"中名列第 113 位，在"全球银行品牌价值 500 强"中名列第 136 位，在"2022 年中国银行业 100 强"中名列第 22 位，居全国农村商业银行和中西部银行首位。总体来看，重庆农商行盈利能力强、拨备覆盖率高、不良贷款率低，多项指标显著优于全国银行业金融机构平均水平。

（2）客群网点优势。

重庆农商行下辖 7 家分行、35 家支行，共 1 755 个分支机构，并发起设立 1 家理财子公司、1 家金融租赁公司、12 家村镇银行、500 多个乡村振兴金融服务站、2 万台机具设备，从业人员 1.5 万人。重庆农商行零售客户达 2 900 万人，服务了重庆 80% 的人口；对公客户数近 30 万户，超过一半数量的市属重点国企、重庆 100 强企业以及大量民营企业都与该行建立了良好的合作关系。

（3）"三农"服务优势。

重庆农商行遵循国家强农富农惠农政策要求，立足重庆大城市、大农村、大库区、大山区市情，在重庆地区"三农"业务方面具有明显优势。具体表现为"三农"业务群体广泛，县域市场份额领先；"三农"业务服务渠道完善，助农惠农产品丰富；"三农"业务决策机制高效，涉农贷款市场份额居重庆市第一。

（4）小微金融优势。

重庆农商行小微客户数量居重庆市同业首位，经过多年发展，已经形成了具有专业团队、专属信贷产品和专有服务流程的小微金融服务模式。

（5）个人业务优势。

个人银行业务是重庆农商行的传统优势业务，该行围绕客户需求，大力支持居民刚需和改善型住房按揭贷款，大力发展个人消费贷款、个人经营性贷款、个人汽车贷款等个人信贷产品，持续推动个人业务稳步发展。

（6）服务网络优势。

重庆农商行始终坚持服务"三农"、服务中小企业、服务县域经济的市场定位，坚持服务实体经济本业，并充分运用其网点数量多、服务网络广、当地情况熟等优势，为大中型企业、民营及小微企业、事业单位、农村集体经济组织等各类客户提供优质高效的金融服务。

（7）特色产品优势。

在对公贷款产品方面，重庆农商行率先推出科技型企业知识价值信用贷、科技型企业助保贷、医药研发贷、小微企业发展贷、小微企业便捷贷、票快贴等为客户量身定制的金融产品；在个人贷款产品方面，重庆农商行充分发挥区域优势，积极优化信贷结构，打造渝快贷、嘿好贷、房贷乐、车停易、房贷易等个人消费贷款业务品牌，以支持城乡居民日常刚需消费和改善生活消费，有力带动了零售贷款业务稳步增长。

7.5.4　重庆农村商业银行财富管理业务同业比较

根据《普益标准·商业银行财富管理能力排名报告（2022 下半年）》，重庆农商行财富管理能力综合排名在农村金融机构中位列第 2 名，在区域性商业银行中位列第 16 名（见表 7.8）。总体而言，重庆农商行财富管理综合能力较强，具有较大的发展潜力和竞争力。

表 7.8　2022 年下半年我国农村金融机构财富管理能力综合比较

排名	银行名称	品牌与资本实力（15分）	产品线竞争力（25分）	财富服务能力（25分）	业务发展程度（25分）	财富科技实力（10分）	总分	区域性商业银行中排名
1	上海农村商业银行	11.48	21.00	22.95	22.27	6.98	84.71	7
2	重庆农村商业银行	11.66	18.81	22.50	20.48	6.75	80.68	16
3	广州农村商业银行	11.50	17.82	21.90	20.25	7.03	79.15	22
4	北京农村商业银行	12.32	17.75	21.90	19.00	5.95	77.73	26
5	东莞农村商业银行	11.02	17.21	21.40	19.99	6.22	76.76	29
6	宁波鄞州农村商业银行	10.80	16.24	20.40	20.26	6.61	75.89	33

表7.8(续)

排名	银行名称	品牌与资本实力（15分）	产品线竞争力（25分）	财富服务能力（25分）	业务发展程度（25分）	财富科技实力（10分）	总分	区域性商业银行中排名
7	杭州联合农村商业银行	10.10	18.53	18.60	20.44	6.22	74.99	35
8	青岛农村商业银行	10.52	17.36	21.00	18.49	6.44	74.93	36
9	江苏江南农村商业银行	10.97	15.10	20.30	20.01	6.45	74.05	42
10	广东顺德农村商业银行	10.66	16.35	20.20	19.18	6.34	73.96	43
11	江苏苏州农村商业银行	10.12	14.68	20.60	18.39	6.50	71.76	50
12	江苏张家港农村商业银行	9.33	15.85	20.20	18.23	5.98	71.13	53
13	成都农村商业银行	11.07	13.00	20.10	18.95	5.69	70.43	55
14	江苏常熟农村商业银行	10.22	14.33	20.60	17.77	5.84	70.38	56
15	中山农村商业银行	9.14	15.15	19.30	18.19	6.32	69.78	60
16	吉林九台农村商业银行	10.11	12.33	20.80	18.04	5.72	68.80	67
17	无锡农村商业银行	9.87	14.23	20.10	17.64	5.14	68.78	68
18	浙江稠州农村商业银行	10.32	11.25	20.70	18.33	66.37	68.77	69
19	天津农村商业银行	9.33	14.18	18.50	18.41	6.21	68.47	73

表7.8(续)

排名	银行名称	品牌与资本实力（15分）	产品线竞争力（25分）	财富服务能力（25分）	业务发展程度（25分）	财富科技实力（10分）	总分	区域性商业银行中排名
20	广东南海农村商业银行	9.95	14.30	16.90	18.25	5.61	67.01	79
21	长沙农村商业银行	9.25	12.70	20.00	17.11	5.32	66.44	80
22	江苏紫金农村商业银行	10.08	11.20	19.10	17.96	5.46	65.91	81

数据来源：普益标准·普益寰宇研究院。

具体比较来看，在品牌与资本实力排行榜中，北京农村商业银行、重庆农村商业银行、广州农村商业银行、上海农村商业银行和成都农村商业银行排名农村金融机构前5位，分列区域性商业银行第6、18、20、21和26位。

在产品线竞争力排行榜中，上海农村商业银行、重庆农村商业银行、杭州联合农村商业银行、广州农村商业银行和北京农村商业银行排名农村金融机构前5位，分列区域性商业银行第7、17、23、29和30位。

在财富服务能力排行榜中，上海农村商业银行、重庆农村商业银行、北京农村商业银行、广州农村商业银行和东莞农村商业银行排名农村金融机构前5位，分列区域性商业银行第8、17、26、27和34位。

在业务发展程度排行榜中，上海农村商业银行、重庆农村商业银行、杭州联合农村商业银行、宁波鄞州农村商业银行和广州农村商业银行排名农村金融机构前5位，分列区域性商业银行第5、17、19、20和22位。

在财富科技实力排行榜中，广州农村商业银行、上海农村商业银行、重庆农村商业银行、宁波鄞州农村商业银行和江苏苏州农村商业银行排名农村金融机构前5位，分列区域性商业银行第4、8、16、22和25位。

8 商业银行财富管理业务发展存在的问题

总体而言，近年来我国商业银行在推进财富管理业务发展中取得了诸多明显成效，但从客观分析来看也存在一些问题，这些问题在很大程度上制约了商业银行财富管理业务的进一步发展。因此，明确这些问题将是针对性提出发展对策，进而有效提升财富管理业务发展质效的逻辑起点和重要前提。

8.1 商业银行财富管理业务发展中存在的共性问题

8.1.1 财富管理业务缺乏长期发展战略规划

发展战略是企业对环境变化、组织变革的适应机制，制定全面而成熟的发展战略是商业银行生存的关键，可以使商业银行在瞬息万变的环境中立于不败之地，若缺乏战略规划，商业银行的运作将会缺乏前瞻性、目标性和目的性。当前我国商业银行在战略规划方面主要存在以下问题：

（1）缺乏对发展战略的长远规划。

首先，部分商业银行发展观念滞后。近年来，商业银行所面临的宏观经济环境、经济金融政策、市场竞争格局等均在加速演变，这使得商业银行的传统业务体量变小了，风险变大了，利润变薄了，此前的业务运作模式也难以适应新的经济环境，越来越多的商业银行开始意识到业务转型的重要性。在新形势下，大多数商业银行将发展财富管理业务作为自身业务转型的重点方向，然而部分中小银行尚未改变传统经营观念与模式，对财富管理业务快速发展的趋势认识不足，发展观念仍停留在传统业务方面，缺乏对新型业务的布局与考量。其次，部分商业银行缺乏长期性整体发展规划。当前财富管理行业竞争日趋激烈，各大商业银行全面发力，聚焦财富管理业务；证券公司与基金公司也充分发挥客户优势，积极开展基金代销、投顾与理财等业务。此外，第三方互联网平台借助传统货币基金的场景化嵌入，在其规模不断扩大的前提下，以"货币—理财替代—权益—封闭权益"为路径，逐步深耕财富管理行业，各类金融机构都在充分发挥自身优势，以抢夺财富管理市场份额。相较而言，一些中小银行只从事一般的理财咨询、单一产品代销、投资基金保险等理财工作，尚处于财富管理业务的初级阶段，并没有制定相对成熟的整体发展战略，在很大程度上对财富管理业务的发展路径还不明确。

（2）缺乏对财富管理品牌的规划与培育。

美国著名的广告研究专家莱特曾说："拥有市场将会比拥有工厂更重要，拥有市场的唯一办法是拥有占市场主导地位的品牌。"纵观国外成熟型商业银行，其财富管理业务经过多年发展，品牌内涵已相对完善，不仅拥有全国或全球统一的 Logo，能向客户展示本行专业、优质、尊贵或个性化的财富管理服务形象，还积极利用各类媒体、网站等渠道投放广告，快速提升了自身财富管理品牌在本土市场的认知度和美誉度。尽管当前国内商业银行纷纷推出了针对高端个人客户的专属品牌，如工商银行的"工银财富"、招商银行的"金葵花"、民生银行的"非凡财富"等，但从服务内涵来看，品牌的差异化还不太明显，品牌的延展度也相对薄弱。部分银行在品牌建设上缺乏较为系统的定位和策划，财富管理品牌和企业文化之间缺少深度融合，各品牌之间关联性也不强，缺乏内在逻辑联系。总体来看，我国商业银行在财富管理业务发展方面，针对品牌的建设与培育仍然处于探索阶段。

8.1.2 财富管理产品创新力度不够

近年来，在国内股市波动剧烈，证券投资赚少赔多、房地产市场调控严厉的形势下，居民投资理财、保值增值的渠道逐渐收窄，银行理财产品以其投资风险较小、门槛较低、收益较高等优势，越来越受广大投资者青睐。理财产品是资本市场的晴雨表，也是商业银行向全能银行转型的重要一步，目前我国商业银行的理财产品在创新性、产品细分等方面还存在一些问题。

（1）产品研发和创新能力不足。

产品研发能力和创新能力是商业银行理财业的核心竞争力，为更好地服务客户，商业银行需按照财富管理业务发展规律和客户个性化需求，不断进行产品创新，设计具有较好市场前景和极具竞争力的产品。一些中小银行在技术研发和产品创新方面的能力还比较薄弱，其业务发展与科技进步的融合不够，使得银行产品通用性较差，产品深层次创新受到制约；在管理体制方面，部分银行缺乏专门的机构或部门对市场需求信息及同业理财产品进行充分研究，从而做出灵敏反应；在管理机制方面，部分银行对理财产品创新的重要性缺乏足够认识，在发展的战略决策上没有把产品创新摆在重要的位置，产品的开发和推广也缺乏科学性，尚未形成一个有利于调动各级部门和全行员工积极创新的机制。总体而言，产品创新能力不足会导致商业银行理财业务核心竞争力较弱，从而引发商业银行在理财产品市场的恶性竞争，这种竞争不但对商业银行自身发展不利，而且也使得我国广大投资者失去了丰富的财富保值增值路径。

（2）产品同质化明显。

当前国内各类型的商业银行都已陆续推出各自的理财产品，市场上的理财种类繁多，但总体而言，产品同质化现象较明显。与国外成熟的理财产品相比，国内商业银行财富管理产品的差异化和个性化稍显不足，部分商业银行在设计理财产品时，仅仅将证券、基金等资本市场上已存在的产品进行简单拼凑，区分度较低，不能满足客户的个性化需求；且一家银行推出一种产品后，其他银行纷纷模仿其产品设计，导致市场上的理财产品大同小异。银行理财产品的同质化会带来一些不良后果，如无法吸引年轻群体，当前我国银行理财产品呈现"偏老人"的特征，而非银行理财产品则呈现"偏青年"的特征。从银行定期存款来看，其覆盖群体多为60岁及以上的老年人，户主年龄在30岁以下的家庭，其定期存款拥有率仅为16.6%；户主年龄在60岁及以上的家庭，其定期存款拥有率达到34.3%。在银行理财产品方面，与年轻群体相比，其对老年群体的黏性更强，户主年龄在30岁以下的家庭，其银行理财产品拥有率只有4%；而户主年龄在60岁及以上的家庭，其银行理财产品拥有率达到11.2%。由此可看出，银行定期存款及理财产品对老年群体黏性较高，但对年轻群体来说却缺乏足够的吸引力①。因此，如何更好地抓住年轻群体，是商业银行设计理财产品时应着重考虑的问题之一。

（3）市场细分程度不够。

理财产品细分是指银行通过市场调研分析，依据客户对理财产品的需求、购买动机和购买习惯等差异，把整个理财产品市场划分为若干个消费者群的过程。在当前经济全球化、利率市场化、服务多元化的理财产品市场中，无论规模多大、产品多丰富的银行，都不可能占据所有市场份额，满足所有客户的需求。因此，综合考虑自身资源，确定合理的市场地位，对商业银行维持竞争力而言十分重要。当前部分商业银行在进行理财产品设计时，未对市场加以正确细分，也未综合考虑理财客户的资产特征、风险偏好及其所处的生命周期阶段等因素；在提供理财产品时，只为客户提供预先设计好的大众化理财产品，产品类型大部分为贷款类、债券类和货币市场类等期限短、稳健性的理财产品，这种理财产品适合普通大众，而对于其他类型的客群并未推出针对性的理财产品，缺少对不同客群的需求分析及真正意义上的针对客户的个性化设计。

（4）产品创新的部门协同有待加强。

金融机构与辅助服务机构之间形成集聚效应，构建一体化市场资源配置体系，这是商业银行开展财富管理业务创新和实现综合化经营发展的重要基础。对于那些复杂程度及个性化程度较高的财富管理产品（如家族信托类产品），商业银行财富管理部门需要与律师事务所、会计师事务所、移民中介机构等专业辅助服务机构展开合作，以实现"管家式"的增值服务，而当前我国商业银行与专业辅助服务机构的合作较少，即便有合作也主要选择与本行总行有合作协议的专业辅助服务机构，总体而言创新的微观基础还不够坚实，亟须进一步强化。

8.1.3　财富管理业务组织架构不合理

组织架构是商业银行财富管理的重要组成部分，它确定了商业银行的管理模式和管理规范，关系到银行的效率、运营成本和绩效，科学合理的组织架构可以提高银行的绩效、降低银行运营成本，帮助银行更好地服务客户，当前我国商业银行财富管理的组织架构存在以下问题：

---

① 路晓蒙，甘犁.中国家庭财富管理现状及对银行理财业务发展的建议［J］.中国银行业，2019（3）：94-96.

（1）业务模式相互分离。

对于商业银行而言，其财富管理业务往往与其他绝大部分业务，如银行资产、负债业务等存在密切联系，而部分商业银行忽略了其中的关系，将财富管理业务归由个人金融部门进行管理，其他与财富管理业务相关的业务则分别由中间业务部门、房贷部门等进行管理，使财富管理业务形成了与其他部门业务相关，但独立于其他业务之外的管理体系。业务模块之间的相互独立，导致商业银行组织机构的严谨性、时效性降低，理财运行体制效率也大大下降，一方面使得理财业务部门无法充分利用其他部门现有资源，设计出更多个性化、高质量的理财产品；另一方面将理财业务部门的风险管理与其他部门的风险管理相分离，极大降低了商业银行对整体风险的把控。

（2）财富管理部门独立性较弱。

随着财富管理市场的飞速发展，我国各商业银行逐步意识到财富管理业务的重要性，开始设立独立的财富管理部门，但一些财富管理部门的设立仅存在于形式上，而非真正意义上独立经营、单独核算的事业部制。组织架构上的条块分割、多头管理，导致商业银行内部协调环节过多、协调成本过高，这在一定程度上降低了银行的内部资源整合和综合经营能力，阻碍了商业银行财富管理业务的发展。

（3）部门职责分工不明确。

部分商业银行在发展财富管理业务的过程中，未能有效整合业务流程和部门职责，出现业务线不清晰、部门职责不明确等问题，导致"营销的人不懂产品""懂产品的不去营销或不愿意营销""负责营销公司的企业客户经理不会去推销个人业务""个人客户经理不会去争取企业客户"等不良现象产生。尽管目前许多商业银行的服务团队、服务平台已逐步成形，但因为缺乏健全的沟通机制和利益共享机制，业务线、产品线受到部门设置的制约较明显，从而无法形成合力来提升服务品质。

8.1.4 财富管理服务水平有待提高

《中国式财富管理》中对财富管理的定义：财富管理是指以客户为中心，根据客户的财务状况、风险偏好、预期目标，设计出一套全面的方案，通过向客户提供现金、信用、保险、投资组合等一系列金融服务，将客户资产、负债、流动性加以综合管理，以满足客户不同阶段财富需求，帮助客户达到降低风险、实现财富保值增值和传承目的的活动。从该定义出发可知，财富管理是一项以客户为中心的综合化服务，要求商业银行有较高的服务水平，然而目前部分商业银行在财富管理服务水平上仍存在一些亟须提升的地方。

（1）专业化程度不够。

从需求端来看，随着国内投资理财机构的日趋完善，不少家庭积极主动借力专业权威的财富管理机构进行理财，有关数据表明，家庭对银行理财投资服务和资产配置服务的需求分别为 24.6% 和 10.3%，仅次于家庭对存取款、缴费、转账等业务的需求，但从实际接受的投资理财服务来看，家庭的整体参与率并不高。总体来看，全国仅 1.3% 的家庭拥有理财顾问，可投资资产在 10 万元以下家庭的投资顾问拥有率仅为 0.2%，可投资资产在 10 万~100 万元家庭的投资顾问拥有率仅为 1.7%，可投资资产在 100 万元以上家庭的投资顾问拥有率也仅为 5.5%，可见无论哪个财富规模的群体，都存在较大的投资顾问需求缺口①。从供给端来看，客户对专业化理财的需求较高，但银行实际获客率较低，究其原因在于商业银行现有理财服务的专业化程度不够：一是银行投资顾问业务发展较慢，从实质上讲，理财业务是商业银行金融业务的延伸，它应当针对客户的需求及财务状况提供长远的财富管理策略并协助实施，但多数银行的理财业务目前还局限在产品开发和推介环节，主要通过组织网点渠道开展产品介绍、宣传及销售工作，缺乏一套成熟的顾问业务体系；二是银行理财业务与客户实际需求不符，我国家庭对银行财富管理、资产管理和金融服务等多种形式的需求，常常要求其具有综合性的业务特征，比如办理企业存款、购买企业养老保险、办理企业纳税等，客户所需的银行金融服务产品及业务类型较多元化，这就要求由不同业务类型的大型金融机构共同来完成。然而，当前部分商业银行的理财业务未能充分考虑到我国家庭财富管理需求的复杂多样性，推出的理财产品和服务与我国家庭的财富管理需求之间存在较大差距，银行未能有效结合家庭财富管理现状科学规划理财业务、合理设计理财产品，导致理财产品与客户的真实需求不匹配，致使客户对商业银行财富管理的满意度偏低。

---

① 路晓蒙，甘犁. 中国家庭财富管理现状及对银行理财业务发展的建议 [J]. 中国银行业，2019（3）：94-96.

（2）客户细分不明确。

当前，客户金融需求的多样化及个性化趋势日趋明显，为客户提供符合其实际需求的理财产品和服务，并将研发出的理财产品在合适的时间推荐给合适的客户，就要求商业银行充分了解客户的资金规模及理财目的，对客户进行准确定位及明确细分，在财富管理服务上做出从标准化到定制化、从单一化到复合化的转变，全面提升客户体验。当前部分商业银行在客户细分上还存在一些问题：首先部分商业银行只意识到需要进行客户细分，但未想清楚细分后应该做什么，脱离目标的细分缺乏实际应用意义；其次部分商业银行未采用系统的细分方法，在没有仔细研究客户行为、客户需求的基础上，仅仅用一些简单的指标进行盲目细分，而未建立按多重标准（如资产价值、地理区域、投资风格、风险态度等）交叉筛选关键优质客户群体的完整体系。总的来看，我国商业银行在精准分析客户偏好和行为，实现客户准确定位，进而针对不同客群建立适配的服务体系和开发个性化产品方面仍有较大提升空间。

（3）客户关系管理待优化。

客户资源是当前商业银行发展的核心竞争力之一，只有科学合理地运用客户资源，做好客户关系管理，才能更充分地利用客户资源、深入挖掘客户潜在价值，促进商业银行加快改革步伐，推动商业银行战略目标的实现。目前部分商业银行在客户关系管理方面仍待优化：一是对客户关系管理理念的认知不足，虽然各商业银行都能意识到高端客户能带来巨大的效益，但"以客户为中心"的经营理念尚未完全建立，部分商业银行还是"以产品为导向"的经营模式，只重视对产品的管理、营销，而不重视客户的需求，且部分客户经理的营销理念过于传统，将客户关系仅仅片面地理解为人际关系，认为有了良好的人际关系和客户资源，就能在竞争中立于不败之地，这种传统的营销理念不能满足优质客户的多样化需求；二是客户信息的部门分割问题较严重，个人业务部门、公司业务部门和机构业务部门所掌握的信息通常不是互通的，商业银行各部门信息保存零散、信息不同步，导致处理客户业务时容易出错且效率低；三是大数据应用效果不好，当前多数商业银行均开始利用大数据进行客户分析，但将大数据处理的客户分析结果应用于客户关系管理和精准化营销的行为并不普及，部分商业银行理财经理和投资顾问仍然把时间花在产品营销上。

（4）营销模式不精准。

一是在建立营销团队方面，部分商业银行未按照不同客户群体的需求设置部门，组建一个包含前台、中台、后台的营销团队，有针对性地满足客户全方位、个性化的金融需求。二是部分商业银行理财产品营销模式精准程度较差，在产品推出过程中过于盲目，只采取普惠化的活动和产品推介会等方式，对于参与活动的客户缺乏精准的定位和细致的分类，未重点关注每位客户的资产情况和个性化的需求，最终导致营销效果不佳。

8.1.5 财富管理业务渠道建设不完善

渠道是客户服务、产品销售与品牌推广的重要支撑平台，也是客户接触银行的前端触点，直接关系到客户的体验。商业银行作为提供金融产品和服务的一种营利性机构，其所提供的产品和服务以及业务的运营和管理都是通过多种渠道来完成的，一家银行渠道的多寡、完善程度和运作效率都直接影响着其市场竞争力。当前我国商业银行财富管理业务在渠道建设方面主要存在两方面的问题。

（1）偏重以网点为中心的线下服务。

首先，在渠道建设上，部分商业银行仍将线下网点作为其建设重心。在大数据时代背景下，商业银行的客户群和业务线均逐步呈现"线上化"趋势，网点的交易功能被大幅弱化，而且近几年受疫情的影响，商业银行网点客流量进一步下降，传统网点面对面式的营销模式面临严峻挑战，在线上金融服务逐步常态化的今天，仍有部分商业银行未能摆脱物理网点的束缚，延续着以往的线下获客模式，将线下网点作为银行的主要获客渠道，这对商业银行发展财富管理业务产生了制约。

其次，在线下网点建设上，部分商业银行未对其进行统筹布局优化。线下网点虽不再是当前商业银行进行渠道建设的重心所在，但线下网点作为商业银行的传统优势之一，仍然是银行触达客户的重要渠道，在获客营销特别是在财富管理、商圈营销、中高端客户服务和线上线下协同等方面，仍发挥着不可替代的作用。当前部分商业银行线下网点的建设仍存在一些问题，从网点外部布局来看，其建设力度未及时跟上城市发展的步伐，在一些经济相对发达的地区，物理网点相对偏少，投放力度不足，向新兴战略地进驻的速度缓慢，反而在老城区线下网点占比相对较高，辐射范围大量重叠。从网点内部布局来看，其建设同质化较为严重，网点装修、配置几乎相同，人员配置、机具配置基本一致，网点建设未能通过特色服务及业务的塑造打造出自身的品牌与口碑。网点内外部布局的不合理不仅会造成客户到店体验不佳、互动性差、流失率高，而且也是商业银行开展财富管理业务创新的直接阻碍。

（2）线上渠道建设和生态化布局不足。

从客户群体来看，80后、90后逐渐成为当前商业银行财富管理业务的主要客群，这两类群体成长于互联网时代，大多具有"天生线上"的特质，对于手机和网络销售渠道有强烈的依赖性，有调查发现这两类群体平均每年到银行柜台办理业务的次数不到一次，他们对产品的判断不仅是基于收益、期限和风险，还包括咨询、购买和售后环节所带来的互动体验①，可见随着主流客群的改变，数字服务水平已逐渐成为获取客户的一个关键因素。从客户需求来看，随着金融科技的高速发展和数字技术的快速升级，客户的活动场所发生了巨大变化，特别是线上移动端的各种场景已成为客户在日常生活中获得各种服务的主要渠道，这进一步触发了客户需求的个性化及碎片化，这就要求商业银行必须加强线上渠道的建设和生态化布局，并提升其随时随地服务客户的能力。然而，当前部分商业银行对财富管理业务线上渠道的建设仍缺乏足够重视，在线上渠道建设方面，平台覆盖度不够、渠道多元化不强、应用场景不便捷，无法直观快速、及时高效地贴合客户需求，最终导致线上渠道获客能力不足；在线上渠道场景化生态布局方面，一是场景内容粗糙，部分商业银行为快速抢占新场景实现对同业的"弯道超车"，急于求成搭建的场景较为粗糙，如部分手机银行App适老化版本界面设计复杂，交互操作不便捷，功能元素冗余；二是场景差异性较低，部分商业银行线上场景同质化严重，未能凸显自身特色；三是在线上渠道整合方面，存在渠道间割裂较为严重的问题。由于经营理念及科技水平的限制，渠道未形成整合优势，各平台之间的衔接不够理想，各自为战、相互割裂，客户信息未完全打通，未形成统一有效的业务流程、产品功能和营销体系，这不仅增加了建设和运营成本，也影响了客户的便捷度和体验感。

8.1.6　财富管理业务数字化经营能力不足

后疫情时代，数字化经营已经从"附加项"变为"必选项"，数字化转

---

① 胡利明. 数字新连接：银行财富管理业务破局之道 [J]. 中国农村金融, 2021 (5)：96-97.

型已成为新时代商业银行发展财富管理业务的必然选择。成功的数字化转型是一个系统性工程，它包含了信息化转型、服务流程转型、领导力转型、客户体验转型以及工作资源转型等。尽管近年来，我国商业银行在财富管理数字化经营中已探索并积累了一定的经验，但部分商业银行在该方面还存在短板，尤其是在客户信息、系统平台、营销跟踪等方面还亟须提升。

（1）客户信息系统不健全。

寻求及挖掘客户是开展财富管理业务的第一步，随着我国商业银行对客户信息管理的重视程度逐渐提高，尽管大多数商业银行已经建立了针对财富管理业务的客户信息系统，但其中还存在一些问题：一是客户信息精细化程度不高，导致客户与客户经理的对应关系不准确，出现了一些客户经理所管理的信息系统中有不属于自己的客户，而自己的客户不在自己管理的系统内的现象，降低了对客户的服务效率；二是客户信息完整程度较低，客户的基本信息得不到有效维护，导致客户经理在开展财富管理业务时，不能依据系统中的数据对客户需求进行有效匹配，从而无法给予客户专业性意见并及时更新产品供给；三是客户信息数据时效性不强，尽管大多数商业银行会借助客户信息管理系统进一步挖掘客户特征，如投资风格、风险态度等，但关键信息的完整率不高且时效性不强，导致客户经理不能及时根据客户现状改变而做出相应调整。

（2）数字化转型手段同质化明显。

随着新兴技术的广泛应用和技术鸿沟的逐渐缩小，新型的同质竞争日趋激烈，在银行业开始数字化转型之前，竞争就已经较为突出，随着数字化转型不断深入，银行间竞争逐步从线下转向了线上，数字化竞争已成为一种新的竞争形式。当前，不同类型的银行都积极参与数字化进程，但由于新技术普及和研究人员知识结构同缘等原因，大部分商业银行在数字化过程中所采用的方法和技术手段大同小异，各家银行线上产品和服务存在显著的同质化特征。例如，大多数银行的手机App都只提供一些普通基础服务，包括账户服务、理财投资（如基金、证券服务）、存款、贷款、转账支付、缴费等，缺乏各自的亮点服务。在数字化背景下，如何找到一条适合自己的发展之路，是各大商业银行必须考虑的问题，若商业银行在数字化转型过程中不重视科技投入，不积极利用金融科技挖掘特色产品和创新服务，将无法在新一轮数字竞争中站稳脚跟。

8.1.7　财富管理专业人才配置不足

作为专业性金融机构，商业银行集产品研发、市场营销、金融服务、经营管理等诸多职能于一体，各模块的人才如同一块块"基石"，支撑着商业银行这座"大厦"，只有"基石"牢固，"大厦"才能经得住风吹霜打。简言之，只有以人才为本，才能激励创新；只有不断创新，才能发展壮大。对于商业银行而言，从业人员的专业素质和职业操守是财富管理业务实现规范、持续、健康发展的底座和基础，人才是商业银行实现可持续发展的动力之源。当前我国商业银行财富管理业务在专业化人才队伍建设方面主要存在以下几方面问题：

（1）复合型人才存在较大缺口。

财富管理业务具有综合性强、专业素质要求高、直接涉及公众利益等特点，这就要求从业人员不仅需要有良好的职业操守、优秀的沟通能力，还需要具备突出的专业技能和较强的综合能力。一个专业的理财人员必须能够基于客户实际经济状况、风险偏好、财富管理目标等多重因素，为其提供合适的财富管理产品；针对中高端客群，更要设计并定制专门的财富管理方案，提供满足其需求的个性化财富管理产品和服务。专业理财人员必须全面掌握金融、法律税务、实体经济等综合性理财知识，但由于我国商业银行财富管理业务起步较晚，理财人员专业水平较低，缺乏大量拥有综合财富管理知识与经验的复合型人才。在从业人员资质上，市场上缺乏具有注册金融策划师、注册会计师等背景的优质从业人员，且部分商业银行重点关注财富管理业务人员的产品销售能力，导致从业人员专业水平较低，研究分析能力相对偏弱。此外，随着大数据和互联网金融的不断发展，财富管理业务进入转型升级阶段，银行业正加快推动区块链等技术应用，传统财富管理业务不断向科技化、智能化方向转变，这对财富管理从业人员提出了更高的要求。因此，利用金融科技、大数据分析提升从业人员的专业服务水平迫在眉睫，为支撑财富管理业务更好地转型发展，商业银行迫切需要复合型人才。

（2）理财经理专业能力不足，服务效率较低。

在理财经理专业能力方面，当前许多商业银行的理财经理都是由过去的业务经理转型而来，其专业水平、业务操守和职业综合素养均有待提升。从业人员素质不高、专业能力不足会直接影响理财经理的服务质量及营销效率，甚至有可能增加银行产生操作风险的概率。一般而言，为了向客户提供更优质的财富管理服务，每名理财经理只能服务一定数量的客户，但从实际情况来看，大部分商业银行理财经理人均管理客户数量较多，远超其管理能力，导致服务效率偏低，不利于客户服务重心下沉，同时还容易造成客户流失，影响财富管理业务客群基础。

（3）专家顾问团队建设滞后。

为更好地满足客户需求以支撑财富管理业务发展，国外大多成熟型商业银行均为财富管理业务配备了专业化后台团队，例如花旗银行直接为Citigold 客户配备投资顾问和外汇顾问专家；汇丰银行汇集全球投资专家组成卓越理财专家团队，以便前台营销团队更好地为客户提供市场资讯和专业分析等。相较而言，我国商业银行对专家顾问团队建设的重视相对不足，未建立专业的后台支持团队，导致客户日益强烈的税务筹划、财富传承、移民教育等非金融需求得不到有效满足。

（4）财富管理部门考核机制欠科学。

一是考核指标体系不科学。部分商业银行员工的考核指标、工资薪酬与理财产品的销售业绩挂钩，甚至根据理财产品的销售额度进行提成、分红，从而出现管理盲区。员工为完成业绩，想尽一切办法诱导客户购买产品，在营销过程中主要以产品为导向而非以客户为导向，未根据客户基本情况和理财需求做出理财规划，甚至有些部门为了自己的业绩和私利，出现欺诈客户的现象，导致客户体验感和满意度下降，不信任感加剧。例如，在民生银行航天桥支行"30 亿假理财产品案"中，百余名私人银行客户购买了虚假的理财产品，最终损失惨重。二是考核指标区分度不高。针对不同岗位，其考核指标不应"一刀切"，而是应该各有侧重点，例如在高级理财经理和普通理财经理的考核上，高级理财经理更偏重管理职能，因此应侧重在客户层面和内部运营层面对其进行评价，而普通理财经理，则应侧重在财务指标和学习成长方面对其进行评价。

（5）财富管理部门激励机制不合理。

在商业银行财富管理业务团队建设上，如何对人员进行有效激励是不容忽视的重要问题。当前我国商业银行在激励机制建立上存在一些问题，一是激励方式单一、过分注重物质激励。物质激励特别是金钱激励尽管是最直接有效的激励方式，在短期内能迅速提高员工的积极性，但从长期来看，其过分注重现实利益，弱化了银行与员工的情感联系，使员工缺乏归属感；二是激励机制缺乏长效性，导致员工的行为短期化，容易引发道德风险；三是未能及时兑现激励承诺，对于员工的工作表现未及时给予相应的奖惩，导致激励制度空壳化，在一定程度上削弱了员工的积极性和主动性。

8.1.8 财富管理业务风险防控不足

近年来，商业银行内部运行机制及外部竞争格局不断发生变化，使得其在财富管理业务发展过程中面临的风险不断增多，这在一定程度上为财富管理业务发展带来了挑战。总体而言，商业银行财富管理业务发展中主要面临以下几方面的风险：

（1）信用风险。

为更好地开展财富管理业务，商业银行需全面了解客户信用资料，这对商业银行向客户提供借款服务及理财服务至关重要。商业银行在开展信用风险防控时，最主要的任务就是要建立全面的信用体系，并不断予以补充和完善。商业银行内部征信系统不完善会导致银行无法对客户的信用状况做出全面评价，在很大程度上增加了银行的信用风险。部分农村地区银行的征信体系还存在数据采集模式单一的问题，其未能充分利用数字化系统，采集数据的方式主要为登门调查、手工录入，极大地增加了信息收集的难度，也增大了商业银行面临的信用风险。

（2）市场风险。

当前，商业银行在财富管理业务上的营业收入主要集中在理财业务和顾问服务等方面，面对日益激烈的产品同质化竞争，商业银行为提升业务收益率，会更多地通过股票、外汇和金融产品开展分散投资。然而，不同金融工具的价格波动有所不同，随着市场环境变化，不同金融工具所蕴含的市场风险也有所差异，这就导致商业银行面临的市场收益不确定性增加，以及财富管理的市场风险日益突出[1]，为此商业银行需对市场风险进行有效监测，并构筑起稳健的风控体系。

（3）操作风险。

当前，我国商业银行面临的竞争日趋增加，不少商业银行为了大力发展财富管理业务，创造更高的收益率以完成相应的业务指标，对员工均下

---

[1] 程希. 商业银行财富管理风险评价研究 [J]. 广西质量监督导报，2021（1）：183-184.

达了一定的客户数量指标，依其任务完成情况来评判员工业绩，这很容易导致商业银行在财富管理业务发展过程中只重点关注业务数量的突破，而忽略了业务整体质量的提升。部分员工为了提高获客率，可能存在通过违规操作手段来提升业绩的动机，表面上看银行的客户群体在增加，银行的财富管理市场占有率在提高，但实际上却存在不同程度的操作风险，从而为商业银行稳健发展财富管理业务带来了挑战。

8.2 重庆农村商业银行财富管理业务发展中存在的突出问题

（1）缺乏特色的财富管理业务品牌。

重庆农商行立足重庆，竭力为广大农民及中小企业提供信贷支持，积极服务地区"三农"经济，深耕巴渝大地，其"平民路线"形象早已深入人心。尽管重庆农商行在改制后不断进行品牌创新，但其"根植地方、服务大众"的主流路径并未改变。当前提到重庆农商行，人们往往会首先想到其"三农"特色金融服务、特色农贷服务等，对其在财富管理方面的业务却缺乏更多的认识。

随着财富管理行业竞争日趋激烈，国内大型商业银行纷纷打造专属产品，如招商银行的"金葵花理财"、工商银行的"工银财富"等均享誉业内，相较而言，重庆农商行在财富管理业务方面尚缺乏专属亮点品牌，在吸引客群方面优势不足。从非金融服务来看，当前重庆农商行主要为客户提供健康体检、车辆紧急救助、子女留学、机场贵宾厅、境外旅游等与其他银行同质化较明显的服务，缺乏更具特色的专属服务和特色服务，对客户的吸引力也不高。

（2）缺乏足够的客群细分。

从重庆农商行业务发展情况来看，其当前主要聚焦于开展差异化的理财产品创新和营销服务，对客户群体尚没有进行足够的细分。对财富管理业务发展而言，低端客群、中端客群和高端客群的财富管理目标与需求均有不同，重庆农商行需要结合各类客群的实际需求特征，提供差异化的财富管理产品和服务，以有效提升客户忠诚度。

（3）缺乏科学的财富管理业务营销理念。

长期以来，重庆农商行深受传统营销理念的束缚，对观念革新的重视程度不够，在财富管理业务发展过程中，缺乏主动学习现代营销理念的自觉性，营销人员在理财产品销售过程中的服务意识、合规文化意识和换位思考意识都有待提升。重庆农商行在乡镇和区县支行中具有鲜明的客群优势，同业竞争数量较少，面对的竞争压力较小，导致网点业务人员大多采取被动营销方式，仅仅为满足客户业务办理需要而开展业务，主动营销的动力不足。此外，重庆农商行对财富管理业务的营销策略缺乏整体规划，尚停留在依靠利率优势、积分换礼等传统营销方式开展营销工作，营销形式单一，缺乏主动为客户规划理财、提供金融咨询等综合服务的营销理念。

（4）缺乏专业的财富管理业务人才和团队。

自组建以来，重庆农商行高度重视人才队伍建设，员工结构不断优化，专业团队建设成效明显提升，然而，相较于国内财富管理业务标杆银行，还存在一定差距。首先，重庆农商行员工人数虽多，但高学历人数占比较低，拥有经济金融教育背景的员工仍相对偏少，在一定程度上限制了团队的专业度；同时，金融科技专业人才缺乏，在数字化智能化时代，对金融科技的接受度和创新度偏低，重庆农商行与同业在员工教育背景方面的简要比较如表 8.1 所示。其次，重庆农商行创新型人才缺乏，当前在财富管理产品和服务设计上，仍表现出明显的跟随趋势，与其他银行的相关产品同质化明显，未能针对自身具有比较优势的客群，针对性设计特色财富管理产品。最后，重庆农商行针对员工在财富管理业务方面的相关培训不够、相应激励机制不健全，导致员工财富管理服务意识整体不强，拓展业务能力的动力不足。

表 8.1　重庆农商行与同业在员工教育背景方面的简要比较

	招商银行	中国银行	中信银行	重庆农商行
研究生占比/%	22.90	10.55	25.17	5.90
本科生占比/%	63.41	68.48	70.76	70.07
专科及其他/%	13.69	20.97	4.07	24.02
金融科技人员数量/人	10 043	12 873	4 286	440
金融科技人员占比/%	9.69	4.20	7.73	2.95

资料来源：各银行 2021 年年报。

9   商业银行财富管理业务发展策略

近年来，我国商业银行财富管理业务发展取得明显成效。展望未来，财富管理业务将是商业银行业务转型的重要方向和利润增长的重要来源，也将是商业银行核心竞争力的重要体现，因此，推进财富管理业务稳健发展是商业银行的重要战略选择。有鉴于此，针对前文梳理的商业银行财富管理业务发展中存在的问题，提供切实可行的解决对策无疑是确保财富管理业务稳健发展的前提。

9.1   以家庭财富配置需求为导向的商业银行财富管理业务发展策略

随着居民财富快速增长，家庭对财富合理配置的需求越来越高，从而对商业银行财富管理业务的发展也提出了更高要求，因此，商业银行需要针对家庭财富配置需求，提供更加专业、精准、个性化的财富管理服务，以满足家庭的多元化财富配置需求。同时，为了确保商业银行在财富管理市场中获得更多发展机会，还需要对其财富管理业务制定一些针对性的发展策略，以更大程度地发挥其在财富管理方面的比较优势，更好地服务于家庭财富配置需求。

9.1.1   合理制定财富管理业务长期发展战略

（1）立足长远规划，制定以客户为中心的财富管理战略。

从商业银行自身发展角度来看，财富管理是其战略转型的重要内容；从国际经验来看，财富管理是现代商业银行利润增长的重要来源；从社会需求来看，我国财富管理市场具有巨大发展潜力；从市场条件来看，金融市场运行体系不断完善，为财富管理业务发展提供了重要保障。综合各种条件来看，商业银行将财富管理作为自身发展的重要战略也是其业务发展的必然选择。为有效推进财富管理业务发展，商业银行需要从长远、全局的视角来研究和制定科学的财富管理战略规划，其核心内容就是要坚持以客户为中心。客户配置财富的目的是更好地实现资产的保值增值，因此商业银行要将客户利益最大化作为核心理念来创新财富管理业务，如果商业银行将代销费、管理费、托管费、后端收益分成等经济利益目标作为业务发展的出发点，这将与财富管理业务的初衷相悖，也会对客户利益造成损害，自然难以实现长远可持续发展。因此，商业银行必须以客户需求作为业务发展的出发点，结合客户资产规模、家庭特征、风险偏好等因素，制定与之相适应的财富配置规划，从而真正帮助客户实现资产的保值增值，并大大降低客户投资的风险，只有实施"以客户为中心"的财富管理战略，才能确保商业银行财富管理业务实现高效、稳健、可持续发展。

（2）找准特色定位，塑造以客户为中心的财富管理品牌。

为有力推进财富管理业务发展，商业银行应充分根据自身现有客户资源，明确自身市场发展定位，同时积极借鉴发达国家商业银行的成熟经验，找准特色定位，在自身具有比较优势的重点领域，加大相关资金及人力的投入力度，明确相关业务的发展策略，制定可持续发展的管理体制。同时，商业银行应注重财富管理品牌塑造，并加强品牌管理。品牌是商业银行的重要无形资产，也是财富管理的旗帜，一个强大的财富管理品牌是提升商业银行市场影响力的关键因素，对业务发展具有事半功倍的效果。商业银行应将"以客户为中心"作为核心理念，以客户需求为导向，以服务客户为基础，打造具有强大竞争力的财富管理业务专属品牌，这是商业银行能在竞争激烈的财富管理领域中脱颖而出，并保持优势的前提。为推进品牌建设，商业银行应制定系统的推广策略和发展规则，统一策划、整体推进，以产品、服务、商标、新闻发布、公关广告、公益活动等有效信息为载体，稳定、直接、全方位地让客户获得品牌信息，努力向公众传达统一的品牌形象，让公众对品牌产生信任并保持忠诚。此外，商业银行实施品牌战略不能只通过单向的市场宣传来体现品牌形象和地位，还要充分关注营销理念和客户体验，将品牌承诺渗透并落实到银行日常运营及客户服务的各个方面，包括产品研发、渠道建设、组织架构等在内的所有运营环节。此外，银行每一位工作人员，无论前台还是后台，都是银行形象的传播者，都会直接或间接地影响客户对商业银行的印象。因此，商业银行必须加强品牌管理，为财富管理业务发展奠定坚实的市场基础。

9.1.2　持续加大财富管理产品创新力度

（1）总体创新原则。

商业银行开展财富管理业务创新，需遵循如下几条准则：一是以客户需求和偏好为核心；二是注重监管新趋势和政策引导；三是坚持发展和引入并举；四是保证创新要与自身风险管理能力相匹配，绝不能简单地照搬照抄和模仿，确保所有创新举措都能在科学管理下进行；五是遵循可持续发展理念，顺应财富管理业务市场发展规律，初期重规模、中期重质量、后期重效益。

（2）丰富产品体系。

产品体系是财富管理最直接的表现载体，为积极响应居民多元化财富配置需求，商业银行要搭建多元化、特色化的理财产品体系，提供能直击客户痛点的、智能化的产品与服务，努力实现产品线的全面丰富以及产品研发体系的逐渐完善。在产品线方面，丰富而全面的金融产品是留住客户的重要基础，商业银行要构建涵盖货币类、固定收益类、权益类和另类投资等大类资产的全面产品体系，努力为客户提供多样化的金融产品。与此同时，商业银行要在有效提升自身产品创新能力和资产管理能力的同时，加强与基金、保险、券商、信托等各类金融机构的合作，有效整合各类金融资源，努力发展交叉性金融业务，持续推进产品的整合与开发能力，以满足客户需求。在产品研发体系方面，一方面，商业银行要注重研发差异化产品、避免行业无序竞争；要明确目标客户，按客户需求研发和创新金融产品，并综合梳理各类客户产品，结合经营策略，明确产品创新和管理目标；要优化产品规划、产品研发、产品销售、产品评估等全流程；要强化对核心产品和辅助产品的分类管理，重点发展关联度大、综合服务功能强和附加值高的代理、理财及信息咨询产品，以提升产品的综合创利能力。另一方面，商业银行可以积极推出贴合当下热点或热门投资板块的创新类产品，如养老理财产品，养老理财产品不仅契合巨大的养老需求，而且其所具备的门槛低、风险小、收益相对较高等特征，与目标客户人群的特征也较为匹配；为助力"双碳"目标实现，银行可以积极布局面向 ESG领域的主题理财产品，既契合当前整体市场环境，也能够为多元化理财业务创新做出有益探索。对于新推出的产品或产品组合，商业银行在产品期限设计上应灵活变通，可通过创新长短期限搭配产品、无固定期限产品等，切实提高客户满意度。此外，商业银行要努力在现有产品基础上进行创新，可以在产品销售环节进行创新，也可以在服务品类方面进行创新。商业银行要努力在现有产品基础上衍生出更多新的服务类型，同时在金融产品同质化背景下，要更加重视金融服务创新，这也是扩大金融产品影响力的有力途径。综上，客户不仅是银行特定产品和服务的接收者，更是财富管理方案的订购者，商业银行要努力成为客户的长期支持者和合作伙伴，从而使客户服务真正由统一化、大众化向分层化、个性化转变。

（3）优化产品结构。

在家庭资产配置中，银行理财产品属于最主要的中等风险、中等收益产品，其对于优化家庭资产配置而言发挥着重要作用，但当前市场上大多数商业银行推出的理财产品存在起售点较高的问题。尽管 2018 年原银保监会发布《商业银行理财业务监督管理办法》以来，多家银行已对产品起售点做出了优化调整，部分一二级风险的产品起售点已由原来的 5 万元调整为 1 万元，但仍有部分银行的理财产品设有不低于 5 万元的门槛限制。根据 2019 年中国家庭金融（CHFS）调查数据，虽然近几年我国城市家庭财富迅速攀升，但多数为住房资产，用于投资的金融资产仍处于较低水平，数据显示有 54.3% 的城市家庭所持有的金融资产在 10 万元以下，23.3% 的城市家庭所持有的金融资产在 10 万~30 万元，持有金融资产为 30 万元以上的城市家庭仅占 22.4%；在持有金融资产为 10 万元以下的城市家庭中，其投资银行理财产品的比例仅为 0.7%，在持有金融资产为 10 万元以上的城市家庭中，该投资比例达 17%。由此可见，过高的起售点门槛限制了普通家庭对银行理财产品的投资，且在调查问及家庭可接受的银行理财产品的起售点时，数据显示 53% 的家庭可接受的银行理财产品起售点在 5 万元以下。因此，商业银行在开展财富管理业务时，只有适当降低理财产品起售点，并进一步优化产品结构，才能在更大程度上吸引更多客户参与银行理财产品的投资。

（4）开放产品平台。

商业银行要着力打造全品类、全条线的开放产品平台，不仅要为客户提供理财、信托、基金、证券等产品，还要努力提供个人信贷、对公融资、投行业务及税收规划等综合类金融服务产品。与此同时，商业银行要扮演好产品"质检师"的角色，在开放的平台上，持续提升对产品的识别、遴选能力，通过专业化、定制化财富配置方案，把合适的产品组合推荐给相应的客户，并为客户提供更优质的财富管理服务。

9.1.3 不断优化财富管理业务组织架构

（1）组织架构的建设思路。

合理、科学的组织架构是商业银行财富管理业务发展的重要条件，我国商业银行应积极借鉴国际全能型银行组织架构的调整经验，加快整合与构建科学、高效的组织架构，完善以市场为导向、以客户为中心、以效益为目标的金融服务体系，建立健全家庭财富管理业务的独立、高效一体化业务体系和扁平化组织管理体系，在各分支行之间实现合理分工，为家庭财富管理业务发展提供基础条件。一是依据不同客户群的不同需求，设立前台部门，形成专门的市场营销组织，满足客户全面、个性化的金融需求，逐步建立一个涵盖前中后台的营销团队，以客户经理为前台、以产品开发部为中轴、以技术支持部及风险控制部为后台，通过前中后台紧密配合的运营格局和协作机制，推动商业银行财富管理业务高效发展；二是持续推进网点改造工作，尽量减少管理层次，提升管理效率，精减人员，构建紧凑型横向组织；三是在商业银行机构重组的基础上，通过对中后台业务进行专业化、标准化、集中化设计，实现后台服务中心、数据中心、票据处理中心的集中化，从而达到降低成本、提高效率、控制风险的目的；四是探索实施财富管理业务的事业部制度，提高财富管理部门的相对独立性。当前我国商业银行财富管理的创新效率受到组织架构的约束程度较高，所以商业银行应当以机构设置创新为突破口，探索在总行层面设立相对独立的财富管理事业部，一些管理规范、业务资源充足的银行也可以成立专业的"家庭财富管理中心"，按照"管理集中、业务细化"的原则，将所有财富管理业务进行统一管理，缩短管理链条，提高管理效率，建立垂直化、专业化的财富管理营销队伍，垂直管理所有营业网点柜台、个贷中心、理财中心、理财师队伍、客户经理队伍等，使之成为一个独立的"利润中心"；积极探索独立核算、独立考核的机制，在权力范围上，独立的财富管理部门应有较大范围的人事、财务、业务授权能力，在其授权范围内能根据市场情况自主经营、自主决策。实行财富管理事业部制能够有效打破当前同一商业银行内部条块分割所导致的决策障碍，提高机构内部协调能力，以更有效、更可靠的组织保障，支持商业银行财富管理业务实现全面创新。

（2）管理模式的选择。

在总体运营模式的选择上，通常商业银行在组织业务及设置部门时主要依靠两大原则：一是按地区组织推动，二是按业务系统推动。按地区组织即以分行为运营中心，这是一种横向管理模式；按业务推动即以总部为运行指挥中心，这是一种纵向管理模式。在纵向管理模式下，总行不再考核分支机构的利润，利润考核依据业务线、业务组或产品进行分解，这正是中外银行在计算产品时的不同之处，国外银行通常进行单个产品的核算，如汇丰银行的零售业务成本、收益都可直接体现在财务报表中。过去无论是美洲、欧洲还是亚洲的银行，基本都是地区性的，主要由分支机构控制，当前银行的运营模式有了根本性转变，开始以业务条线为主线，强调银行的系统管理，分行的功能被极大地削弱，总行业务部门管理职能得到加强。在营销模式选择上，商业银行应实施交叉销售策略，将市场营销同财富管理服务视作一个整体，把每位客户视作独立的利润来源，构建由财富管理业务部门负责前台市场营销和客户服务，各相关部门提供后台产品、服务和技术支持的营销模式。在具体操作上，首先商业银行可加强与其他金融机构的联盟合作，将多种金融产品、服务捆绑在一起，通过共享销售渠道和整合客户资源，为客户提供资产保值增值服务；其次商业银行可以通过建立高效的客户数据库，有针对性地对客户进行交叉销售。此外，商业银行需建立精通投资、理财、法律、产品设计、税务规划等专业知识的销售队伍，通过顾问式服务，交叉销售一揽子金融产品，帮助客户实现财富管理目标，从而提高客户贡献度、增加客户黏性。采用交叉销售策略对商业银行发展财富管理业务具有重要意义，交叉销售不仅能降低销售成本、有效提升客户满意度及忠诚度，还能有效提升财富管理各业务板块的协同能力，提升相关部门的执行力及凝聚力。

9.1.4 切实提升财富管理服务水平

（1）细分客户，找准市场。

从根本上看，商业银行财富管理业务源自家庭财富配置需求，因此其服务模式、管理方式以及产品创新等都要以市场需求为导向，立足客户实际需求，提供精细化和个性化服务。商业银行要想在财富管理业务领域抢占市场先机，获得竞争优势，就必须将"客户至上、细分市场"的营销理念体现在具体的服务模式、管理方式及产品设计上,要以细分市场为基础,推进差异化服务的系统化和规范化。在客户分类上,商业银行要在充分掌握客户信息的基础上,洞察不同阶段客户的财富管理需求,结合客户年龄、收入、婚姻状况、受教育程度、家庭资产比例、财富来源、风险偏好及投资目标等指标,做好客户画像并进行科学分类,对客户真实的风险承受能力、流动性要求和投资期限加以准确识别,为客户提供分类、分层的理财产品与服务。

(2)实行差异化管理。

为更好地发展财富管理业务,商业银行需转变营销方式,由之前的粗放式营销转变为精准式营销,以细分市场和客户为起点,深耕客户群,利用差异化的服务、优质的产品、现代化的手段及多元化的渠道进行高层次营销。例如,香港恒生银行在细分客户群基础上,结合不同层级的客户特征及客户需求,设计与提供不同的理财模式,针对超高端客户推出"卓越理财",针对高资产客户推出"优越理财",针对中产阶层的女性客户推出"悠闲理财",针对职业男性客户推出"翱翔理财",针对普通客户推出"纵横理财"等。总体而言,不同层级的客户群具有不同的财富管理需求,以年龄结构为例,老年群体对养老、健康、医疗等主题的资产配置需求更大,更注重资产的安全性;相对而言,年轻群体接受新鲜事物的能力更强,更注重资产的当期收益,投资风格也更加多元化。以收入结构为例,高净值人群对跨境投资、股权投资、信托、保险及财富传承等主题的资产配置需求更大,大众长尾客户在产品选择上则更倾向于稳健增长的产品,在服务类型上更青睐简洁、高效的服务模式。商业银行可基于此分类,提供从标准化到定制化的全套产品服务体系,对于大众客群,将数字化投顾作为其主要服务模式,探索从线上化进一步升级为数字化和专业化;对于中产客群,以资产配置为重心,构建"人+数字"的服务体系;对于高净值客群,采用专家团队服务模式,着力打造高端投顾服务体系;对于超高净值人群,提供家族办公室、家族信托等全方位、全周期的综合财富管理方案。针对居民家庭财富管理服务,商业银行要重点提供五种类型的服务①,一是优先服务:开设 VIP 客户服务窗口,让 VIP 客户能在具有理财中心、理财窗口的网点优先办理储蓄业务,优先办理各类个人消费贷款,

---

① 雷友.利率市场化环境下商业银行家庭财富管理 [J].经济研究参考,2013 (44):50-57.

优先使用新业务、新产品，优先兑换新钞、零钞等。二是优惠服务：VIP客户能享受贷款利率优惠、免收换卡工本费、免收挂失手续费，以及其他定价优惠和阶段性优惠、结算交易手续费优惠等。三是代理服务：在客户授权的前提下，客户经理或系统自动为客户处理日常定时需处理的代理业务，如代理转账、代理缴费、代理还贷、综合月结单、业务提醒服务。四是咨询服务：客户经理为 VIP 客户提供家庭生活理财建议、提供各种经济信息（如保险、证券、期货、房地产、汽车、留学等）、定期开办财富管理沙龙、为客户赠送家庭理财软件等。五是非金融增值服务：随着家庭财富的日益积累，家庭对生活标准及各类需求也进一步提升，商业银行所提供的非金融增值活动已成为家庭新一轮关注的重点。调查表明，家庭对银行的健康养生类和理财名家讲堂类的市场活动呼声较高，且更加喜爱健康体检和车辆保养类的银行增值服务。具体而言，家庭最期待获得的银行增值活动主要包括"健康养生类活动""理财投资名家讲堂类活动"及"亲子类或子女教育类活动"，"健康体检服务""洗车及车辆保养服务""餐饮优惠券"和"旅游景点门票"则是家庭比较喜爱的银行增值服务①。有鉴于此，商业银行可针对性地开展相关增值活动，努力在客户心中形成细致、周到、温馨的良好印象，不断提升家庭对银行的认知度、满意度和忠诚度；此外，还可以为客户提供紧急救援服务，通过与全球独立救援机构合作，借其在安全和医疗等领域的实力，为高层级的家庭客户提供救援服务，其中包括 24 小时全国道路救援、全球医疗和旅行支援、国内医疗和旅行支援服务等，以切实满足客户的临时之需。

（3）全面推行客户经理制度。

客户经理制是指以客户为中心，集推销金融产品、传递市场信息、拓展客户于一体，为客户提供全方位专业化服务的一种金融服务方式，该模式的推行标志着现代商业银行在金融管理制度上的创新和经营理念的提升，也是现代商业银行为客户提供的金融产品和金融服务方式的重大变革。

首先，商业银行要进一步深化"以市场为导向，以客户为中心"的经营理念。一是客户导向理念。重视客户、尊重客户是客户经理制最核心的理念，客户导向理念经历了客户至上、客户第一、客户满意、增加客户价

---

① 路晓蒙，甘犁. 中国家庭财富管理现状及对银行理财业务发展的建议［J］. 中国银行业，2019（3）：94-96.

值四个发展阶段；作为当前最先进的发展理念，增加客户价值旨在通过向客户提供产品和服务，以促进客户价值提升，让客户享受增值服务。因此，商业银行要通过高质量的财富管理服务，增加客户收益，降低风险。二是营销一体化理念。商业银行客户经理制通过整合各种营销资源，实现市场营销专业化，并将金融产品营销拓展到市场调研、营销战略、营销组织、广告促销、公共关系、技术指导、售后服务等全过程。三是核心客户综合开发理念。针对能带来利润的重点客户群体，商业银行应给予高度重视和关注，需配备等级最高、实力最强的客户经理，最大程度地满足和挖掘核心客户的金融服务需求。四是个性化产品和服务理念。商业银行客户经理要根据客户需求的个性化差异，针对性定制相关服务，通过提供金融和非金融的差别化服务，最大限度地为客户增加价值。五是金融服务创新理念。客户经理直接面对客户，最了解客户和市场需求，更需要在金融创新方面发挥更大作用，要敏锐捕捉客户需求信息，并与产品部门联合开展创新活动。六是深化金融服务技术内涵理念。商业银行客户经理提供的是专业服务，需要综合运用各种知识和技能，提高服务的技术含量，树立服务品牌，赢得客户信赖[①]。

其次，商业银行要进一步清晰客户经理制的主要职能。总体而言，客户经理制主要有六大职能：一是主动寻找客户，通过各种渠道与客户建立业务联系，向客户营销、推介产品和服务；二是随时收集客户的各种信息，包括家庭结构、核心人物、风险偏好、行业信息、投资需求等，并跟踪统计各种信息的变化情况，每周按指定时间录入客户关系管理程序；三是调查客户财富管理需求，分析市场形势，研究客户现实情况和未来发展，充分挖掘客户对相关业务的潜在需求，为客户推荐相关业务并与其探讨财富规划方案，将客户的财富管理需求与理财产品有机结合起来；四是定期拜访客户，可以通过举办招待酒会、理财沙龙等活动，维系与客户的良好关系，同时根据客户现有业务量、未来发展情况和可能带来的综合业务收益，定期对客户价值做出判断，撰写关于客户的综合评价报告和业务建议报告；五是客户经理具有客户调查、营销方案设计、业务建议和客户管理的权限，但不具有决策权；六是处理或协助相关部门处理与客户有关的业务纠纷。

最后，有效把控客户经理制的主要环节。一是商业银行要在明晰客户

---

① 王得春. 客户经理制度在商业银行中的地位和作用 [J]. 吉林金融研究，2009，329（6）：27-28.

经理和其他业务人员权责的基础上，构建顺畅的业务运作流程，对整个营销部门和不同等级客户经理进行合理授权；在业务流程上，要重点处理好客户经理岗位规范与信贷分权管理体制的衔接、前台营销与后台产品部门的衔接、全局客户结构调整与基层客户开拓工作的衔接等。二是探索经营管理体制改革，银行客户经理制要将原来分散在各个分支机构和产品部门的营销资源加以集中整合，并站在全局角度统筹规划和使用，这就要求商业银行突破传统经营、管理职能界线，重新明确产品营销和产品生产两个模块的权责，以市场营销为重心调整现有经营、管理、决策、监控、支撑保障等职能，并逐步形成集前台营销、中间风险控制、后台产品处理三大流程为一体的新型经营管理体制。

9.1.5 着力完善财富管理业务发展渠道

（1）完善与优化线下网点渠道。

对于商业银行渠道战略而言，线下营业网点是其最基础也是最不可或缺的部分，它为现有客户和潜在客户的沟通提供了良好的桥梁。当前国内多数大型商业银行都将加快改造、构建新型网点作为财富管理业务发展战略的重要一环，如中信银行形成了由综合网点、精品网点、社区/小微网点、离行式自助网点组成的多样化网点业态；中国银行深入推进线下网点转型，持续丰富智能服务生态，推动网点成为全渠道、全场景、全生态的营销服务综合体；平安银行高度重视线下网点及队伍的建设与升级，主张将线下网点打造成"有温度"的综合化经营主阵地。商业银行加快改造、构建新型网点，一是要综合考虑网点的成本与收益，增加经济发达地区和重点地区的网点数量，对经济总量较小地区的网点进行缩减和撤并，收购同业机构或混业机构，建立特色支行、专业支行，持续深化网点朝着有利于财富管理发展的方向布局；二是将线下网点的业务模式进行重新塑造，将传统的交易网点提升为产品销售中心和利润中心，网点柜员转变为顾问型销售人员；三是调整传统网点的内部布局，设立贵宾服务区、高端客户理财区等，集中为高端客户提供个性化、高附加值的财富管理服务，为商业银行发展财富管理服务提供更好的硬件条件。

（2）构建与打造线上服务渠道。

随着互联网和大数据的快速发展，财富管理服务渠道自动化及网络化发展趋势愈加明显。近年来，受疫情冲击，中国家庭的线上投资意愿不断增加，互联网理财参与率从 2015 年的 5.4%增加到 2021 年的 14.8%。区分年龄群体来看，年轻家庭互联网理财参与率较高，达到 38.2%，60 岁以上老年群体互联网理财参与率也从 2015 年的 0.9%增长到 2019 年的 8.6%，增长非常明显；区分城市来看，各个级别城市的家庭线上投资意愿都在逐年提升①。有鉴于此，面对日益激烈的竞争环境，为更好地满足家庭财富管理需求，商业银行应充分把握新时代大数据发展优势，积极拓展、全力建设无形网络渠道。

一是构建多元化的银行网络服务体系。商业银行可以通过手机银行、自助银行、网上银行、客户直营中心等实现线上交易，努力为客户提供便捷化、全方位的财富管理服务；可以构建统一、标准的信息中心，组建大型信息网络，从客户个体需求出发，进一步提升与优化现有电子化系统的服务功能，同时要重视自身电子交易系统与其他银行、信息系统的兼容性，使各类电子银行服务系统有更长远的发展前景。此外，新时代下商业银行应通过大力发展微信银行来优化家庭财富管理服务，数据显示，微信银行正逐渐成为年轻群体常用的银行服务。户主年龄在 30 岁以下的家庭，有 30.8%最常使用手机银行，有 21.9%最常使用 ATM 或 VTM，有 20.1%最常使用网上银行，有 17.3%最常使用微信银行②，当前也有很多银行依靠微信公众号新增对外公开功能，以在线填单、扫描、上传客户信息等相结合的方式完成对客户业务的审核预约，实现了银行和客户的黏性对接。因此，大力发展微信银行可吸引并留住众多年轻群体选择银行产品和服务，从而增强商业银行的客户黏性，并为不断拓宽新客户提供便利。

二是打造场景化的线上服务渠道。在场景化趋势背景下，商业银行要想打造完善有效的获客体系，就必须采取场景驱动的方式，以金融科技为手段，进行场景化销售，将客户的金融服务需求与生活服务需求有机融合，使场景中的用户转化为银行的客户。一方面，商业银行需做好多场景触达，加强部署客户资金场景、交易场景，设定特定场景触发要素，通过线上即时推送，提升需求激发效率；通过客户定位和标签，激发目标客群潜在需求，为其量身定制资产配置方案，并加强后续跟踪分析，增加客户

---

① 甘犁，路晓蒙，王香，等. 新冠疫情冲击下中国家庭财富变动趋势 [J]. 金融论坛，2020，25 (10)：3-8, 34.

② 路晓蒙，甘犁. 中国家庭财富管理现状及对银行理财业务发展的建议 [J]. 中国银行业，2019 (3)：94-96.

多触点场景覆盖；将专业的财富管理服务融入更多场景，加大金融资讯及热门活动内容宣传力度，满足客户不同需求，多角度持续互动，实现客户的在线投资者教育等①。另一方面，商业银行要深挖客户需求，将金融服务嵌入客户的工作与生活中，同时积极探索开放式跨界合作，聚合各类消费场景，实现交叉引流、场景渗透，以弥补自身物理网点和 App 等自有场景的局限性。如以衣食住行等生活场景为基础，将金融服务融入已有的互联网生态圈中，为客户带来流畅、便捷、高效的体验；积极对接交通、医药、电信、娱乐等行业，并接入生活服务、休闲娱乐等互联网应用，以提高银行获客能力等②。

三是组建理财业务平台。一方面，商业银行应充分利用自身业务规模和网络渠道优势，牵头组建综合理财业务平台，并引入各类金融机构，实现银行、证券、基金、信托、保险等机构资源整合，坚持以商业银行为资金流和信息流的核心，实现各类金融机构理财服务的深度合作③。另一方面，商业银行应构建家庭财富管理业务支持系统，进一步实现家庭财富管理电子化，根据客户需求提供相应的经济、金融及政策信息和财富管理建议，并根据财富管理顾问的针对性分析，提供与之对应的财富配置方案和计划，此外还可通过金融平台进行集合金融业务交易。

9.1.6 加快推动财富管理业务数字化转型

（1）充分运用金融科技手段提升财富管理业务数字化转型。

数字化是指将复杂多变的信息转变为可以度量的数字与数据，进而构建适当的数字化模型，并根据模型测算结果制定策略。数字化不仅是利用技术手段获取、储存、管理和运用数据，更重要的是运用技术有效利用和分析数据，进行量化决策，实现科学管理。近年来，客户的财富管理需求日益旺盛，金融科技不断升级，根据贝恩公司的调研数据，有近 6 成的高净值受访群体认为金融科技对他们有吸引力，尤其是金融科技具有操作便捷性及私密性，有利于更好地保护个人信息；中产家庭中通过互联网获取

———————————

① 张玉洁. 浅谈商业银行零售业务数字化经营管理发展中的机遇与挑战 [J]. 中国市场，2022 (34)：47-49.

② 陈亮，梁航，李冬菊. 商业银行发展场景金融的探索与思考 [J]. 金融科技时代，2019，289 (9)：17-21.

③ 舒皓，刘洋. 商业银行理财业务发展趋势分析 [J]. 中国经贸导刊，2011 (21)：53-54.

产品信息、借鉴其他投资者意见的比例也相当高。总体而言，金融科技在财富管理行业中的运用已成为必然，并将逐渐推动财富管理行业实现转型变革①。因此，大力发展财富管理业务并运用金融科技数字化重构业务流程，已成为商业银行业务转型的必经之路。在新时代，如何聚焦科技赋能，以更好地促进家庭财富管理业务数字化和专业化发展，已成为我国商业银行财富管理业务发展面临的关键问题。

（2）客户需求端，数字化加强客户关系管理。

充分了解客户是财富管理业务发展的起点，为了更好地了解客户，最大化满足客户需求，商业银行要积极运用大数据技术加强客户关系管理。首先，商业银行应利用大数据、云计算、区块链等先进的信息技术和数字技术，获取海量客户信息数据，并在此基础上，运用好数字化手段实现对目标客群的精准识别、分析与营销，有助于商业银行有效拓展财富管理目标客群，以及持续扩大财富管理规模。其次，商业银行应通过大数据建立客户关系信息数据库，在客户关系管理中设立群组，形成方案配套，即在建立源（零售客户）数据库的基础上，通过市场细分建立面向不同主体的子客户（如贵宾客户）数据库，并运用数据挖掘技术对各个子客户数据库进行整理与分析，借助数据图表或模型，分析客户利润贡献度，进而开展针对性的营销，并提出合理的财富配置建议。在大数据平台构建方面，商业银行应加大设备投入及技术研发力度，提升信息采集和大数据处理能力，整合现有的多渠道、多账户数据库，通过大数据分析、人工智能、智能图谱等技术，对客户行为和需求偏好进行动态分析，从穿透性、多样性和时效性三个维度提高对客户的了解程度，借助大数据实现"千人千面"的个性化服务升级，并将分析结果应用于"以客户为中心"的客户关系培育和客户价值提升中，为后期的精准营销、投资决策、财富管理提供更有力的判断依据。同时，商业银行应鼓励理财经理充分应用"互联网+"技术，提供良好的线上线下互动服务，及时跟踪、收集和分析客户的行为和偏好变化信息，强化事后回访与信息反馈，以提高营销的精准度。

（3）财富管理端，数字化优化资产配置能力。

财富管理的本源是资产配置，资产配置能力则有赖于平台的投研投顾能力。研究表明，目前商业银行财富管理的一大痛点是专业投资咨询和财

---

① 中国银行江苏省分行私人银行部课题组，俞亚莲. 基于需求趋势探索财富管理发展方向[J]. 金融纵横，2020（4）：32-44.

富管理机构服务能力不足。面对市场环境变化，财富管理机构提供的投资信息的完整性、投资团队的专业性、外部产品的遴选能力和内部资产的管理能力等，均会对客户最终的投资回报率产生很大的影响。因此，商业银行要积极利用科技手段挖掘优质的投资标的和理财产品，真正实现科技对居民资产配置的算法支撑，并在此基础上，立足客户需求，实现资产配置收益的最大化。首先，未来商业银行在投研投顾方面，需要具备较强的外部产品遴选能力，在能够"充分了解客户"的同时，进一步做到"充分了解产品"，要充分运用数字化方式刻画产品风险收益特征，做到对产品组合的量化把握。其次，高效的资产配置需要系统性工具作为支撑，智能投顾可以成为商业银行降低管理及运行成本的有效抓手，其标准化、智能化、简单化及个性化的特征，能满足"千人千面"的投资管理需求，解决传统方式下客户画像集中、成本高、效率低的问题。自 2016 年招商银行首推"摩羯智投"后，中国工商银行、中国建设银行、中国银行等国有大型商业银行以及兴业银行、平安银行、中国光大银行、浦发银行等股份制商业银行陆续推出智能投顾产品，智能投顾产品已成为商业银行通过数字化优化家庭财富配置的重要工具。

（4）客户体验端，数字化提高财富管理服务水平。

从客户经营效率来看，传统模式下单个员工服务的客户数量很有限，而在数字化时代，商业银行可以通过金融科技打造一个更懂客户的新型营销平台，并加速构建"人+数字化"的营销与管理平台，借助金融科技手段，有效提升其在营销前内容生产、营销中权益搭配、营销后数据收集分析及客群管理的能力。在某农信客户营销实践中，腾讯云隆帮助银行构建了针对新老存款客户的线上线下相结合的营销方案，通过平台自动化营销功能，打造了分周期、分客群的运营机制，能够精准触达目标新老客群，并进行客户线索采集，短短 4 个月即节省了 50% 的营销预算，借助该手段，银行仅需 1 个业务人员即可完成整个营销方案的建立和执行，效率得到了数倍的提升。由此可见，数字化背景下计算机能够辅助银行同时覆盖上万名客户，使得个性化服务成为可能[1]。从客户服务种类来看，金融科技能够帮助机构向客户提供更为多样化的服务，实现无处不在的贴心服务，提升财富管理各个环节的客户体验。此外，人工智能也正在改变以往

---

① 胡利明. 数字新连接：银行财富管理业务破局之道 [J]. 中国农村金融，2021（5）：96-97.

"缺乏温度"的传统服务印象，不仅关注效率，也更注重温度，通过更加人性化、便捷化、智能化的服务，为商业银行更好地开展财富管理业务提供了有力帮助。

9.1.7 大力加强财富管理业务人才与团队建设

（1）打造精英化的财富管理团队。

知识经济时代，人才是第一生产要素。作为金融业的"高技术产业"，财富管理业务需要大批知识面广、业务能力强、富有亲和力、善于教育、懂得管理的复合型人才作为后盾。为发展好财富管理业务，商业银行需高度重视人才队伍建设，努力打造一支专业的财富管理团队，从而为客户提供专业性的财富管理指导与建议，这是商业银行财富管理业务发展的重要方向，也是其财富管理业务稳健发展的关键因素。首先，商业银行可以充分利用公开招聘、猎头招聘、企业并购等多元化渠道，从行业内外引进一批具有全球视野和创新意识的高端财富管理人才，助力商业银行财富管理业务提质升级。其次，商业银行应高度重视投研团队建设，构筑涵盖宏观经济分析、财富管理产品研发、大资产配置的多层次全方位投研体系，打造覆盖私人银行客户经理、投资顾问、家族信托的专家团队。

（2）加强从业人员培训。

卓越的财富管理人员对于商业银行拓展家庭财富管理业务的重要意义不言而喻，为加强从业人员的专业知识和综合能力，丰富其跨领域财富管理知识，提升其沟通和营销能力，针对财富管理团队开展针对性培训就显得尤为关键。一方面，商业银行要优化制度安排，引导、激励财富管理人员参加金融理财师（AFP）、国际注册金融理财师（CFP）等的培训和资格考试，争取在较短时间内培育出一支具备认证资格的专业化财富管理队伍，提升专家理财的社会公信力和核心竞争力；也可借鉴国外先进经验，将现有团队中潜力较大的员工派到国外先进金融机构进行培训，或邀请国外财富管理领域顶级专家，为员工提供一流的业务培训；还可以通过理财专家牵头组织理财规划师开展系统化的专业培训，强化理财人员的知识结构，提升财富管理工作的精准性。另一方面，商业银行需借鉴国际CFP组织对家庭财富管理从业认证的规定和要求，严格遵循正直诚信、守法遵规、客观公正、专业胜任、保守秘密、专业精神、恪尽职守七大原则，加强对财富管理从业人员的培训，从而建立一支以客户为中心、有良好道德素养及职业操守的财富管理专业化服务队伍。

（3）优化人才团队结构。

商业银行要重视人才队伍建设的结构优化，一方面要从年龄层面对人员结构进行优化，降低部分业务方面的年龄限制，更加注重人才的综合素质能力。另一方面，商业银行要从专业知识和业务能力方面对人员做出优化，强化专业人才队伍建设与财富管理业务发展需求的契合与匹配。此外，人才队伍要根据岗位做出明确分工，比如，投资顾问要注重以客观、专业的视角，为客户提供契合的资产配置建议，提高顾客对银行的信任感；营销经理要注重客户关系的维护，积极搜集客户相关信息，充分了解客户资金使用情况和需求，协助客户办理基础性业务；产品经理要负责产品全流程的推广与跟踪；客群经理要依据客户的风险特性、资金特征、产品特性等做好客户画像；专家团队要赋能销售和专业服务队伍，满足税务、法务以及非金融的服务需求，为客户提供全方位的一站式金融解决方案。

（4）建立科学考核机制。

考核机制是商业银行财富管理业务发展的指挥棒。建立考核机制，需始终将"以客户为中心"作为核心理念，将以往以产品为导向的短期考核模式变为以客户整体规划为目的的远期考核模式，不断增加客户服务的附加值，提升客户满意度和信任感，全面提升银行在市场中的专业性和声誉。商业银行需综合考虑财富管理业务的核心指标，包括金融资产规模（AUM）、中间业务收入总额、客户数量等，并将其作为综合考核因素；此外，产品销售计价可用来体现总行战略意图，而不再作为主要考核标准，以防止一线业务人员以牺牲客户利益为代价的短期行为。商业银行要制定全方位、立体式的动态考核机制，针对不同岗位、不同年龄和层次做出区分，构建个性化动态考核机制，真正实现提升服务质量和客户满意度的目标。

（5）完善合理的激励机制。

管理团队不仅需要制定科学的考核指标和评价体系，还必须落实奖惩及激励制度，只有充分调动财富管理团队的工作积极性，才能更高效地实现目标。因此，商业银行要做到如下几点：一是实施薪酬与市场绩效相结合的激励机制，突出强调财富管理团队中个人的贡献，可大胆推行绩效工作制度，拉开个人与个人之间、部门与部门之间的收入差距。通过构建市场化薪酬激励机制，不仅能最大程度调动财富管理团队中各成员的工作积极性，还能通过绩效制度降低人才流失率，保持核心团队的稳定性。二是要及时兑现激励绩效，对于目标完成较好的、工作有明显进步的，要给予嘉奖和提拔，对于未能尽职尽责及时完成目标任务的，要酌情降级、降薪甚至调离岗位，这样才能充分激财富管理团队成员开展服务的积极主动性。三是积极组织并定期开展优秀经理评选活动，多措并举时时关注每一位员工的成长和发展，加强对员工的人文关怀，增强员工的归属感。

9.1.8　长效构建财富管理业务风险防控机制

（1）构筑风险管理的底线思维。

风险与收益相伴相生，是商业银行经营与管理汇总的永恒主题，风险控制不到位，自然就会影响收益，风险管理是银行经营管理的核心要件之一，也是其顺利开展业务、发掘机遇与利润的重要基础。有鉴于此，商业银行在发展财富管理业务时，需深化对财富管理风险的认识，始终坚持合规经营的底线，高度重视财富管理业务的风险管理工作。

（2）加强个人信用风险控制。

信用机制不完善和信息不对称会导致商业银行因无法全面了解客户真实信息，从而产生信用风险。因此，为加强针对个人及家庭的信用风险控制，商业银行需建立科学的信用评估体系，并构建相关的信用评估指标。同时，商业银行还应构建客户信用记录系统，在客户尽职调查中，除通过问卷调查，依托客户填写的信息了解客户具体状况外，还需通过外部数据验证信息的有效性，可以通过与客户面访进行客户信息确认和风险特征分析，还可以从税务部门、客户工作单位等能够反映客户信用的机构中，收集客户的信用状况，并将其记录在系统中。通过对重点客户进行信息跟踪、信用调查及风险评估，不仅能为重点客户提供更精细化的财富管理方案，也能确保商业银行的信用风险在可控范围内。

（3）建立智能风险预警机制。

为了切实防范财富管理业务经营中的各种风险，商业银行必须建立一套涵盖事前、事中、事后的高效风险预警机制。对于风险较高的理财业务和产品，商业银行要加强对客户的风险提示，在产品存续期间，根据理财协议及时向客户披露产品相关信息，根据客户风险承受能力进行理财方案整体设计，同时根据市场和客户财务变化及时做出调整和修正；及时梳理理财产品的业务链条，处理好各类理财产品和关联业务之间的关系，做好杠杆类产品的风险监测，避免理财产品市值的大幅波动。此外，金融科技在商业银行中的广泛应用为商业银行开展风险管理预警提供了先进的技术条件，银行可以通过引入金融科技，完善分析方法，提升风险识别预警和防范能力。

（4）构建全面完善的风险管理体系。

商业银行需将风险控制深植于财富管理业务全流程，通过科技赋能和数据赋能，实现动态风控、智能风控和全程风控，同时要重视量化管理，制定较为完备的风险管理制度，明确相对具体的防范措施，形成制度严密、操作标准、保障有力的风险管理体系。商业银行需在把握核心风险的基础上，动态调整商业银行风险容忍度，构建收益与成本相匹配、产品风险等级与客户风险偏好相匹配的风险经营机制；要进一步加强对账户、现金及大额资金交易的管理，积极主动预防、识别、控制不法客户通过财富管理交易渠道开展洗钱活动；建立风险额度管理制度，通过设置止盈止损限额、交易限额等方式，有效控制市场风险。

（5）建立健全内部风险控制体系。

为保证财富管理业务健康平稳发展，除了高效的预警机制和完善的风险管理体系外，商业银行还需建立完善的内控机制。商业银行应积极运用分级授权、监控录像、前后台分离、人工稽核等内控机制防范风险，对财富管理业务的资产质量情况、财富管理业务部门执行风险管理规章制度的情况、风险管理窗口履行职责情况等进行定期的检查和评价，对风险管理人员、风险管理部门制定相应的考核制度，既要关注短期绩效，也要重视长期绩效。

9.2　重庆农村商业银行财富管理业务发展策略

重庆农商行要在做好传统银行业务的基础上，持续做强做优做大低风险、轻资本消耗的财富管理业务，围绕业务模式、管理体系、人才队伍、激励约束机制等，全方位提升财富管理能力。相较于其他商业银行，重庆农商行应更多地聚焦如下几个维度开展好财富管理业务：

（1）加强财富管理业务特色品牌建设。

树立专属的财富管理业务品牌是商业银行抢滩财富管理业务的重要举措。重庆农商行要在充分依托其地方金融机构地缘及人缘优势的基础上，构建具有差异化、个性化的财富管理业务品牌，打造有别于其他商业银行的增值类服务，由此对高净值客群形成有效吸引力。在品牌打造方面，重庆农商行除统一全行视觉识别系统、规范服务流程外，还应重点突出"以客户为中心"的品牌文化，在建立品牌后，应时刻关注客户对品牌的认知与反馈。在品牌信任方面，一般而言让客户信任品牌需要经历四个流程：信任活动—信任服务—信任产品—信任企业。经历这四个阶段后，客户对于企业品牌就有了更深入的认识，也形成了特有的感知，其对财富管理企业的投资策略、产品收益、投后服务体系、企业文化、发展方向也予以了认可，客户的忠诚度不会因为理财顾问的离开而改变，客户甚至已经成为企业品牌的口碑传递者。在品牌推广方面，重庆农商行需由上至下建立全行标准化品牌推广体系，以在公众中构筑统一的口碑与形象；具体而言，一是各分支行财富管理中心的选址、装修风格、财富管理团队人员的选拔、标准化服务流程制定等都应由总行统一规划；二是各分支行财富管理中心由总行和支行进行双向考核，以规范各分支行的服务及营销，激发各分支行员工的工作热情；三是总行定期制作统一的宣传计划、媒体投放计划，通过线上线下多渠道结合，提升品牌传播力，以确保推广与宣传的持续性；四是加强与重庆区域重大经济活动、体育盛事等的合作，借助主流媒体力量，加快品牌形象的建立与传播。

在非金融增值服务方面，重庆农商行要加强对客户基本信息、社会背景和兴趣爱好的分类分析，依据客户类型、职业及需求等，针对性设计不同类型的"增值服务篮子"；从客户实际需求出发，设计、开发服务项目及内容，为客户量身打造服务项目，让客户真切感受到有特色差异化的礼遇及服务。

（2）加强客户分群的精细化管理。

为有效提升财富管理业务发展水平，重庆农商行应立足"以客户为中心"的服务理念，针对不同区域、不同目标人群创新更具针对性的财富管理产品。具体来说，一是重庆农商行需要在现有客户分层的基础上洞察客户需求与信息，打造价值主张鲜明的客户分群，并在此基础上匹配差异化的产品与服务，满足客户的多样化需求，制定最优资产配置方案。二是重庆农商行要从单一资产分层向客群分类扩展，在年长客群、亲子客群等细分客群领域探索建立专属服务方案。三是重庆农商行要基于客户分层分群，聚焦客群差异化需求，分客群严选产品配置，优化客户服务，匹配差异化的产品、投顾、渠道等服务，关注客户成长，深耕客群经营能力。

（3）提升财富管理产品与服务的营销力。

为持续提升财富管理产品与服务的营销力，重庆农商行需要竭力提升其响应能力、互动能力和陪伴能力，具体而言，一是构建无处不在的响应机制，满足客户即时需求，通过多种渠道，及时了解客户的财富管理需求，及时做好适配产品的宣传推广，及时满足客户的财富配置需求；二是增强便捷互动能力，提升客户依赖感，积极谋划与开展多种宣传活动，丰富交流形式，增加互动场景，通过有规划、有节奏、有趣味的小活动，持续与客群形成互动，并进一步打造客户互动图谱，提升服务能力；三是构筑财富生命周期陪伴体系，增进客户幸福感，一方面，持续做好陪伴能力体系建设，及时跟踪客户需求，并结合客户财富管理目标进行调整，针对性地更新财富配置方案；另一方面，通过银行网点、银行 App、手机短信等多种线上线下渠道，力求做到有求必应。此外，财富管理业务部门应与信息技术部门积极联动，通过大数据技术增强对客户信用、资产、负债等信息的全面分析，识别优质客户，定期组织与财富管理产品服务相关的专题讨论会，深入了解客户需求，针对客户实际情况提供合理的财富配置方案。在营销方式上，需要由被动转为主动，营销人员需努力提升自身专业素养和业务水平，主动走出去寻找潜在客户。营销人员与管理人员应相互配合、协同合作，管理人员应充分发挥自身专业优势和社会地位，积极参加各种论坛会议等，扩大人脉圈，为营销人员牵线搭桥，积极拓展客群范围。

（4）加强财富管理业务人才队伍建设。

人才队伍是发展好财富管理业务的基础保障，因此，重庆农商行需要在人才队伍建设方面做出更多努力：一是加大人才引进力度，积极从高校或其他金融机构引进优秀人才，树立以人为本的理念，创造出"事业留人、待遇留人、感情留人"的氛围，让银行与员工同步成长；二是增加业务培训，优选一批理论知识扎实、实务经验丰富、工作责任心强的员工，针对性开展理财、保险、股票、基金、税收、法律等专业知识的培训，构建高素质财富管理团队，为不同职业、不同消费习惯、不同文化背景的客群提供专业化服务；三是加强交流合作，借鉴学习国内外标杆银行及财富管理机构的先进经验，加强对相关财富管理产品的研讨，进而结合自身客群优势，针对性创新财富管理产品和服务；四是优化激励机制，通过设计激励性薪酬绩效体系，切实提升人才队伍在拓展客群、精进业务方面的内生动力。

10 研究结论

改革开放以来，随着经济的快速增长，居民财富也实现了跨越式增长。根据国家统计局发布的数据，近十年我国居民人均可支配收入平均增速超过 7%，《中国财富报告 2022》显示，截至 2021 年年底，我国居民财富总量已超过 680 万亿元，2005—2021 年财富规模复合增速达到 14.7%，家庭平均资产达到 134 万元，我国已成为全球第二大财富管理市场，这为商业银行发展财富管理业务提供了巨大的空间。

近年来，随着资本市场改革、"房住不炒"、资管新规等一系列国家政策的推行，居民的财富配置理念也逐渐调整，根据多家权威报告的预测，未来 5~10 年，家庭财富将逐渐从住房资产配置向商业银行理财产品和权益类产品配置转变。因此，商业银行需要积极抓牢市场机遇，顺应趋势加速业务转型，财富管理作为轻资本消耗型的业务，基本不占用银行核心资本，是商业银行业务转型的重要方向。相较于其他业务，财富管理业务至少具有四个方面的显著优势：一是整体收益率较高且利润来源稳定；二是相较于单一资产管理业务，全面综合化的财富管理业务盈利模式更加多元，费率也显著更高；三是财富管理业务具有较明显的行业壁垒和规模效应，能够排除较多的竞争者；四是发展财富管理业务可有效拓宽银行各类业务价值链，从而为银行其他业务发展带来发展机遇。

从财富管理业务需求端来看，随着家庭财富的逐年累积，家庭投资需求日渐浓厚且多元。首先，随着金融市场不断发展，家庭的理财意识逐渐提升，财富配置意愿逐年增强，商业银行对财富管理客群的关注也从少数高净值客群下沉至长尾客群；其次，随着房地产市场日渐回归居住属性，其投资功能逐渐弱化，家庭对房地产投资的依赖逐渐转变，投资理念日渐理性化和机构化。此外，资管新规的出台打破了商业银行理财产品的刚性兑付特征，家庭对商业银行财富管理产品的需求更加多元化，同时，随着资本市场全面深化改革及注册制的推行，家庭投资股市的风险提升，商业银行越来越需要承接家庭财富管理的巨大需求。

从财富管理业务供给端来看,近年来,越来越多的金融机构开始认识到财富管理业务所蕴含的巨大市场,尤其是商业银行在面对传统存贷款利差空间不断收窄的背景下,更是亟须开拓适应市场需求的新型业务,财富管理无疑是其最具有比较优势的选择,以招商银行为代表的大多数银行已经开始积极布局财富管理业务,所提供的财产管理产品和服务也日益多元化。一方面,在资管新规的政策引导下,大量收益保本类产品将退出市场,整个财富管理供给端将发生大的调整;另一方面,随着越来越多的家庭重视财富管理,市场中财富管理客群将日渐扩大,家庭财富的代际传递、新富人群的崛起等均为财富管理市场注入了新生力量,这些都对财富管理机构创新与更迭财富管理产品提出了迫切需求,加快构建全覆盖、多层次的财富管理产品和服务需求也对财富管理机构提出了新的挑战。

从金融机构来看,面对当前的经济新形势和市场新环境,越来越多的财富管理机构开始积极布局财富管理业务,资管行业竞争格局日益加剧,以客户为导向的财富管理价值理念已初步形成。作为最具竞争优势的金融机构,商业银行要想持续在财富管理中获得更多发展机会,就需要积极转变传统的以产品销售为导向的思维方式和运维模式,要逐步向覆盖客户全生命周期、满足客户个性化需求、适应客户定制化财富规划等模式转变,要加强客群细分和对不同客户需求的理解认同度,要由千篇一律的财富管理产品向多元化、差异化财富管理创新产品和服务转变。当然,各个财富管理机构虽然存在业务方面的竞争,但在其他方面也存在相互补充和交叉发展的机会,各类金融机构应尽量避免过多的同质化竞争,立足自身比较优势,共同推动财富管理行业共同发展。

尽管我国财富管理市场前景广阔,但相较而言,整个财富管理行业尚处于发展的初级阶段,与发达国家相对成熟的财富管理市场相比,我国财富管理业务在产品端、服务端、人才端等方面存在一定的差距。西方发达国家财富管理起步较早,以美国为例,其在21世纪初期就已经形成了基于细分客群的不同分类业务发展模式,对比来看,我国财富管理业务发展仍存在市场发展不够成熟、产品更新速度较慢、财富管理专业人才较缺乏等问题,家庭财富配置也存在意识不强、金融知识缺乏、投资经验偏少、风险偏好程度较低等特点。具体而言,我国财富管理市场发展所呈现的现期特点主要包括三点:一是我国财富管理市场格局呈现以商业银行为主,券商基金和第三方财富管理机构为辅的特点，商业银行仍是财富管理业务的主要提供者和财富管理市场的主导者，其广泛的客群规模赋予了其显著的比较优势；券商基金虽具备更强的专业研究能力和丰富的投资经验，但其业务发展模式的创新速度较慢，对传统的佣金收入依赖程度较高；第三方财富管理机构尽管具备更突出的线上营销能力，但相较而言，在安全性和定制化方面存在一定的劣势。二是资管新规实施后，我国财富管理市场并不能很快地破除原先长期的刚性兑付文化带来的影响，总体来看，我国财富管理业务的大部分客群来自商业银行的储蓄客户，该类客群往往投资经验不足，更加偏好低风险产品，对财富管理业务所涉及的合同条款、风险认识、产品辨识等的认识比较模糊。三是我国财富管理产品和服务的创新不足，市场需求尚未得到有效挖掘，数字化运维模式还未得到重视。当前，财富管理相关产品主要集中在货币基金、理财产品、信托、保险等预期收益类产品上，商业银行需要进一步创新更多财富管理产品，同时需要强化线上智能投顾与线下多渠道差异化服务的联动，进一步挖掘财富管理市场的需求。

立足当前，面对家庭财富配置的多元化需求，发展财富管理业务已成为所有商业银行的共识，尤其是对于规模较大的上市商业银行，财富管理已经成为其零售业务转型的重中之重。无论是招商银行的"打造大财富管理价值循环链"、兴业银行的"努力成为全市场一流的财富管理银行"、中国光大银行的"打造一流财富管理银行"，还是中信银行的"客户首选财富管理主办银行"等战略愿景，大多数商业银行都提出了明确的财富管理业务发展方向，并强调了贯彻执行的坚定信心。在政策指引以及银行业自身的努力下，商业银行财富管理业务具有十分广阔的前景，为进一步发展好财富管理业务，商业银行还需要从业务模式转型、科技体系建设、财富管理生态圈构建以及人才团队优化等多角度发力，进一步推进财富管理转型升级。

面向未来，商业银行要想系统推进财富管理业务，就需要切实抓好专业人才培养和数字技术应用两大重点。财富管理专业化人才是推动财富管理产品与服务创新，促进财富管理行业变革的重要发力点，随着资管新规的推行、信息时代进程的加快和家庭投资意识的提升，家庭财富管理的需求将日渐多元化，这将倒逼财富管理行业做出适应性转变。面对财富管理发展的新趋势，商业银行需要不断创新专业化人才队伍建设，培养一批富有创新意识、创新思维、创新精神，同时具备专业金融投资素养，兼具投资、顾问、证券、理财、税务、法律、资管、心理等多维知识为一体的高水平、高层次复合型财富管理人才，为创新多元化财富管理产品，驱动商业银行财富管理业务发展奠定坚实基础。数字技术是推动财富管理发展的重要引擎，也是促进财富管理普惠化的核心抓手，通过数字化技术，商业银行可以低成本地分析客户投资的实时数据，让普通投资者也能享受到相对专业的定制化服务，这在很大程度上能够促进财富管理业务的普惠化和便利度。此外，运用好数字技术，可以有效降低财富管理各环节的运维成本，重塑数字化业务发展模式，借助数据化、智能化等方式，嵌入并改造财富管理业务的服务、营销、投顾等各个环节。相较于四大行和大型股份制商业银行，重庆农商行财富管理业务规模较小，在营收和利润中的贡献度也偏低，但整体来看，其财富管理业务营收占比仍呈现明显的上升趋势。为更好地发展财富管理业务，重庆农商行应充分利用自身县域经营积淀和拥有县域长尾客群等优势，多措并举，竭力提升财富管理业务发展特色和综合服务效率。

参考文献

［1］ ADVANI A, BANGHAM G, LESLIE J. The UK′s wealth distribution and characteristics of high-wealth households ［J］. Fiscal Studies, 2021, 42 (3): 397-430.

［2］ AMERIKS J, KéZDI G, LEE M, et al. Heterogeneity in Expectations, Risk Tolerance and Household Stock Shares: The Attenuation Puzzle ［J］. Journal of Business & Economic Statistics, 2020, 38 (3): 633-646.

［3］ BADARINZA C, CAMPELL J Y, RAMADORAI T. International comparative household finance ［J］. Annual Review of Economics, 2006 (8): 111-144.

［4］ BARON D P, DAVID B. Strategy, Organization and Incentives: Global Corporate Banking at Citibank ［J］. Industrial and Corporate Change, 2001 (1): 1-36.

［5］ BARRELL R, COSTANTINI M, MECO I. Housing wealth, financial wealth, and consumption: New evidence for Italy and the UK-ScienceDirect ［J］. International Review of Financial Analysis, 2015, 42 (1): 316-323.

［6］ BARTOSZ G. In search of a sweet spot for wealth management digitisation: Human versus technology, provider versus customer perspective ［J］. Journal of Digital Banking, 2018, 2 (3): 214-222.

［7］ BEVERLY S G, HILGERT M A, HOGARTH J M. Household financial management: the connection between knowledge and behavior ［J］. Federal Reserve Bulletin, 2003, 89 (7): 309-322.

［8］ BOGAN V L. Household Asset Allocation, Offspring Education and the Sandwich Generation ［J］. American Economic Review, 2015, 105 (5): 611-615.

[9] BRUCE H, GARY M, MARK W. The Structure and Distribution of Household Wealth in Australia [J]. Australian Economic Review, 2005, 38 (2): 159-175.

[10] CAMPBELL D W, WATANABE W. A Comparison of Household Asset/Saving Surveys in Japan [J]. Science, 2000, 120 (3119): 574-575.

[11] CAMPBELL J Y. Household Finance [J]. Journal of Finance, 2006, 61 (4): 1553-1604.

[12] COOPER R, ZHU G. Household Finance over the Life-Cycle: What does Education Contribute? [J]. Review of Economic Dynamics, 2016, 20: 63-89.

[13] CHRISTIAN E W, JEFFREY P T. Wealth Inequality More Pronounced Among Asian Americans Than Among Whites [J]. Challenge, 2018, 61 (2): 183-202.

[14] COHEN M A, PIERSKALLA W P, SASSETTI R J. An Overview of a Hierarchy of Planning Models for Regional Blood Bank Management [J]. Transfusion, 2010, 19 (5): 526-534.

[15] DAVIES J B, SANDSTRöM, SHORROCKS A. The global pattern of household wealth [J]. Journal of International Development, 2009, 21 (8): 1111-1124.

[16] DENER C, DOROTINSKY W L, WATKINS J. Financial management information systems [J]. World Bank Publications, 2011, 1 (1): 739-742.

[17] DING M, XIAO J. Research on Personal Financial Product Innovation in Commercial Banks of China [J]. Asian Social Science, 2010, 6 (6): 115-118.

[18] DOSTIEB C B. Child Work and Schooling: The Role of Household Asset Profiles and Poverty in Rural Ethiopia [J]. Journal of African Economies, 2007, 16 (4): 519-563.

[19] EBRAHIM A, HASAN I. The value relevance of product diversification in commercial banks [J]. Review of Accounting & Finance, 2008, 7 (1): 24-37.

［20］ FANG Q N, WEI D L. Modeling urban housing price: The perspective of household activity demand ［J］. Journal of Geographical Sciences, 2017, 27（5）: 619-630.

［21］ GALINA H, JOSE A L. Monitoring banking system connectedness with big data ［J］. Journal of Econometrics, 2019, 212（1）: 203-220.

［22］ GENG H Y, CHENG M Y, ZHANG J R. Effects of wealth management products on bank risk in China: The role of audit committee effectiveness ［J］. Pacific Economic Review, 2021, 26（5）: 575-616.

［23］ GILBERT M. The Effects of Management Decisions on Agricultural Bank Failures ［J］. American Journal of Agricultural Economics, 1990, 72（4）: 901-910.

［24］ GIOKAS D, VASSILOGLOU M. A goal programming model for bank assets and liabilities management ［J］. European Journal of Operational Research, 1991, 50（1）: 48-60.

［25］ GU Y Y, ARENDS K M. Investment in children's higher education and household asset allocation in China ［J］. Journal of Applied Economics, 2022, 25（1）: 1081-1126.

［26］ HEADEY B, MARKS G, WOODEN M. The Structure and Distribution of Household Wealth in Australia ［J］. Australian Economic Review, 2005, 38（2）: 159-175.

［27］ HODDER J E, JACKWERTH J C. Managerial Responses to Incentives: Control of Firm Risk, Derivative Pricing Implications, and Outside Wealth Management ［J］. Journal of Banking & Finance, 2011, 35（6）: 1507-1518.

［28］ JAPPELLI T, JULLIARD C, PAGANO, et al. Households' Portfolio Diversification ［J］. Studies Economics, 2016, 100（1）: 117-143.

［29］ JIE C, FENG G, ZHU A. Housing Wealth, Financial Wealth and Consumption in China ［J］. China & World Economy, 2010（3）: 57-74.

［30］ JONATHAN V, BEAVERSTOCK, SARAH H, et al. Servicing the Super-Rich: New Financial Elites and the Rise of the Private Wealth Management Retail Ecology ［J］. Regional Studies, 2013, 47（6）: 834-849.

［31］ KANG C Y, HU R D. Age structure of the population and the choice of household financial assets [J]. Economic Research-Ekonomska Istraživanja, 2022, 35 (1): 2889-2905.

[32] KESSLER, EDWARD N W. A comparative analysis of houshould wealth patterns in france and the united states [J]. Review of Income and Wealth, 1991, 37 (3): 249-266.

[33] LITTLER K, HUDSON R. The impact of regulatory change on retail financial product distribution in the UK [J]. Journal of Financial Regulation & Compliance, 2003, 11 (1): 71-80.

[34] LI W. Study on the Development of the International Trade Financing of the Commercial Bank in China [J]. Energy Procedia, 2010, 17: 573-579.

[35] LUBOS P, PIETRO V. Learning in Financial Markets [J]. Annual Review of Financial Economics, 2009, 1 (1): 361-381.

[36] MA Z, ZHAO J. Evidence on E-Banking Customer Satisfaction in the China Commercial Bank Sector [J]. Journal of Software, 2012, 7 (4): 927-933.

[37] MIHELIS G, GRIGOROUDIS E, SISKOS Y. Customer satisfaction measurement in the private bank sector [J]. European Journal of Operational Research, 2001, 130 (2): 347-360.

[38] MODIGLIANI F, CAO S L. The Chinese Saving Puzzle and the Life-cycle Hypothesis [J]. Journal of Economic Literature, 2004, 42 (1): 145-170.

[39] MORRIS L D. Redundancy and patterns of household finance. [J]. Sociological Review, 2015, 32 (3): 492-523.

[40] MUNIR R, BAIRD K, PERERA S. Performance measurement system change in an emerging economy bank [J]. Accounting Auditing & Accountability Journal, 2013, 26 (2): 196-233.

[41] OUYANG A Y, WANG J F. Shadow Banking, Macroprudential Policy, and Bank Stability: Evidence from China's Wealth Management Product Market [J]. Journal of Asian Economics, 2022, 78: 101424-101430.

[42] PRITCHETT F L. The Effect of Household Wealth on Educational Attainment: Evidence from 35 Countries [J]. Population & Development Review,

1999, 25（1）：85-120.

［43］STEIN, GABRIEL. The Challenges for Central Banks［J］. Economic Affairs, 2018, 38（1）：131-138.

［44］SULLIVAN R J, SPONG K R. Manager wealth concentration, ownership structure, and risk in commercial banks［J］. Journal of Financial Intermediation, 2007, 16（2）：229-248.

［45］WEI S, CHAO Y, PENG X. A Study of Coupling Relationship between Financial Supervision and Innovation：Based on the Data of China´s Commercial Bank Listed in the Form of A Shares［J］. Journal of Financial Risk Management, 2015, 4（1）：1-10.

［46］WEI S J, ZHANG X. The Competitive Saving Motive：Evidence from Rising Sex Ratios and Saving Rates in China［J］. Journal of Political Economy, 2011, 119（3）：511-564.

［47］WORTHINGTON A C. Household Asset Portfolio Diversification：Evidence from the Household, Income and Labour Dynamics in Australia（HILDA）Survey［J］. Discussion Papers in Finance, 2009, 26（4）：419-427.

［48］YAVAS U, BENKENSTEIN M, STUHLDREIER U. Relationships between service quality and behavioral outcomes：A study of private bank customers in Germany［J］. International journal of bank marketing, 2004, 22（2）：144-157.

［49］YIN Z, PENG S, QIAN H. The Credit Constraints and Assets Choice of a Household：the Empirical Research on Data from China Household Finance Survey［J］. Review of Investment Studies, 2015, 50（12）：2040-2049.

［50］安嘉祺. 浅析银行非金融渠道服务［J］. 现代企业教育, 2010, 348（1）：81.

［51］巴威. 私人财富管理业务的发展［J］. 中国金融, 2013, 768（18）：52-53.

［52］白云舒. 国内发展路线图思考：以瑞银发展经验为例［J］. 区域治理, 2019（45）：162-164.

［53］步艳红, 范亚舟. 将满足百姓财富管理需求作为商业银行理财发展方向［J］. 中国银行业, 2019（3）：17-19.

［54］卜振兴.我国财富管理发展的机遇与挑战［J］.金融市场研究,
2021（2）：76-88.

［55］曹彤.财富管理：商业银行零售业务发展的战略选择［J］.财经
问题研究,2009（5）：63-67.

［56］曹彤.关于国内私人银行业务的思考［J］.银行家,2009（3）：
50-52.

［57］常戈,刘一宁.互联网金融挑战商业银行传统财富管理业务
［J］.银行家,2014（6）：118-120.

［58］陈刚燚.中澳商业银行个人理财业务比较研究［J］.财会通讯,
2012（29）：4-6.

［59］陈海强.互联网金融时代商业银行的创新发展［J］.浙江金融,
2013（12）：43-45.

［60］陈建中,黄欣丽.银行国际化路径影响因素分析：基于汇丰银行
和花旗银行案例［J］.国际贸易问题,2014,381（9）：142-154.

［61］陈亮,梁航,李冬菊.商业银行发展场景金融的探索与思考
［J］.金融科技时代,2019,289（9）：17-21.

［62］陈彦斌.中国城乡财富分布的比较分析［J］.金融研究,2008
（12）：87-100.

［63］陈永伟,顾佳峰,史宇鹏.住房财富、信贷约束与城镇家庭教育
开支：来自 CFPS20107 数据的证据［J］.经济研究,2014,49（S1）：89-
101.

［64］程洁.家庭财富水平对其金融资产配置的影响研究［D］.上海：
上海外国语大学,2021.

［65］程希.商业银行财富管理风险评价研究［J］.广西质量监督导报,
2021（1）：183-184.

［66］丛禹月,赵学军.商业银行财富管理业务发展刍议［J］.新西部,
2017（25）：49,58-59.

［67］戴叙贤.财富管理数字化的思考［J］.银行家,2022（8）：86-
87.

［68］邓文硕.理财子公司赋能银行家庭财富管理战略［J］.银行家,
2021（5）：79-82.

[69] 董丽霞. 数字普惠金融与中国农村家庭财富差距 [J]. 技术经济, 2022, 41 (12): 111-122.

[70] 冯萍. 探讨中国金融服务 增强家庭财富管理效用 [J]. 现代商业, 2013 (32): 268.

[71] 冯硕. 商业银行财富管理发展战略的 SWOT 分析 [J]. 商讯, 2019 (21): 174-176.

[72] 浮莉萍. 我国商业银行财富管理业务发展中存在的问题及对策研究 [J]. 金融经济, 2015 (22): 110-112.

[73] 甘犁, 路晓蒙, 王香等. 疫情下中国家庭财富变动趋势 [J]. 中国经济报告, 2020 (4): 110-123.

[74] 甘犁, 路晓蒙, 王香, 等. 新冠疫情冲击下中国家庭财富变动趋势 [J]. 金融论坛, 2020 (10): 3-8, 34.

[75] 甘犁, 尹志超, 贾男, 等. 中国家庭资产状况及住房需求分析 [J]. 金融研究, 2013 (4): 1-14.

[76] 高自强, 曹飞燕. 以财富管理理念定位银行零售业务 [J]. 中国金融, 2011 (23): 59-60.

[77] 谷任, 谢春清, 张俊. 商业银行财富管理业务创新的障碍与破解: 基于北上广深四个一线城市的调查 [J]. 南方金融, 2017 (5): 76-83.

[78] 顾生. 新形势下发展财富管理业务的若干战略思考 [J]. 新金融, 2008 (11): 46-49.

[79] 郭柄邑. 我国商业银行财富管理业务转型研究 [D]. 兰州: 兰州大学, 2022.

[80] 郭宏宇. 瑞银集团的财富管理经验与启示 [J]. 银行家, 2018 (9): 110-112.

[81] 郭琳. 家庭结构对金融资产影响的实证研究 [J]. 改革与战略, 2013, 29 (12): 65-68, 104.

[82] 郭雅琴. 财富水平对家庭风险金融资产选择的影响: 来自中国城镇家庭的证据 [D]. 昆明: 云南大学, 2018

[83] 韩淑妍. 受教育程度对于家庭风险性金融资产投资的影响 [J]. 华北金融, 2020 (11): 58-69.

[84] 何金财, 王文春. 关系与中国家庭财产差距: 基于回归的夏普里值分解分析 [J]. 中国农村经济, 2016 (5): 29-42.

[85] 何金财. 关系扩大了家庭收入差距吗 [J]. 现代经济探讨, 2020 (10): 13-22.

[86] 何晓斌, 夏凡. 中国体制转型与城镇居民家庭财富分配差距: 一个资产转换的视角 [J]. 经济研究, 2012, 47 (2): 28-40, 119.

[87] 贺驰. 我国商业银行财富管理研究 [D]. 长春: 吉林财经大学, 2014.

[88] 侯晓. "双循环" 背景下商业银行零售业务发展趋势 [J]. 企业经济, 2021, 40 (6): 145-152.

[89] 胡利明. 数字新连接: 银行财富管理业务破局之道 [J]. 中国农村金融, 2021 (5): 96-97.

[90] 胡芸. 国际私人银行业务发展的经验与启示 [J]. 银行家, 2011 (11): 85-90.

[91] 胡振. 金融素养与家庭财富积累: 基于中国城镇家庭微观数据 [J]. 中南财经政法大学学报, 2018 (4): 110-117.

[92] 黄海涛. 房住不炒再加码 [J]. 证券市场周刊, 2019 (31): 26-33.

[93] 姜增明, 陈剑锋, 张超. 金融科技赋能商业银行风险管理转型 [J]. 当代经济管理, 2019, 41 (1): 85-90.

[94] 靳改改. 我国私人银行财富管理业务研究 [D]. 开封: 河南大学, 2016.

[95] 靳永爱, 谢宇. 中国城市家庭财富水平的影响因素研究 [J]. 劳动经济研究, 2015, 3 (5): 3-27.

[96] 雷晓燕, 周月刚. 中国家庭的资产组合选择: 健康状况与风险偏好 [J]. 金融研究, 2010 (1): 31-45.

[97] 雷友. 创新金融服务 增强家庭财富管理效用 [J]. 经济研究导刊, 2011 (35): 110-117.

[98] 雷友. 关于中国家庭财富管理金融服务创新的研究报告 [J]. 科学咨询 (科技·管理), 2011 (11): 25-30.

[99] 黎政. 花旗银行企业文化的特点及其启示 [J]. 商业研究, 2005 (17): 198-201.

［100］李畅. 农村商业银行财富管理业务问题研究［D］. 成都：西南财经大学，2020.

［101］李超伟，万佳乐，秦海林. 收入结构、金融资产选择与投资组合有效性：基于中国家庭追踪调查数据的实证检验［J］. 金融与经济，2018（3）：12-18.

［102］李凤，罗建东，路晓蒙，等. 中国家庭资产状况、变动趋势及其影响因素［J］. 管理世界，2016（2）：45-56，187.

［103］李刚. 国际领先银行财富管理的经营实践［J］. 金融管理与研究，2007（4）：38-41.

［104］李蕾，吴斌珍. 家庭结构与储蓄率 U 型之谜［J］. 经济研究，2014，49（S1）：44-54.

［105］李国峰. 我国金融理财的发展趋势与挑战［J］. 农村金融研究，2011（8）：53-55.

［106］李慧珍. 房产财富与家庭金融资产选择［D］. 杭州：浙江工商大学，2018.

［107］李君平. 私人财富管理研究述评与展望［J］. 外国经济与管理，2014，36（8）：73-81.

［108］李乐，谭军. 瑞士的私人银行业［J］. 现代商业银行，2001（7）：44-45.

［109］李佩珈，吴丹. 财富管理市场发展与银行对策［J］. 金融纵横，2022（7）：31-37.

［110］李石凯. 瑞士联合银行集团发展的的跨越式发展［J］. 经济导刊，2005（10）：62-68.

［111］李树林，张飞. 财富管理行业的新趋势［J］. 银行家，2023（1）：84-86.

［112］李晓迟. 我国银行业理财业务发展问题研究［J］. 华北金融，2017（9）：71-75.

［113］李晓红. 美国个人理财业务的透视及对我国的启示［J］. 中国管理信息化，2011，14（19）：32-33.

［114］李晓妍. 商业银行财富管理业务发展研究［J］. 管理观察，2016，625（26）：45-47.

[115] 梁燕.资管新规下的商业银行财富管理策略探究 [J].中国中小企业,2021 (12):212-213.

[116] 梁运文,霍震,刘凯.中国城乡居民财产分布的实证研究 [J].经济研究,2010,45 (10):33-47.

[117] 廖婧琳,王聪.制度环境差异与居民金融市场参与:基于各国经济制度环境差异的比较 [J].经济体制改革,2017 (3):176-182.

[118] 林芳,高文书.城乡居民家庭财富持有差距状况调查:基于成都、宝鸡和邯郸家庭调查数据的研究 [J].财经智库,2016,1 (2):90-103,139-140.

[119] 林烈.商业银行转型与开展财富管理业务探析 [J].商业文化,2020 (20):62-63.

[120] 林滕.农村商业银行服务营销策略研究 [J].低碳世界,2019,9 (12):252-253.

[121] 刘明勇.银行理财业务乱象和治理 [J].金融市场研究,2018 (3):131-135.

[122] 刘维泉.欧美商业银行财富管理典型模式研究及其启示 [J].海南金融,2013 (9):62-67.

[123] 刘哲.商业银行财富管理业务提升策略 [J].银行家,2022 (5):86-87.

[124] 陆敏,王增武,赵湘莲.商业银行理财产品绩效评价研究 [J].上海金融,2011 (2):42-44.

[125] 路晓蒙,甘犁.中国家庭财富管理现状及对银行理财业务发展的建议 [J].中国银行业,2019 (3):94-96.

[126] 毛丰付,韩爱娟,柳津妮.住房政策与家庭财富积累:公积金到底有多重要? [J].郑州大学学报 (哲学社会科学版),2017,50 (6):54-59,156.

[127] 沐华,屈俊.财富管理:未来商业银行转型的重点 [J].银行家,2017 (1):6,40-43.

[128] 倪云松.家庭财富与创业行为:基于 CHFS 数据的研究 [J].山西财经大学学报,2020,42 (9):31-43.

[129] 潘伟.外资银行在我国发展的研究分析:以花旗银行为例 [J].

统计与管理，2019，261（4）：28-32.

［130］潘新民.财富管理与我国商业银行业务转型［J］.金融理论与实践，2007（12）：35-37.

［131］彭光收，王继松.财富管理市场分析与商业银行竞争策略研究［J］.金融纵横，2018（7）：26-33.

［132］祁斌.商业银行加快发展财富管理业务的思考与建议［J］.金融纵横，2021（5）：10-16.

［133］乔晋声，徐小育.美国商业银行开展理财业务的经验及对国内银行的启示［J］.金融论坛，2006（10）：53-60.

［134］秦芳，王文春，何金财.金融知识对商业保险参与的影响：来自中国家庭金融调查（CHFS）数据的实证分析［J］.金融研究，2016，436（10）：143-158.

［135］庆晓铮.中小银行开展财富管理业务思考［J］.中国金融，2022（24）：44-45.

［136］任冲.老龄化对我国社会经济发展的影响及对策分析［J］.内蒙古社会科学（汉文版），2014，35（5）：160-166.

［137］尚震宇.基于DEA的CCR模型对中国银行业财富管理的竞争力分析［J］.华东经济管理，2012，26（5）：60-63.

［138］申宇婧.绷紧财富管理数字化进程中的"风控弦"［J］.中国农村金融，2022（3）：24-26.

［139］沈欢欢.中国私人银行的发展现状及品牌建设［J］.金融论坛，2011，16（12）：92-98.

［140］史善胤.商业银行财富管理业务发展的几点思考［J］.中国中小企业，2022（2）：173-174.

［141］舒皓，刘洋.商业银行理财业务发展趋势分析［J］.中国经贸导刊，2011（21）：53-54.

［142］唐家才.平安银行：科技引领数字化发展，践行服务国家战略［J］.中国金融电脑，2022，398（9）：12-15.

［143］唐怡.利率市场化下的银行财富管理业务发展研究［D］.长沙：湖南大学，2014.

［144］陶权，朱鑫雨.我国家庭资产配置问题与优化措施探讨［J］.中

国集体经济, 2023 (1): 32-35.

[145] 万飞. 关于商业银行大财富管理发展的思考 [J]. 现代商业银行, 2021 (23): 38-41.

[146] 王聪, 姚磊, 柴时军. 年龄结构对家庭资产配置的影响及其区域差异 [J]. 国际金融研究, 2017 (2): 76-86.

[147] 王得春. 客户经理制度在商业银行中的地位和作用 [J]. 吉林金融研究, 2009, 329 (6): 27-28.

[148] 王都富. 中国富裕阶层金融行为研究: 基于商业银行拓展财富管理业务的视角 [J]. 金融论坛, 2011, 16 (1): 4-13.

[149] 王文婧. 智能投顾助力商业银行财富管理数字化转型 [J]. 国际金融, 2020 (20): 35-39.

[150] 王洁. 中国家庭财富管理现状与银行理财业务发展建议 [J]. 中国市场, 2021 (9): 42-43.

[151] 王琨, 吴卫星. 婚姻对家庭风险资产选择的影响 [J]. 南开经济研究, 2014 (3): 100-112.

[152] 王胜, 胡玲燕. 财富管理: 全球趋势、中国前景与商业银行应对策略 [J]. 南方金融, 2013 (3): 83-87.

[153] 王苏民, 高歌, 田彬. 财富管理: 中国商业银行转型的战略选择: 兼论我国商业银行发展财富管理业务的 SWOT 分析 [J]. 金融纵横, 2010 (1): 29-32.

[154] 王旭婷, 赵天翔, 李庆祥, 等. 我国商业银行财富管理转型发展研究: 来自国际全能型银行的实践经验 [J]. 商业经济, 2022 (9): 169-171, 196.

[155] 王一非. 招商银行个人理财业务 SWOT 分析 [J]. 金融经济, 2014, 402 (24): 118-120.

[156] 王亦工. 借鉴外国经验拓展我国商业银行个人理财产品 [J]. 现代经济信息, 2012 (7): 221.

[157] 王英娜, 谷增军. 我国商业银行财富管理业务发展回顾与前瞻 [J]. 甘肃金融, 2020 (4): 22, 39-42.

[158] 王增武, 黄国平, 陈松威. 财富管理的内涵、理论与实证 [J]. 金融评论, 2014, 6 (6): 113-120, 124.

［159］王增武.通道渠道、财富管理与平台经济［J］.上海金融，2016
（4）：8-21.

［160］文琼偲.国外私人银行业务发展经验借鉴［J］.海南金融，
2012，278（1）：46-50.

［161］巫锡炜.中国城镇家庭户收入和财产不平等：1995—2002［J］.
人口研究，2011，35（6）：13-26.

［162］吴卫星，李雅君.家庭结构和金融资产配置：基于微观调查数
据的实证研究［J］.华中科技大学学报（社会科学版），2016，30（2）：57-
66.

［163］吴卫星，吕学梁.中国城镇家庭资产配置及国际比较：基于微
观数据的分析［J］.国际金融研究，2013（10）：45-57.

［164］吴卫星，丘艳春，张琳琬.中国居民家庭投资组合有效性：基
于夏普率的研究［J］.世界经济，2015，38（1）：154-172.

［165］吴卫星，沈涛，蒋涛.房产挤出了家庭配置的风险金融资产
吗？：基于微观调查数据的实证分析［J］.科学决策，2014（11）：52-69.

［166］吴卫星，谭浩.夹心层家庭结构和家庭资产选择：基于城镇家
庭微观数据的实证研究［J］.北京工商大学学报（社会科学版），2017，32
（3）：1-12.

［167］吴卫星，张琳琬.家庭收入结构与财富分布：基于中国居民家
庭微观调查的实证分析［J］.东北师大学报（哲学社会科学版），2015
（1）：62-69.

［168］吴卫星，尹豪.工作时长与风险金融市场参与［J］.国际金融
研究，2019，386（6）：77-86.

［169］吴雨，彭嫦燕，尹志超.金融知识、财富积累和家庭资产结构
［J］.当代经济科学，2016，38（4）：19-29，124-125.

［170］吴雨，杨超，尹志超.金融知识、养老计划与家庭保险决策
［J］.经济学动态，2017（12）：86-98.

［171］吴远远，李婧.中国家庭财富水平及其资产配置的门限效应研
究［J］.上海经济研究，2019（3）：48-64.

［172］夏飞.中外商业银行财富管理业务比较研究［D］.湘潭：湘潭
大学，2016.

[173] 萧端, 吕俞璇. 教育背景与我国家庭股票市场参与: 基于 CFPS 微观数据的实证分析 [J]. 经济理论与经济管理, 2018 (6): 80-95.

[174] 肖争艳, 刘凯. 中国城镇家庭财产水平研究: 基于行为的视角 [J]. 经济研究, 2012, 47 (4): 28-39.

[175] 肖忠意, 黄玉, 陈志英, 等. 创新创业环境影响进城农民家庭资产选择的机制研究 [J]. 经济评论, 2018 (5): 148-159.

[176] 谢绵陛. 家庭财富、教育及财富的年龄均化: 基于 CHFS 的家庭净资产决定因素研究 [J]. 东南学术, 2017 (5): 210-219.

[177] 谢绵陛. 中国家庭财富构成和分布特征研究 [J]. 云南财经大学学报, 2017, 33 (4): 86-97.

[178] 辛思锐. 2014 年国内股份制商业银行经营战略研究 [J]. 青海金融, 2015, 300 (9): 5-8.

[179] 徐浩洋. 中国家庭金融资产配置对家庭财富分布的影响研究 [D]. 武汉: 武汉理工大学, 2019.

[180] 徐文婷. 欧美财富管理业务发展经验借鉴 [J]. 时代金融, 2010 (11): 64-66.

[181] 徐向东. 通货膨胀对家庭财富持有形式选择的影响研究 [D]. 武汉: 华中科技大学, 2012.

[182] 许峰. 平安银行私人银行业务的发展与特色 [J]. 杭州金融研修学院学报, 2016 (10): 41-45.

[183] 颜红, 蔡红兵. 商业银行财富管理业务发展研究 [J]. 金融论坛, 2013, 18 (4): 60-65.

[184] 杨灿明, 孙群力. 中国居民财富分布及差距分解: 基于中国居民收入与财富调查的数据分析 [J]. 财政研究, 2019 (3): 3-13.

[185] 叶央. 瑞银集团成功财富管理模式借鉴 [J]. 金融管理与研究, 2008 (9): 44-46.

[186] 易祯, 朱超. 人口结构与金融市场风险结构: 风险厌恶的生命周期时变特征 [J]. 经济研究, 2017, 52 (9): 150-164.

[187] 尹志超, 宋全云, 吴雨. 金融知识、投资经验与家庭资产选择 [J]. 经济研究, 2014, 49 (4): 62-75.

[188] 余晋毅. 经济政策不确定性、金融素养与家庭金融资产配置

[J]. 现代营销（下旬刊），2022（6）：20-22.

［189］曾博. 打造我国商业银行财富管理的特色品牌［J］. 中国集体经济，2017（29）：60-61.

［190］曾之明，陈姣瑛，伍剑超. 金融开放条件下银行财富管理风险防范研究［J］. 区域金融研究，2022（4）：20-27.

［191］詹向阳，樊志刚，王祺，等. 商业银行拓展金融资产服务的国际借鉴与路径分析［J］. 金融论坛，2012，17（1）：7-15.

［192］张聪. 我国城乡居民家庭金融资产配置现状差异化分析：基于中国家庭金融调查（CHFS）数据［J］. 农村经济与科技，2021，32（23）：117-119.

［193］张坤，周彦瑜. 城商行财富管理业务的转型发展［J］. 银行家，2016（2）：44-46.

［194］张立军，张春子. 发展我国商业银行的财富管理业务［J］. 银行家，2007（11）：66-68.

［195］张伟煜. 商业银行发展财富管理业务的思考与对策［J］. 金融纵横，2022（3）：3-8.

［196］张玉洁. 浅谈商业银行零售业务数字化经营管理发展中的机遇与挑战［J］. 中国市场，2022（34）：47-49.

［197］张原，和绿茵. 商业银行理财产品关联交易的规范对策［J］. 商业会计，2015，576（24）：84-85.

［198］张云峰. 我国银行业的明日之花：财富管理［J］. 银行家，2005（11）：6-7，50-53.

［199］赵格. 住房对家庭风险金融资产选择影响研究［D］. 济南：山东大学，2020.

［200］赵人伟. 不必担心贫富差距会加大［J］. 人民论坛，2007（23）：17.

［201］赵诗嘉，顾俊祺. 我国商业银行财富管理业务发展的价值与策略［J］. 商场现代化，2021（20）：112-114.

［202］赵笑泳. 商业银行财富管理发展战略的 SWOT 分析［J］. 新疆金融，2008（5）：27-29.

［203］中国银行江苏省分行私人银行部课题组，俞亚莲. 基于需求趋

势探索财富管理发展方向［J］.金融纵横，2020（4）：32-44.

［204］中银证券课题组，金坚.国际投行财富管理发展模式比较及其启示［J］.证券市场导报，2022（3）：12-21.

［205］周兵.大中型商业银行私人财富管理业务［J］.新金融，2016（3）：31-35.

［206］周慧珺.风险态度与家庭财富水平［J］.中央财经大学学报，2020（5）：65-79.

［207］周偶.重庆农村商业银行零售业务转型策略研究［D］.重庆：重庆工商大学，2021.

［208］周雨晴，何广文.住房对家庭金融资产配置的影响［J］.中南财经政法大学学报，2019（2）：76-87，159-160.

［209］周治富.互联网金融的内生成长、基本模式及对商业银行的影响［J］.南方金融，2017，490（6）：17-26.

［210］朱蓓.花旗银行零售业务发展策略对我国银行业的启示［J］.南京审计学院学报，2007，14（2）：64-68.

［211］朱梦冰，李实.中国城乡居民住房不平等分析［J］.经济与管理研究，2018，39（9）：91-101.